면접장에 들고 갈 수 있는 **나만의 답변 미니북** 제공

면접관이 **5초**만 들어도
합격시키고 싶은
면접 답변

면접관이
실제로 질문한
최신 면접 트렌드
신규 반영!

100문
100답

공기업·은행편

시대에듀

PREFACE
머리말

세상이 바뀌듯 면접도 변한다. 우리가 변화하는 세상에 맞춰 살아가듯이, 기업도 변화하는 조직 문화와 형태에 맞춰 면접 질문을 시시각각 바꿔간다.

면접은 기업의 거울이다. 매해 면접 질문을 보면, '작년 신입 사원들에게 어떤 문제가 있었는지, 각 조직에서 중요하게 여기는 것이 무엇인지, 현재 조직 안에 어떤 문제가 있는지'를 파악할 수 있다.

그렇게 처음 이 책을 썼던 2020년에서 약 5년 가까이 흐른 지금, 여러 방면으로 질문의 트렌드가 바뀌었다. 그럼, 요즘 면접 트렌드는 무엇인가? 최근의 면접 트렌드를 키워드로 표현하자면 'MZ'라고 표현할 수 있다.

'언제적 MZ냐.'라고 생각할 수 있지만, 이 'MZ'라는 단어 안에는 '적극성, 능동성'이라는 단어가 포함되어 있다. 이번에 개정된 48개의 질문뿐만 아니라, 최근 면접 기출들만 봐도 그 트렌드를 파악할 수 있다. 각각 질문은 달라도, 결국 묻고자 하는 요지는 '지원자가 얼마나 열정적인가', '조직 적응에 얼마나 진심인가' 이 두 가지로 요약된다.

소위 말해 'MY WAY'인 면접자들이 늘어나며, 조직보다는 나, 능동성보다는 수동성의 길을 걷는 신입들이 많아졌다고 한다. 즉, 남을 돕지 않고, 업무에 대해 공부하지 않는 신입을 제하기 위해 이러한 질문들을 던지는 것이다.

취업이 참 어렵다. 경력 없이 신입으로 취업할 수 없는 시대가 도래했다. 경력 없이 경력을 쌓을 수 있는 방법은 오직 하나, 최대한 그간 경험, 경력을 살려 나라는 사람을 잘 셀링하는 것이다.

이 책은, 그 셀링에 성공했던 학생들에게 받은 '합격 후기'에서 시작되었다. 면쌤의 영상을 보고, 수업을 듣고, 자신의 소중한 후기를 나눠준 그 수많은 학생들, 그리고 댓글로 기꺼이 의견과 질문을 나눠준 구독자분들께 이 자리를 빌려 감사함을 표한다.

항상 옆에서 든든하게 지지해 주는 아빠, 엄마, 동민이, 정연이. 그리고 저자보다 이 책에 더 진심과 정성을 보여주시는 시대에듀 출판사에도 진심으로 감사의 마음을 전한다.

취업이 아무리 어렵다고 해도 누군가는 된다. 그 '누군가'가 이 책을 보는 여러분이 되기를 바란다.

2025. 07. 면쌤

GUIDE
책 활용법

합격의 공식 Formula of pass | 시대에듀 www.sdedu.co.kr

1 PART 1을 통해 자기소개와 지원동기, 답변 방법을 먼저 공부한다.

형용사	안녕하십니까, 매주의 보고서로 고객 성장을 이뤄냈던 지원자 A입니다.
내 경험과 역량, 성과	3년간 과외 아르바이트를 하며, 학생의 성장을 위해 매주 보고서를 작성했습니다. 학생의 이해도, 진도를 정리하여 계획을 수립하고, 교육 정책 변화를 항시 파악해 맞춤형 미래를 설계하며 학부모님과 소통한 결과, 학생 성적 향상은 물론 n명의 학생도 추가로 소개받을 수 있었습니다.
그 외	이러한 고객 지향적 자세로, OO 판매 아르바이트로 근무하고 FP 자격증을 취득하며, 고객을 위한 WM이 되고자 노력하였습니다.
입행 후	입행 후에도, 이러한 자세로 고객과 지속적 관계를 유지해 고객 성장과 OO 은행 성장을 이뤄내는 WM이 되겠습니다.

작성해보기

형용사	✎
내 경험과 역량, 성과	✎
그 외	✎
입행 후	✎

GUIDE
책 활용법

2 Part2를 통해 답변 연습해보기

① 위에 질문들을 보고, 먼저 나만의 답변을 채워본다.
② 모든 답변을 준비해야 하지만, 혹시 내가 이 경우에 속한다면 더욱 철저히 준비한다.
③ QR코드를 인식해, 40초간 답해본다.

❶ 주변에서 뭐라고 불리는지?

자신/Q2	주변에서 뭐라고 불리는지?		
	혼자 답변해보기	답변에 걸린 시간	초

이 질문은 주로 언제, 누구에게?	▶ 보이는 이미지와 면접 답변의 컨셉이 다르다고 판단될 때 ▶ 대인 관계, 조직 안에서 어떤 사람인지 알고 싶을 때	▼ 강의 보러 가기 ▼

❷ 이 질문은 주로 언제, 누구에게?

❸ ▼ 강의 보러 가기 ▼

④ 강의를 들으며 답변 방향을 정리해본다.

	면접 답변 POINT
공통 POINT	• '면접관이 모르는 나'를 나타낼 수 있는 대표적 질문 • 면접 이미지가 잡히지 않을 때에는, 이 질문 답부터 정리하자 • '주변에서 불리는 별명/어떻게 불리는지'로 나눠 정리하기 • 외적인 부분(연예인, 캐릭터 닮은 꼴) 혹은 행동적인 부분을 '공감할 수 있게', '성향을 담아' 만들어보자(도라에몽 : 동그랗다, 항상 무언가 챙겨서 다닌다) • 내 강점이 자기소개, 이미지에서 잘 드러났다면, '면접관이 우려할 수 있는 부분'을 별명으로 정해도 좋다(도전적인 성격 → '꼼꼼함에 대한 우려' → 꼼꼼함을 해소하는 별명, 보부상 등). • 전반적으로 직무에 필요한 역량을 갖추고 있는 경우, 기업의 이미지에 맞게 강점을 드러내도 좋다(협업, 조직 적응을 중시하는 기업 → 조직과 잘 지낸다는 별명, 불리는 말).
은행 POINT	〈꼼꼼함/고객/신뢰/목표 달성 등 키워드를 기억하자〉 • 고객 자산을 오차 없이, 업무를 실수 없이 처리하는 '꼼꼼함 별명' • 항상 사람과 고객을 친절히, 세세히 응대하는 '고객 응대 자세 별명' • 고객과 은행이 자신을 믿고 맡길 수 있는 '신뢰, 책임감 관련 별명' • (도전적 은행의 경우) 주어진 목표를 달성하는 '목표 지향적 별명' • 조직과 잘 융화하는 '조직 중심적, 협업 관련 별명'
공기업 POINT	〈꼼꼼함/계획적/협업/책임감 등 키워드를 기억하자〉 • 항상 규정을 준수하고, 작은 오류도 찾아내 리스크를 예방하는 '꼼꼼함 별명' • 작은 업무도 계획적이고 체계적으로 처리하는 '계획적 별명' • 조직과 잘 융화하고, 조직을 1순위로 생각하는 '협업 관련 별명' • 어떤 업무든 책임지고 처리하는 '책임감 관련 별명' • 만약, 민원인을 응대한다면 '고객 응대 관련 경험'

GUIDE
책 활용법

⑤ 템플릿을 보며 내 경험을 템플릿에 맞춰 정리해본다.

두괄식	• 네, 저는 주로 (별명/불리는 말)로 불리고 있습니다. • 네, 저는 별명은 따로 없지만, 주로 ~라고 불리고 있습니다.
답변(경험)	(외적/행동적인 부분이 있다면) 아무래도, (외적인 모습이 ~와 닮아서, ~해서, 항상 ~게 행동하기도) 하고, 항상 (별명에 담긴 의미처럼 행동)하기 때문에, (별명, 불리는 말)로 불리고 있습니다.

⑥ 답변 예시를 보며, 내 답변을 다듬어 본다.

답변 예시	네, 저는 주로 '젊은 아재'라고 불리고 있습니다. 아저씨 푸드라고 불리는 국밥을 좋아하기도 하고, 항상 선배나 상사들에게 아재 개그를 하고 어디서든 잘 어울리기 때문에, '아재나 다름없다. 젊은 아재다.'라고 불리고 있습니다.
강조하고 싶은 모습/역량	• 조직과 잘 어우러짐 • 어른들과도 세대 차이 느끼지 않고 잘 지냄

합격의 공식 Formula of pass | **시대에듀** www.sdedu.co.kr

7 나만의 답변을 정리해 본다.

	답변 다시 만들어보기		
	(정리한 답변에서 KEYWORD만 추출해 미니북에 정리한 후, 키워드 중심으로 암기해보세요!)		
답변 1	✏️		
답변을 통해 강조하고 싶은 역량	✏️	답변에 걸린 시간	초
답변 2	✏️		
답변을 통해 강조하고 싶은 역량	✏️	답변에 걸린 시간	초

8 나올 수 있는 질문에 대한 답변도 정리하며 답변의 완성도를 높인다!

나올 수 있는 꼬리/다른 질문	• 본인은 그 별명에 대해 어떻게 생각하는지? • 또 다른 별명이나 불렸던 말은 없었는지? • 상사에게 받았던 다른 피드백은 없었는지?

GUIDE
책 활용법

 면접장에는 '미니북'만 들고갈 수 있게, 답변 키워드를 '미니북-암기용 키워드 정리'에 옮겨 적는다.

자신/Q1	스스로 피드백을 요청해 역량을 개발한 경험은?	40초 연습하러 가기
두괄식		

네, 저는 (근무/업무) 당시, 자발적으로 피드백을 요청해 (역량/전문성)을 개발한 경험이 있습니다.

답변(경험)

당시 ~한 업무를 하면서, (역량, 전문성이 부족하다고 생각한 이유)하다고 생각하여, (누구)에게 ~한 피드백을 요청하고, (공부한 방법)하여 (역량)을 개발했습니다.

암기용 키워드 정리하기

PART 1　면접 기반 마련하기

Chapter 1　면접 컨셉과 자기소개 ··········· 4
　Ⅰ. 은행용 컨셉과 자기소개 만들기 ··········· 6
　Ⅱ. 공기업용 컨셉과 자기소개 만들기 ··········· 27

Chapter 2　지원동기 만들기 ··········· 50
　Ⅰ. 은행 지원동기 만들기 ··········· 51
　Ⅱ. 공기업 지원동기 만들기 ··········· 61

Chapter 3　면접 답변 해보기 ··········· 72
　Ⅰ. 두괄식과 간결한 답변의 3요소 ··········· 73
　Ⅱ. 은행용 면접 답변 ··········· 81
　Ⅲ. 공기업용 면접 답변 ··········· 88

PART 2　하루 한 질문

Chapter 1　'자신'에 대한 질문 ··········· 96
　Ⅰ. '나' 질문에 대한 답변 만들기 ··········· 96
　Ⅱ. 답변 정리하기 ··········· 98
　　• 스스로 피드백을 요청해 역량을 개발한 경험이 있는지? ··········· 98
　　• 주변에서 뭐라고 불리는지? ··········· 102
　　• 자신만의 스트레스 해소법은? ··········· 105
　　• 가장 칭찬받았던 습관은 무엇인지? ··········· 108
　　• 가장 고치고 싶은 습관은 무엇인지? ··········· 112
　　• 업무 외적으로 자기개발 하고 있는 것이 있다면? ··········· 116
　　• 일을 하며 전문성을 개발하기 위해 노력했던 경험은? ··········· 119
　　• 내가 가장 자신 있는 업무와 자신 없는 업무는? ··········· 122
　　• 성격의 장점과 단점은? ··········· 125
　　• 어려움을 극복하는 나만의 방법은? ··········· 128
　　• 꼼꼼하게 무언가를 처리해서 성과를 낸 경험은? ··········· 131
　　• 직장 내 '성공'의 의미는 무엇이라고 생각하는지? ··········· 134
　　• '본인이 생각하는 나'와 '다른 사람이 생각하는 나'의 차이는? ··········· 137
　　• 주로 어떤 상황에서 스트레스를 받는 편인지? ··········· 140
　　• 성격의 장점과 그를 활용한 경험은? ··········· 143
　　• 과중한 업무를 처리한 경험은? ··········· 146
　　• 성격의 단점과 그를 극복했다는 근거는? ··········· 149

CONTENTS
이 책의 목차

- 본인의 강점과 약점? · 152
- 주도적으로 변화에 대처한 경험은? · 155

Chapter 2 '가장' ~한 경험은? · 158
  Ⅰ. '가장 ~한 경험' 질문에 대한 답변 만들기 · · · · · · · · · · · · · 158
  Ⅱ. 답변 정리하기 · 160
- 살면서 가장 도전적이었던 경험은? · 160
- 살면서 가장 창의적이었던 경험은? · 163
- 살면서 가장 실패했던 경험은? · 166
- 살면서 가장 힘들었던 경험은? · 169
- 본인의 삶에서 추구하는 가장 중요한 가치는? · · · · · · · · · · · · 172
- 인생에서 가장 행복했던 경험은? · 175
- 인생에서 가장 열심히 했던 경험은? · 178

Chapter 3 '조직'에 대한 질문 · 181
  Ⅰ. '조직' 질문에 대한 답변 만들기 · 181
  Ⅱ. 답변 정리하기 · 184
- 조직에서 갈등을 해결했던 경험은? · 184
- 조직에서 주도적으로 성과를 냈던 경험은? · · · · · · · · · · · · · · · 187
- 본인만의 갈등 해결 방법은? · 190
- 남을 설득해본 경험은? · 193
- 조직 활동에서 가장 어려웠던 점은? · 196
- 조직에서 주로 어떤 역할을 맡는지? · 199
- 본인은 리더와 팔로워 중 어디에 가까운지? · · · · · · · · · · · · · · 202
- 동료와 잘 지내기 위해 도와줬던 경험은? · · · · · · · · · · · · · · · · 205
- 조직 활동에서 가장 중요한 것은? · 208
- 가장 같이 일하고 싶지 않은 유형은? · 211
- 가장 같이 일하기 힘들었던 동료와 성과를 냈던 경험은? · · 214
- 본인만의 업무 적응 노하우는? · 217
- 회사에서 사람이 힘들 때, 어떻게 대처하는지? · · · · · · · · · · · · 220
- 이상적인 상사는 어떤 유형일까? · 223
- 한정된 자원 속에서 문제를 해결한 경험은? · · · · · · · · · · · · · · 226
- MZ세대로서 조직을 위해 발휘할 수 있는 것은? · · · · · · · · · · 229
- 직장 생활에서 가장 중요한 덕목은? · 232
- 조직 활동에 적응하는 나만의 노하우는? · · · · · · · · · · · · · · · · · 235
- 조직에서 끈기를 발휘한 경험이 있는지? · · · · · · · · · · · · · · · · · 238

- 신입 사원이 갖춰야 할 덕목은? · 241
- 리더십을 발휘해본 경험은? · 244
- 선배에게 어떤 신입사원으로 보이고 싶은지? · 247
- 조직에서 본인만의 강점으로 문제를 해결한 경험은? · 250
- 협업 시 나의 강점과 약점은? · 253
- 세대 차이를 극복하는 나만의 방법은? · 256
- 조직을 위해 헌신한 경험과 주변 반응은? · 259
- 가장 같이 일하고 싶은 동료의 유형은? · 262
- 상사에게 받았던 부정적 피드백은? · 265
- 조직 내 대인 관계에서 가장 중요한 것은? · 268
- 대인 관계에서 가장 어려운 점은? · 271
- 소외된 동료와 협력한 경험은? · 274
- 남에게 피해를 끼쳤던 경험은? · 277
- 회사 내 좋은 대인관계를 유지하기 위한 본인만의 노하우는? · · · · · · · · · · · · · · 280
- 조직 적응에 실패했던 경험은? · 283

Chapter 4 '원칙'에 대한 질문 · 286
Ⅰ. '원칙' 질문에 대한 답변 만들기 · 286
Ⅱ. 답변 정리하기 · 288
- 규칙을 어기지 않고 지켰던 경험은? · 288
- 공정을 실천했던 경험은? · 291
- 원칙을 어겼던 경험은? · 294
- 타인의 실수를 바로 잡고 원칙대로 처리한 경험은? · 297
- 청렴을 실천했던 경험은? · 300
- 갈등 속에서 내 의견을 관철시킨 경험은? · 303
- 관습적인 문화를 해결한 경험은? · 306
- 원칙과 상사의 의견이 어긋난다면? · 309

Chapter 5 '상황'에 대한 질문 · 312
Ⅰ. '상황' 질문에 대한 답변 만들기 · 312
Ⅱ. 답변 정리하기 · 314
- 상사와 일하면서 상사의 방식대로 일하라고 압박 받은 경험 · · · · · · · · · · · · · · 314
- 상사와 갈등을 해결해본 경험이 있는지? · 317
- 가치관이 맞지 않는 사람과 일한다면 어떻게 대처할지? · · · · · · · · · · · · · · · · · · · 320
- 실수를 인정하고 대처한 경험은? · 323
- 상사가 부당한 지시를 내린다면? · 326

CONTENTS
이 책의 목차

- 입사 후, 조직 문화가 맞지 않으면 어떻게 대처할지? ········ 329
- 회사생활을 하며 인간관계에 스트레스 받은 경험은? ········ 332
- 상사가 일을 알려주지 않는다면 어떻게 할 것인지? ········ 335
- 만약 워라밸이 지켜지지 않는다면? ········ 338
- 조직 내 무임승차하는 동료가 있다면 어떻게 대처할지? ········ 341
- 만약 극복하지 못할 난관에 부딪힌다면 어떻게 할 것인가? ········ 344
- 고객의 이익과 회사의 이익이 상충한다면? ········ 347

Chapter 6 '고객'에 대한 질문 ········ 350
- Ⅰ. '고객' 질문에 대한 답변 만들기 ········ 350
- Ⅱ. 답변 정리하기 ········ 352
  - 진상 고객을 응대했던 경험은? ········ 352
  - 고객에게 불편을 드렸던 경험은? ········ 355
  - 고객/민원인 응대 시 나의 장·단점은? ········ 358
  - 본인만의 고객 응대 노하우를 하나의 키워드로 ········ 361
  - 고객 만족을 실천했던 경험은? ········ 364
  - 진상 고객 응대 노하우는? ········ 367
  - 악성 고객을 보면 어떤 생각이 드는지? ········ 370

Chapter 7 '기업'에 대한 질문 ········ 373
- Ⅰ. '기업' 질문에 대한 답변 만들기 ········ 373
- Ⅱ. 답변 정리하기 ········ 375
  - 꼭, 이 회사여야 하는 이유는? ········ 375
  - 내가 채용되어야 하는 이유는? ········ 378
  - 우리 회사에 대해 아는 대로 말해보세요. ········ 381
  - 지방 근무 가능하신가요? ········ 384
  - 우리 기업만을 위해 준비한 것은? ········ 387
  - 회사를 선택하는 기준은? ········ 390
  - 입사/입행 후 가장 하고 싶은 업무와 그 이유는? ········ 393
  - 입행/입사했는데, 회사가 적성에 맞지 않는다면? ········ 396
  - 직무에서 가장 중요한 것은? ········ 399
  - 인턴한 기업이 아닌 왜 이곳에 지원했는지? ········ 402
  - 사기업이 아닌, 굳이 은행/공기업인 이유는? ········ 405
  - 다른 분야 준비했던 것 같은데, 왜 여기? ········ 408
  - 우리 기업에 대해서 가장 인상 깊게 본 기사는? ········ 411

면접장에 들고 갈 수 있는 **나만의 답변 미니북** 제공

면접관이 5초만 들어도 합격시키고 싶은 면접 답변

100문 100답

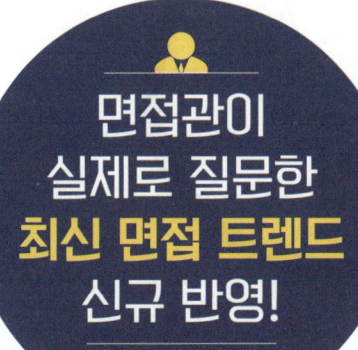

면접관이 실제로 질문한 **최신 면접 트렌드** 신규 반영!

공기업·은행편

시대에듀

면접관이 5초만 들어도 합격시키고 싶은 면접 답변 100문 100답 [공기업·은행편]

PART 1
면접 기반 마련하기

☑ Chapter 1   면접 컨셉과 자기소개

☑ Chapter 2   지원동기 만들기

☑ Chapter 3   면접 답변 해보기

PART 1 | 면접 기반 마련하기

CHAPTER 01 면접 컨셉과 자기소개

여러분은 새로운 패션몰의 사장이다. 사장으로서 함께 패션몰을 꾸려갈 영업 사원을 채용하고자 한다. 이 채용에 A, B 두 사람이 지원했고, 둘의 이력과 자기소개는 아래와 같다.

지원자 A

[이력서]

유통관리사 2급, 컴퓨터 활용능력 2급, 토익 950, 오픽 IH, 인서울 상위권 대학 경영학과 졸업

[자기소개]

안녕하십니까, 영업에 준비된 지원자 A입니다.

의류를 유통하는 패션몰의 영업 사원이 되기 위해, 저는 다음의 세 가지를 준비했습니다. 첫째, 경영학과에서 유통에 대해 배우고, 유통관리사 2급을 취득하며 유통에 대한 이해를 쌓았습니다. 둘째, 컴퓨터 활용 능력 2급, 사무보조 아르바이트를 통해 사무 처리 역량도 함양하였습니다. 마지막으로, 토익 950, 오픽 IH 수준의 영어 실력을 통해, 외국인 고객 응대를 위한 전문성을 길러왔습니다. 입사 후, 이러한 세 가지 역량으로 패션몰에 꼭 필요한 인재로 거듭나겠습니다.

> 지원자 B
>
> [이력서]
> 타 패션몰 판매 아르바이트 3년, 일 매출 천만 원 달성 경력, 운전면허, 지방 사립대학 어문계열 졸업
>
> [자기소개]
> 안녕하십니까, 일 매출 1000만 원을 달성했던 지원자 B입니다.
> 타 패션몰에서 3년간 의류 판매 아르바이트로 근무하였습니다. 매장, 행사 매대에 관계없이 모든 장소에서 고객을 응대하였으며, 주력 상품 세일즈, 의류 체험존 구축, 크로스 셀링 등을 통해 평일 일 매출 최대 1000만 원까지 달성할 수 있었습니다. 이러한 적극적인 자세로 축제 부스 매출 일 300만 원, 매니저 대행, 발주 및 매출 관리 등 의류 영업의 전 과정을 배워왔습니다. 입사 후, 이러한 현장 경험으로 일 목표 두 배 이상을 이뤄내는 영업인이 되겠습니다.

여러분이 사장이라면, 영업 사원 자리에 어떤 사람을 채용하고 싶은가? 물론 고 스펙의 지원자 A를 채용하고 싶을 수도 있다. 하지만 아마 대부분의 사람은 그리고 실제 대부분의 패션몰 사장은 B를 채용할 것이다. 이처럼 자기소개와 면접 컨셉 설정은 물론, **모든 면접 준비의 시작은 '기업'과 '직무'의 이해에서 시작한다.** 실제로 면접 컨설팅을 진행하다 보면, 기업과 직무에 대한 기본적인 질문에도 답변을 하지 못하는 경우가 많다. 하지만 나 스스로 '기업'과 '직무'를 제대로 이해하지 못하거나, '기업'과 '직무'가 어떤 사람을 선호하는지 알지 못한 채 면접을 준비하게 된다면 경험 정리와 답변 방향이 아예 다른 곳으로 흘러가게 된다.

이제, '면접 시작 전 반드시 확인해야 할 질문'에 대해 답변해보며 은행과 공기업에서 선호하는 컨셉과 자기소개를 만들어보자.

I. 은행용 컨셉과 자기소개 만들기

여러분은 모 은행의 '신입 행원 채용' 면접관이다. 작년에도 신입 행원을 채용했으나, 실적 압박에 힘들어서 꽤 많은 인원이 퇴사했다. 이에, 올해는 이러한 '실적 압박'에도 버틸 수 있는 사람을 찾아 채용하고자 한다. 이번에 면접을 볼 지원자는 아래 A, B이고, 이 둘의 '스펙'은 동일하다. 만약 이 둘이 다음과 같이 자신을 소개할 경우, 여러분이라면 누구를 채용할 것인가?

지원자 A

안녕하십니까, 항상 120% 달성하는 지원자 A입니다. 학원 강사로 근무할 당시, 매 학기 강사마다 정해진 수강 인원을 채워야 했습니다. 이를 달성하기 위해 학생별 진단서와 보고서를 제작해 학부모님과 소통하고 자발적으로 무료 강의와 자료를 제작해 배포하며 발로 뛴 결과, 목표 수강 인원의 120%를 모집할 수 있었습니다. 이러한 적극적인 자세로, AFPK를 취득하고 타 은행 인턴으로 근무하며 금융 전문성도 쌓아왔습니다. 입행 후에도 주어진 목표 120%를 달성하며 모 은행과 함께 성장하는 행원이 되겠습니다.

지원자 B

안녕하십니까, 고객의 이야기로 관계를 쌓아가는 지원자 B입니다. 학원 강사로 근무하며, 학기 당 서른 분의 학부모님과 연락을 이어갔습니다. 학부모님의 이야기를 경청하고, 학생의 소리를 들어 수업 방식을 개선하였으며, 매일 학생의 진척 사항을 정리해 학부모님께 전달해드린 결과 전 학부모님과 견고한 관계를 구축해 다음 학기 수업도 이어갈 수 있었습니다. 이러한 고객 지향적 자세로 AFPK를 취득하고 타 은행 인턴으로 근무하며 금융 전문성도 쌓아왔습니다. 입행 후에도 고객의 이야기를 먼저 듣고 관계를 이어 나가는 따뜻한 행원이 되겠습니다.

지원자 A, B 둘 다 '학원 강사' 경험을 전면으로 내세웠고 갖고 있는 자격증, 경험도 동일하다. 또한, 자기소개를 통해 들은 두 지원자 모두 행원에 필요한 역량을 갖고 있다. 여러분이 지원자 A, B의 자기소개를 봤을 때, 어떤 느낌이 드는가? 혹은, 각 지원자는 어떤 성향의 지원자라고 생각되는가?

구 분	예상되는 성향(적어보기)	예상되는 성향(예시)
A	✎	적극적, 도전적, 목표 지향적
B	✎	따뜻함, 고객 지향적, 꼼꼼함

자, 그럼 처음으로 다시 돌아가서, 본인이 '실적 압박을 견디지 못하고 많은 인원이 퇴사했던' 모 은행의 면접관이라면, 지원자 A, B 중 어떤 지원자를 채용하겠는가? 대부분 'A'를 채용할 것이다.

이처럼 '같은 경험을 갖고 있어도, 은행에서 찾는 사람에 맞춰 경험을 각색하는 것'을 '컨셉'이라고 한다. 무엇보다, 처음에 하는 '자기소개'를 통해 내 이미지를 컨셉에 맞춰 각인시킬 수 있기 때문에, 컨셉을 명확히 한 후 자기소개를 정교히 구성하는 일이 모든 면접 과정에서 가장 중요하다고 생각한다.

은행에서 선호하는 사람이 되기 위한 '자기소개와 컨셉' 구성법을 지금부터 알아보도록 하자.

> ☑ **TIP**
>
> 선생님, 각 은행에서 '어떤 사람'을 선호하는지 어떻게 알 수 있나요?
>
> 1. 지점 방문 : 가장 좋은 방법입니다! 면접을 보러 가는 은행뿐만 아니라, 다른 은행도 다니다 보면, 각 은행의 고객 응대 방법이 다르다는 걸 알 수 있습니다. 행원분들이 어떤 이미지를 갖고, 어떻게 응대하는지 주의 깊게 지켜봐 주세요.
>
> 2. 작년 기출 문항 살펴보기 : 보통 면접 기출 문항을 보면 '어떤 사람'을 선호하는지 파악할 수 있습니다. 은행에서 묻고자 하는 바가 모두 다르니, '도전, 협업, 조직, 고객, 영업 등 '키워드를 정리해두고, 기출 문항별로 카테고리를 나눠 정리해주세요!
>
> 3. 작년 합격자 or 면접 보고 온 사람 찾기 : 면접 분위기가 어땠는지, 주로 어떤 답변을 한 사람이 붙었는지, 합격자 이미지가 어떤지 등의 질문을 통해, 은행이 선호하는 이미지를 확인할 수 있습니다!

1. 은행용 컨셉 설정하기

> 컨셉 & 직무 → 인정 받는 방법은? → 내 경험과 역량 발휘 → 자기소개 & 그 외

1) 은행 선호 컨셉 발굴 및 직무가 하는 일 정리하기

모든 경험은 '실제 입행해서 할 일과 비슷한 경험'이어야 한다. 기업 금융의 경우 개인 금융보다는 스타트업, 소상공인, 중소기업 등 기업을 응대했거나 관련 일했던 경험을 꺼내야 하고, WM의 경우 보다 한 고객과 오래 관계를 구축하고, 무언가 설계해서 도움을 주었던 경험 등이 나와야 한다. 이처럼 '직무에서 하는 일'과 '은행 선호 컨셉'이 합쳐져서 자기소개와 면접 답변이 구성되어야 한다.

이에, 면접 컨설팅 과정에서 개인의 경험을 완벽히 '컨셉화'시키기 위해 노력한다. 나아가, 소수 직무이거나 직무에 대해 제대로 이해하지 못한 경우, 직무와 경험/이력이 다른 경우, 아래 네 가지 질문을 기본적으로 묻고 수업을 진행한다. 여러분도 아래 네 가지 질문에 답해보기를 바란다.

예시

직무	WM
질문 1	이 직무는 뭐하는 직무라고 생각하는지?
답	다양한 은행 내 상품을 활용해 고객의 자산을 관리하는 직무 등
질문 2	이 은행에서 이 직무를 왜 뽑는다고 생각하는지?
답	전문성 높은 고객 자산관리를 위해, 이를 통해 고객을 확보하기 위해 등
질문 3	이 직무가 하는 일은 무엇인지?
답	고객의 자산을 활용해 미래 설계, 행내 상품과 전문성을 활용한 고객 자산 증식 등(실제 WM 현직자 인터뷰 진행, 일과 이해하기 등)
질문 4	직무에 필요한 역량은 무엇인지?
답	꼼꼼함, 경제 트렌드를 읽는 통찰력, 고객과의 관계 유지 역량, 부동산/세무 등 금융 전 분야에 대한 전문성, 고객 관리 역량 등

답 해보기

직무	
질문 1	이 직무는 뭐하는 직무라고 생각하는지?
답	
질문 2	이 은행에서 이 직무를 왜 뽑는다고 생각하는지?
답	
질문 3	이 직무가 하는 일은 무엇인지?
답	
질문 4	직무에 필요한 역량은 무엇인지?
답	

이처럼 정리한 내용을, 아래 예시와 같이 각 '은행 선호 컨셉'과 함께 정리해보도록 하자.

예시

은행명	OO은행	은행 선호 컨셉	도전적, 목표 지향적
직무명	WM	직무가 하는 일	✓ 고객 자산 관리 ✓ 고객 자산 설계 ✓ 고객 자산 증식
필요 역량	꼼꼼함, 부동산/세무 등 전 분야 지식, 고객 관리, 관계 이어나가기 등		

작성해보기

은행명		은행 선호 컨셉	
직무명		직무가 하는 일	
필요 역량			

2) 이 은행/직무에서 어떻게 해야 인정받을 수 있을지 생각해 보기

앞선 과정에서 직무가 하는 일에 대해 이해했다면, 이제는 둘을 융합할 차례이다. 융합하기 위해, 직무와 컨셉에 맞춰 '어떤 경험'을 찾아야 하는지 탐색해보도록 하자.

결국 은행에서는 '입행해서, 우리 은행에 도움이 될 수 있는 사람'을 찾는다. 그렇기에 모든 지원자는 '내가 입행해서 인정받기 위해서는 어떻게 해야 할까'를 고민하고, 그와 비슷한 경험을 발굴해야 한다. 그렇다면 다음 표에 따라, '각 역량이 필요한 이유'부터 찾아보자.

> 예시

번호	직무	WM
	역량	필요 이유
1	통찰력	계속해서 경제, 시사 흐름을 읽고, 상품과 관리 방식을 고민해야 해서
2	전 분야 지식	넓은 범위의 자산을 관리해주기 위해, 금융 외에도 관리해야 해서
3	고객 관리	담당 고객과의 관계를 이어 나가기 위해, 이를 통해 소개받을 수 있음
4		
5		
6		
7		

> 작성해보기

번호	직무	✏️
	역량	필요 이유
1	✏️	✏️
2		
3		
4		
5		
6		
7		

앞선 예시로 이어왔던 WM을 지속해서 살펴보자. 이를 통해, WM은 '고객 자산 관리를 위해 정보를 지속해서 파악하고, 이를 통해 고객과 관계를 이어가는 것은 물론 다른 고객도 소개받을 수 있을 정도로 전문성과 고객 관리 역량을 갖춰야 하는 직무'라고 이해할 수 있다. 그렇다면, 이에 맞춰 아래와 같이 '찾아야 할 경험'을 정리할 수 있다.

예시

직무	WM
찾아야 할 경험	

- 책임감 있게 정보를 수집하며 고객을 관리했던 경험
- 고객과의 전문적이고 원활한 소통으로 성과를 냈던 경험
- 고객과의 원활한 소통으로 신뢰를 받거나 성과를 냈던 경험

작성해보기

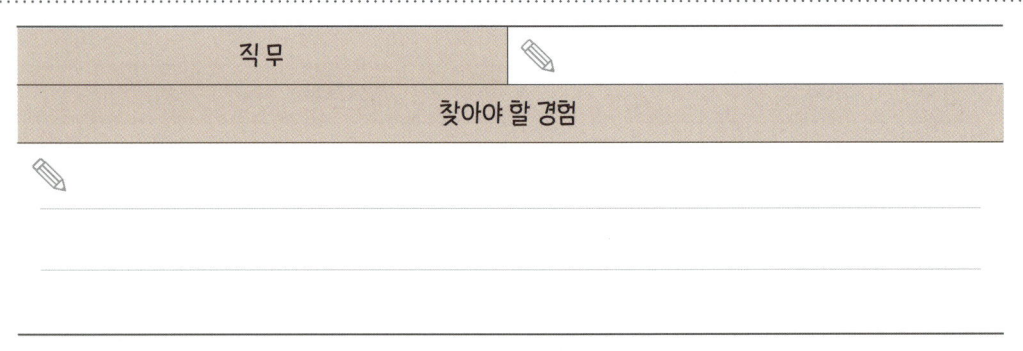

제2금융권, 타 은행 등 금융권 경력이 있지 않은 이상, 직접적으로 금융과 관련된 경험을 찾기란 쉽지 않다. 직접적인 금융권 경험이 없다고 좌절하지 말고, '내 성향 자체가 이런 사람이다. 다른 산업에서도 비슷하게 해서 성과 냈던 경험이 있다.'만 보여주면 되는 것이다.

3) 그와 관련된 내 경험과 그 안에서 발휘했던 내 역량 찾기

이제는 '자기소개 작성'과 '컨셉 설정'을 위한 내 경험을 발굴해야 한다. 그러기 위해서는 우리가 앞선 과정에서 찾은 '정리해야 할 경험 내용'을 기반으로 내 경험을 탐색해야 한다. 그리고 그 안에서 '은행 선호 컨셉'에 일치하는 '내 역할, 역량'을 중점적으로 끄집어내야 한다.

직무	WM
찾아야 할 경험	
• 책임감 있게 정보를 수집하며 고객을 관리했던 경험 • 고객과의 전문적이고 원활한 소통으로 성과를 냈던 경험 • 고객과의 원활한 소통으로 신뢰를 받거나 성과를 냈던 경험	

우리는 앞서 WM 직무에 대해 위와 같이 정리했다. 이제는 이 분류에 맞춰 내 경험을 정리해보자.

예시

관련 경험	• 과외할 때, 지속적으로 성적 관리를 해줘서 과외 학생이 늘어났던 경험 • 인턴 당시, 다른 분야 지식도 공부해서 고객에게 도움 줬던 경험 • H&B 매장 아르바이트할 때, 고객 피부 타입에 맞춰 화장품 사용 설계, 매출 올렸을 때 등

작성해보기

관련 경험	

이 중, 가장 흔한 경험인 '과외 경험'을 활용해, 경험을 구체화해보자.

예시

경험	과외 경험
내가 한 일과 성과	학생 진도 및 상황 등을 정리하여 매시간 부모님께 전달, 교육 트렌드를 파악해서 전송 및 공부 방향 설정, 이를 통한 고객 n명 추가 확보 등
발휘한 역량	세세함, 고객 관리 역량, 꼼꼼함, 신뢰 확보
기여할 수 있는 부분	고객과 지속적인 소통, 고객 관리, 이를 통한 추가적인 고객 확보

작성해보기

경험	
내가 한 일과 성과	
발휘한 역량	
기여할 수 있는 부분	

4) 은행 선호 컨셉과 경험 연결하고 자기소개 만들기

이제는 '내가 한 일'을 '은행 선호 컨셉'과 연결해서, 자기소개를 만들어 볼 것이다.

경험	과외 경험
내가 한 일과 성과	학생 진도 및 상황 등을 정리하여 매시간 부모님께 전달, 교육 트렌드를 파악해서 전송 및 공부 방향 설정, 이를 통한 고객 n명 추가 확보 등
발휘한 역량	세세함, 고객 관리 역량, 꼼꼼함, 신뢰 확보
기여할 수 있는 부분	고객과 지속적인 소통, 고객 관리, 이를 통한 추가적인 고객 확보

이 경험을 가지고

'꼼꼼함, 신중함'을 선호하는 은행에 지원했거나

은행 선호 성향이 두드러지지 않으나, '꼼꼼함, 신중함'이 부족해 보인다는

피드백을 받은 지원자가 있다고 가정한 후, '꼼꼼함, 신중함'에 맞춰 경험을 정리해보자.

선호 컨셉	꼼꼼함, 신중함
'내가 한 일'에서 '컨셉화'한 부분	• 꼼꼼하게 고객(학생)의 진척 상황 정리 및 분석 • 정보를 파악해 신중하게 미래 설계 및 방향 설정 • 이런 방식이 소문나, 고객(학생) n명 추가 확보
'컨셉화' 구체적으로 정리하기	• 꼼꼼 : 학생의 이해도, 진도를 정리하고 계획 수립 • 신중 : 무작정 진도를 나가기보다는, 교육 정책 변화에 따른 전략적 계획 수립
나올 수 있는 자기소개 '형용사'	• 다각적 고객 분석으로 신뢰를 얻은 • 다각적 고객 분석으로 n배의 성과를 거둔 • 고객과 미래를 분석해 신뢰를 얻는 • 매주의 보고서로 고객 성장을 이뤄냈던

이 표를 보고, 이 지원자는 어떤 성향을 가진 지원자라는 생각이 드는가? 아마,

차분하게 상황을 분석하는 전문적인 사람

꼼꼼한 고객 관리로 고객 신뢰를 쌓는 사람

입행해서도 고객과 진중히 관계를 쌓아 성과를 달성할 것 같은 사람

으로 이해될 것이다. 면접을 오래 준비한 지원자라면, 아마 이에 따라 다음과 같은 걱정도 따라올 것이다. '이렇게 차분하고 꼼꼼하다면, 영업은 잘 할 수 있을지?'

그렇다. 이처럼 주 컨셉을 설정하고 나면, 그에 대한 우려도 따라오게 된다. 즉, 컨셉을 설정하고 나면, 면접관이 나에게 어떤 점을 우려할지를 파악할 수 있다. 이때, 자기소개나 다른 답변에 '걱정 마, 나 꼼꼼한데 영업도 잘해.'라고 알리기 위해 '영업 관련 경험'을 찾아 덧붙여야 한다.

컨셉의 차이를 알아보기 위해, 이번에는 '도전'에 맞춰서 앞서 정리한 표를 다시 정리해보자.

선호 컨셉	도전적, 목표 지향적
'내가 한 일'에서 '컨셉화'한 부분	• 학생 목표 성적 도달을 위한 상황 분석 • 교육 정책 분석을 통한 학생 성적 및 미래 설계 • 고객 추가 확보를 위한 포트폴리오 정리
'컨셉화' 구체적으로 정리하기	• 도전적 : 교육 정책 분석을 통한 미래 교육 방식 설계, 학부모와의 소통을 통한 신뢰 확보 • 목표 지향적 : 학생 성적 목표 설정 후 계획 수립, 매주 보고서 발행을 통한 과외 포트폴리오 마련
나올 수 있는 자기소개 '형용사'	• 고객의 목표를 위해 미래를 설계하는 • 현재에 만족하지 않고 미래로 나아가는 • 현재와 미래를 읽어 00% 성장을 이뤄냈던 • n명의 목표 120% 달성을 도왔던

이 표를 통해서는,

목표를 정하면 포기하지 않고 나아가는 사람

실적을 위해 항상 도전하는 사람

목표 달성을 위해 방법을 가리지 않고 나아가는 진취적인 사람

이라는 생각이 들 수 있을 것이다. 반면, 이 경우 '고객 응대와 친절'에 대한 의문이 생길 수도 있기 때문에, '고객 서비스 아르바이트 경험' 등을 추가로 찾아 덧붙여주면 좋다.

이제는 여러분의 경험을 구체화해서, 자기소개의 토대를 다져보자.

작성해보기

선호 컨셉	
'내가 한 일'에서 '컨셉화'한 부분	
'컨셉화' 구체적으로 정리하기	
나올 수 있는 자기소개 '형용사'	

2. 은행용 자기소개 작성하기

"선생님, 어차피 자기소개해도 면접관은 서류만 보고 있던데요?"

나에게 면접 컨설팅을 처음 오는 많은 학생들이 하는 말이다. 맞다. 대다수 면접관은 지원자가 자기소개를 하고 있을 때, 급하게 이력 및 자기소개서를 파악하며 질문할 거리를 찾는다. 하지만, 여러분이 이 과정에서, 면접관의 시선이 '서류'가 아닌 '나'를 향하게 한다면 어떨까? 또, 이 자기소개를 흥미롭게 듣고 관련된 질문을 던진다면 어떨까?

자기소개를 듣고 서류에서 눈을 떼고, 관련해서 여러분에게 질문을 던진다면, 여러분은 어느 정도 면접에서 분위기를 끌고 온 것이다. 적어도 면접관이 이력보다 여러분의 이야기에 더 관심을 가졌다는 이야기고, 그 경험이 굉장히 흥미롭게 들렸다는 증거이기 때문이다.

이에, 모든 면접 컨설팅에서 가장 많은 시간을 쓰고 공들이는 과정이 '자기소개'를 만드는 과정이다. 또, 이렇게 공들여 만든 자기소개를 준비해 갔을 때, 많은 지원자들이 면접관의 시선을 빼앗아왔고, 질문을 받을 수 있었다. 이처럼, '자기소개'는 해당 면접에서 본인이 가져갈 '컨셉'을 보여주는 가장 중요한 단계이다.

항상 면접관의 시선을 뺏고 관심을 끌었던, 면접장의 분위기를 지원자 본인에게 끌어올 수 있었던 자기소개 구성 방법을 공개하고자 한다.

형용사	'은행 선호 컨셉'과 '직무 특성을 살린 경험'을 잘 드러낼 수 있는 형용사 ★ 시선을 뺏기 위해서는, '숫자, 성과 등'이 들어간 형용사를 추천한다.
내 경험과 역량, 성과	'내가 한 일에서 컨셉화 한 부분' or '컨셉화 구체화하기'를 간략하게
그 외	• 주 컨셉에 따른 약점 보완 사례(예 주 컨셉 : 꼼꼼함 → 보완 : 영업 경험) • 그 외 금융 전문성 및 경험 자랑(예 타 은행 인턴, 금융 자격증 취득 등)
입행 후	'기여할 수 있는 부분'으로 입행 후~

시선을 뺏는 자기소개는 이와 같은 네 단계로 구성된다. 앞선 '꼼꼼함, 신중함'의 예시로 자기소개를 만들어보자.

자기소개 예시

선호 컨셉	꼼꼼함, 신중함
'내가 한 일'에서 '컨셉화'한 부분	• 꼼꼼하게 고객(학생)의 진척 상황 정리 및 분석 • 정보를 파악해 신중하게 미래 설계 및 방향 설정 이런 방식이 소문나, 고객(학생) n명 추가 확보
'컨셉화' 구체적으로 정리하기	• 꼼꼼 : 학생의 이해도, 진도를 정리하고 계획 수립 • 신중 : 무작정 진도를 나가기보다는, 교육 정책 변화에 따른 전략적 계획 수립
나올 수 있는 자기소개 '형용사'	• 다각적 고객 분석으로 신뢰를 얻은 • 다각적 고객 분석으로 n배의 성과를 거둔 • 고객과 미래를 분석해 신뢰를 얻는 • 매주의 보고서로 고객 성장을 이뤄냈던

형용사	안녕하십니까, 매주의 보고서로 고객 성장을 이뤄냈던 지원자 A입니다.
내 경험과 역량, 성과	3년간 과외 아르바이트를 하며, 학생의 성장을 위해 매주 보고서를 작성했습니다. 학생의 이해도, 진도를 정리하여 계획을 수립하고, 교육 정책 변화를 항시 파악해 맞춤형 미래를 설계하며 학부모님과 소통한 결과, 학생 성적 향상은 물론 n명의 학생도 추가로 소개받을 수 있었습니다.
그 외	이러한 고객 지향적 자세로, OO 판매 아르바이트로 근무하고 FP 자격증을 취득하며, 고객을 위한 WM이 되고자 노력하였습니다.
입행 후	입행 후에도, 이러한 자세로 고객과 지속적 관계를 유지해 고객 성장과 OO 은행 성장을 이뤄내는 WM이 되겠습니다.

이처럼 경험으로 자기소개를 풀어나가면, '키워드 중심'으로 자기소개를 암기하기에도 수월하다. 예를 들어,

형용사	안녕하십니까, **매주의 보고서로 고객 성장을 이뤄냈던** 지원자 A입니다.
내 경험과 역량, 성과	3년간 **과외 아르바이트**를 하며, 학생의 성장을 위해 **매주 보고서를 작성**했습니다. 학생의 **이해도, 진도를 정리하여 계획을 수립**하고, 교육 정책 변화를 항시 파악해 **맞춤형 미래를 설계**하며 학부모님과 소통한 결과, **학생 성적 향상은 물론 n명의 학생도 추가로 소개**받을 수 있었습니다.
그 외	이러한 고객지향적 자세로, **OO 판매 아르바이트로 근무하고 FP 자격증을 취득**하며, 고객을 위한 WM이 되고자 노력하였습니다.
입행 후	입행 후에도, 이러한 자세로 **고객과 지속적 관계를 유지해 고객 성장과 OO 은행 성장을 이뤄내는** WM이 되겠습니다.

'내 경험과 역량, 성과' 부분은 정말 본인의 경험이기 때문에, 굳이 암기하지 않아도 자연스럽게 이야기할 수 있고, 나머지는 빨간 글씨로 표시된 부분만 암기해도, 자연스레 '본인의 이야기'처럼 이어갈 수 있다. 이처럼 자기소개를 구성할 시,

면접관의 이목을 끌어 꼬리 질문을 받을 수 있다.
자연스럽게 내 이야기인 것처럼 (외운 티 나지 않게) 나를 소개할 수 있다.
라는 장점이 있다. 이제, 여러분도 여러분만의 자기소개를 정리해보자.

작성해보기

형용사	
내 경험과 역량, 성과	
그 외	
입행 후	

I. 은행용 컨셉과 자기소개 '예시' 모아보기

직무	WM
질문 1	이 직무는 뭐하는 직무라고 생각하는지?
답	다양한 은행 내 상품을 활용해 고객의 자산을 관리하는 직무 등
질문 2	이 은행에서 이 직무를 왜 뽑는다고 생각하는지?
답	전문성 높은 고객 자산관리를 위해, 이를 통해 고객을 확보하기 위해 등
질문 3	이 직무가 하는 일은 무엇인지?
답	고객의 자산을 활용해 미래 설계, 행내 상품과 전문성을 활용한 고객 자산 증식 등(실제 WM 현직자 인터뷰 진행, 일과 이해하기 등)
질문 4	직무에 필요한 역량은 무엇인지?
답	꼼꼼함, 경제 트렌드를 읽는 통찰력, 고객과의 관계 유지 역량, 부동산/세무 등 금융 전 분야에 대한 전문성, 고객 관리 역량 등

은행명	OO은행	은행 선호 컨셉	꼼꼼함, 신중함
직무명	WM	직무가 하는 일	✓ 고객 자산 관리 ✓ 고객 자산 설계 ✓ 고객 자산 증식

번호	역량	필요 이유
1	통찰력	계속해서 경제, 시사 흐름을 읽고, 상품과 관리 방식을 고민해야 해서
2	전 분야 지식	넓은 범위의 자산을 관리해 주기 위해, 금융 외에도 관리해야 해서
3	고객 관리	담당 고객과의 관계를 이어 나가기 위해, 이를 통해 소개받을 수 있음

찾아야 할 경험

- 책임감 있게 정보를 수집하며 고객을 관리했던 경험
- 고객과의 전문적이고 원활한 소통으로 성과를 냈던 경험
- 고객과의 원활한 소통으로 신뢰를 받거나 성과를 냈던 경험

관련 경험	• 과외할 때, 지속적인 성적 관리를 해줘서 과외 학생이 늘어났던 경험 • 인턴 당시, 다른 분야 지식도 공부해서 고객에게 도움 줬던 경험 • H&B 매장 아르바이트할 때, 고객 피부 타입에 맞춰 화장품 사용 설계, 매출 올렸을 때 등
경험	과외 경험
내가 한 일과 성과	학생 진도 및 상황 등을 정리하여 매시간 부모님께 전달, 교육 트렌드 파악해서 전송 및 공부 방향 설정, 이를 통한 고객 n명 추가 확보 등
발휘한 역량	세세함, 고객 관리 역량, 꼼꼼함, 신뢰 확보
기여할 수 있는 부분	고객과 지속적인 소통, 고객 관리, 이를 통한 추가적인 고객 확보
선호 컨셉	꼼꼼함, 신중함
'내가 한 일'에서 '컨셉화'한 부분	• 꼼꼼하게 고객(학생)의 진척 상황 정리 및 분석 • 정보를 파악해 신중하게 미래 설계 및 방향 설정 • 이런 방식이 소문나, 고객(학생) n명 추가 확보
'컨셉화' 구체적으로 정리하기	• 꼼꼼 : 학생의 이해도, 진도를 정리하고 계획 수립 • 신중 : 무작정 진도를 나가기보다는, 교육 정책 변화에 따른 전략적 계획 수립
나올 수 있는 자기소개 '형용사'	• 다각적 고객 분석으로 신뢰를 얻은 • 다각적 고객 분석으로 n배의 성과를 거둔 • 고객과 미래를 분석해 신뢰를 얻는 • 매주의 보고서로 고객 성장을 이뤄냈던
형용사	안녕하십니까, 매주의 보고서로 고객 성장을 이뤄냈던 지원자 A입니다.
내 경험과 역량, 성과	3년간 과외 아르바이트를 하며, 학생의 성장을 위해 매주 보고서를 작성했습니다. 학생의 이해도, 진도를 정리하여 계획을 수립하고, 교육 정책 변화를 항시 파악해 맞춤형 미래를 설계하며 학부모님과 소통한 결과, 학생 성적 향상은 물론 n명의 학생도 추가로 소개받을 수 있었습니다.
그 외	이러한 고객 지향적 자세로, oo 판매 아르바이트로 근무하고 FP 자격증을 취득하며, 고객을 위한 WM이 되고자 노력하였습니다.
입행 후	입행 후에도, 이러한 자세로 고객과 지속적 관계를 유지해 고객 성장과 OO 은행 성장을 이뤄내는 WM이 되겠습니다.

I. 은행용 컨셉과 자기소개 '표' 정리하기

직무	✏️
질문 1	이 직무는 뭐하는 직무라고 생각하는지?
답	✏️
질문 2	이 은행에서 이 직무를 왜 뽑는다고 생각하는지?
답	✏️
질문 3	이 직무가 하는 일은 무엇인지?
답	✏️
질문 4	직무에 필요한 역량은 무엇인지?
답	✏️

은행명	✏️	은행 선호 컨셉	✏️
직무명	✏️	직무가 하는 일	✏️

번호	역량	필요 이유
1		
2		
3		
4		
5		
6		

찾아야 할 경험

관련 경험	

경험	
내가 한 일과 성과	
발휘한 역량	
기여할 수 있는 부분	

선호 컨셉	
'내가 한 일'에서 '컨셉화'한 부분	
'컨셉화' 구체적으로 정리하기	
나올 수 있는 자기소개 '형용사'	

형용사	
내 경험과 역량, 성과	
그 외	
입행 후	

Ⅱ 공기업용 컨셉과 자기소개 만들기

여러분은 모 공기업의 면접관이다. 취업난임에도 불구하고 입사했다가 퇴사하는 사람이 너무 많았고, 특히 작년에 들어온 신입 사원들은 꽤나 큰 규모의 사고들을 쳤다. 퇴사하지 않고, 주어진 업무를 잘 수행할 수 있는 신입 사원을 찾고자 직접 '신입 사원 채용 면접관'으로 참여했다. 스펙이 동일한 A, B 지원자를 두고 고민하고 있는 지금, 다음과 같은 자기소개를 듣는다면 누구를 선택할 것인가?

지원자 A

안녕하십니까, 적극적인 업무 자세로 연 5천만 원의 매출을 냈던 지원자입니다. 지난 3년간 유통 개인 사업을 운영했습니다. 높은 매출 달성을 위해, 직접 거래처를 발굴하고자 뛰어다니고, 공장을 오고 가며 소통 역량을 함양하였습니다. 또한, 온오프라인 판로를 적극적으로 확보한 결과, 연 5천만 원의 매출을 달성할 수 있었습니다. 이 외에도, '가' 자격증, '나' 인턴을 통해 적극적인 업무 자세를 체득하였습니다. 입사 후에도 모든 업무를 위해 발로 뛰며, ○○ 공사의 성장을 이뤄내겠습니다.

지원자 B

안녕하십니까, 데이터 분석과 능동적 자세로 조직 성장을 이뤄냈던 지원자입니다. 지난 3년간 유통사의 사무 업무를 처리하며, 능동적으로 업무에 임하였습니다. 유통 데이터를 분석하여 판로 선정에 도움을 주고, 체계적인 재고, 예산, 인력 관리로 업무 효율을 개선하였습니다. 나아가, 타 부서와 소통하며 조직 성장 방안을 고안한 결과, 연 매출 5천만 원 성과에 이바지할 수 있었습니다. 이 외에도, '가' 자격증, '나' 인턴을 통해 꼼꼼한 업무 자세를 배울 수 있었습니다. 입사 후에도, 조직 성장을 위해 업무를 효율적으로 처리하며 ○○ 공사의 성장에 이바지하겠습니다.

여러분이 OO 공사의 면접관이라면 지원자 A와 B 중 누구를 채용할 것인가? 'A'를 선택할 수도 있지만, 대부분의 선택은 'B'일 것이다. 은행과 다르게 공기업은 '기업별로 선호하는 이미지'보다는 '직무별로 선호하는 성향'이 뚜렷한 편이며, 전체적으로 공기업이 원하는 인재상은 동일하다. 그렇기에 자신의 경험을 공기업 형으로 미리 바꿔둔다면 직무가 동일하다는 전제하에 어느 기업을 가든 '지원동기'만 바꿔서 준비하면 될 것이다. 공기업의 '컨셉'은 직무별로 상이하며, 자기소개를 넘어 답변 전반에 '내가 공기업에 맞는 사람'임을 드러내야 한다.

지금 설정한 컨셉과 발굴한 경험이, 추후 모든 면접 답변의 기반이 될 것이다. 지금부터 공기업 면접의 기반을 다져보도록 하자.

1. 공기업용 컨셉 설정하기

공기업이 찾는 사람 → 기업과 직무 → 직무 기술서 분석하기

1) 공기업, 어떤 사람을 좋아할까?

앞서 이야기한 것처럼, 공기업이 좋아하는 사람은 어느 공기업이든 비슷하다. 직무에서 요구하는 성향에 따라 경험만 달리 정리하면 될 뿐, 질문마다 답변 하나만 정리해두면 어느 기업을 가더라도 경험에 대한 답변은 비슷하게 할 수 있다.

그렇다면, 대체 공기업은 어떤 사람을 좋아할까?

공기업이 좋아하는 사람
① 쉽게 퇴사하지 않을 사람
② 어떻게 보면 루틴할 수 있는 공기업 업무에 '쉽게 적응하고 질리지 않을' 사람
③ 루틴한 일 안에서도 '능동적으로 문제를 해결'할 수 있는 사람
④ 성향이 꼼꼼하고 계획적인 사람
⑤ 조직과 잘 융화될 수 있는 사람

공기업은 쉽게 변하지 않는 곳이기 때문에, 사기업과는 다른 성향의 사람을 선호한다. '일에 대한 전문성은 있지만, 팔로워로서 조직에 융화할 수 있는 사람, 꼼꼼하고 계획적으로 업무를 처리하고 원칙을 지킬 수 있는 사람, 루틴한 업무 속에서도 질리지 않고 능동적으로 업무를 처리할 수 있는 사람, 성향이 이에 적합해 쉽게 퇴사하지 않을 사람'을 선호한다고 보면 된다.

그렇기에, 전 지원자는 ②~⑤의 경험을 찾아, 나는 퇴사하지 않겠다는(①) 의지를 보여줘야 한다. 이에, 맞춤형 경험을 찾아보도록 하자.

예시

② 루틴한 업무에 쉽게 적응하고 질리지 않는	③ 조직에서 '능동적으로 문제를 해결'하는
✓ 중소기업 사무 보조 업무 ✓ 인턴 당시 단순 고객 응대 업무 ✓ 현장에서 단순한 보수 작업 진행	✓ 사무 보조 업무-관리 장표 개선, 조직성과 증대 ✓ 고객 응대 업무-긴 대기 시간으로 인한 고객 불만, 해결 방안 도모 및 문제 개선 ✓ 단순 보수 작업-상황에 대한 매뉴얼 없었음, 이에 관련 부서와 소통, 매뉴얼 구축
④ 꼼꼼하고 계획적인	⑤ 조직과 잘 융화되는
✓ 인턴 경험-매 보고서 최종 검토 담당자, 오타 찾아내 회사 손실 00% 줄임 ✓ 사무 보조-경영 실적 개선을 위한 업무 계획별 세부 계획 수립, 진척 여부 확인 장표 마련 ✓ 고객 응대-고객이 놓치는 서류 많음, 이를 확인하고자 체크 리스트 정리	✓ 의사소통 방법-회의록 및 서류 모두 검토, 조직 분위기와 주요 사안 파악 후 협업 진행 ✓ 솔선수범-모두가 꺼려 하는 일, 조직을 위해 필요하다고 판단, 내가 함 ✓ 자발적-업무 협업이 필요한 상황, 자발적으로 타 부서 업무를 도와 빠르게 업무 처리

작성해보기

② 루틴한 업무에 쉽게 적응하고 질리지 않는	③ 조직에서 '능동적으로 문제를 해결'하는
✏️	✏️

④ 꼼꼼하고 계획적인	⑤ 조직과 잘 융화되는
✏️	✏️

이처럼 루틴한 업무 속에서도 능동적이었고, 성향 자체가 꼼꼼하며 조직에 잘 융화한다는 증거를 하나하나 정리하면, 이 내용들이 여러분의 답변이자 기반 경험이 될 것이다. ②~⑤의 경험은 굳이 연결되지 않아도 된다. 다만 ②의 경험은 '공기업과 성향이 비슷한 조직'에서 업무가 루틴했어도, 질리지 않고 나만의 방법(③)을 찾아 업무 효율을 높였던 경험 중심으로 찾아주면 좋다.

2) 기업과 직무 이해하기

대부분 공기업 지원자는 '특정 공기업'보다는 '직무'가 있는 공기업을 지원하기 때문에, '이 기업이 뭐 하는 기업인지, 이 직무가 이 기업에서는 왜 필요한지'를 제대로 파악하지 못하는 경우가 많다. 하지만, 기본적으로 '이 회사에서 대체 이 직무를 왜 돈 주고 뽑을까?'를 이해하지 못하면, 자기소개부터 모든 답변이 흐트러지게 된다.

그렇기에, 면접 컨설팅 시작 단계에서 웬만하면 아래 네 가지 질문을 먼저 묻고 시작한다. 지원자가 기업과 직무를 제대로 이해했는지 확인하고, 그 이해한 방향에 맞춰 경험을 정리한다. 여러분도 아래 네 질문에 답해보며, '내가 기업과 직무를 잘 이해하고 있는지'를 확인해보자.

예시

기업-직무	한국철도-사무영업
질문 1	이 회사는 뭐 하는 회사라고 생각하는지?
답	• 고객에게 안전하고 편리한 철도 서비스 및 문화 제공 • 국민의 안전한 철도 이용을 위한 기업 • 철도 활성화를 통한 국가 경제 성장, 국민 편의 증대
질문 2	이 회사가 이 직무를 왜 뽑는다고 생각하는지?
답	• 철도 운영에 필요한 사무 업무를 처리하기 위해 • 철도 서비스 기획 및 운영을 통한 고객 만족을 실천하기 위해 • 꼼꼼한 사무 처리로 철도의 안전을 도모하기 위해
질문 3	이 직무가 하는 일은 무엇인지?
답	• 매표 · 안내 업무 • 열차 조성 업무 • 여행 상품 기획 및 판매 업무 등
질문 4	직무에 필요한 역량은 무엇인지?
답	• 고객 응대 역량 • 꼼꼼한 계획력, 업무 처리 역량 • 창의적인 기획 역량

작성해보기

기업-직무	✎
질문 1	이 회사는 뭐하는 회사라고 생각하는지?
답	✎
질문 2	이 회사가 이 직무를 왜 뽑는다고 생각하는지?
답	✎
질문 3	이 직무가 하는 일은 무엇인지?
답	✎
질문 4	직무에 필요한 역량은 무엇인지?
답	✎

공기업은 친절하다.

'아직 입사도 안 했는데, 질문 3, 4를 어떻게 답하나요?'라고 생각할 수도 있다. 하지만, 공기업은 이런 지원자를 위해, 친절하게 '직무기술서'를 제공해 준다.

질문 3에 대한 내용은 → 직무기술서 내 직무 수행 내용

질문 4에 대한 내용은 → 직무기술서 내 직무 수행 태도

에서 바로 확인할 수 있다. 그리고 우리는, 이제 직무기술서를 분석하며 우리가 직무별로 어떤 컨셉을 설정해야 하는지를 알아볼 것이다.

3) 직무기술서 분석하기

직무기술서 내 '직무 수행 태도'를 보면 '어떤 사람을 선호'하는지 명확히 드러난다. 특히, 기업 내 전 직무기술서를 보고, 공통적이지 않은 '직무 수행 태도'를 찾으면, '이 직무에게 특히 요구'하는 직무 수행 태도가 무엇인지 바로 파악할 수 있다. 우리 '한국철도' 직무기술서를 예시로 그 차이를 살펴보자.

직무	직무 수행 태도
사무영업	창의적 사고, 목표 중심적 사고, 도전적이고 적극적인 태도, 종합적 사고, 원활한 의사소통 태도, 논리적/분석적/객관적 사고, 공정성 확보 노력, 고객 지향 태도, 업무 규정 및 일정 계획 준수, 요청 내용에 대한 경청 자세, 정확한 업무 처리 태도
차량	관련 규정 및 지침 준수, 철도차량 정비 품질 확보를 위한 노력, 신지식 습득 및 기술력 향상을 위한 탐구심, 품질을 개선하려는 태도, 품질 요구수준 준수 태도
건축일반	안전 수칙/매뉴얼 수칙/법규 및 규정 준수, 문제 해결에 대한 적극성, 근무에 대한 성실한 태도, 유지보수 및 점검에 대한 책임감, 타인 의견 경청, 합리적인 의사조정 태도, 장기적이고 미래지향적 관점 고려, 체계적 종합적 분석 태도, 효과적인 업무 협업 태도 등

비슷한 역량끼리 색으로 구분해서 정리해보았다.

첫 번째는 '원칙과 규정을 준수하는 자세',

두 번째는 '조직을 위한 능동적이고 적극적인 자세',

세 번째는 '업무를 바라보는 통찰적 시야',

네 번째는 '조직 간 원활한 협업 자세'로 정리할 수 있다.

이는 비단 한국철도 뿐만 아니라 다른 공기업에도 공통적으로 요구되는 역량이자 자세이다.

그럼 이제 체크되지 않은 부분들을 살펴보자. 사무영업의 경우 '논리적/분석적/객관적 사고, 고객 지향 태도, 요청 내용에 대한 경청 자세, 정확한 업무 처리 태도'가 남아있다. 사무영업의 직무 수행 내용이 '매표와 안내, 열차조성, 여행상품 기획 및 판매'라는 점을 고려했을 때, 사무영업은 앞선 네 가지 공통 역량에 '고객 응대 + 꼼꼼한 업무 처리 역량'을 추가적으로 요구한다는 점을 알 수 있다.

"선생님, 그럼 매번 기업 내 전 직무의 기술서를 분석해야 하나요?"

라는 의문이 들 수 있다. 하지만 1분 1초가 아까운 지금, 언제 전 직무기술서를 분석하고 있겠는가. 자신 직무의 직무 수행 태도만 봐도 충분히 파악할 수 있다. 단, 그 전에

공기업이 좋아하는 사람

① 쉽게 퇴사하지 않을 사람

② 어떻게 보면 루틴할 수 있는 공기업 업무에 '쉽게 적응하고 질리지 않을' 사람

③ 루틴한 일 안에서도 '능동적으로 문제를 해결'할 수 있는 사람

④ 성향이 꼼꼼하고 계획적인 사람

⑤ 조직과 잘 융화될 수 있는 사람

공기업이 좋아하는 사람에 대한 이해를 충분히 하고 경험을 찾은 후,

> 첫 번째는 '원칙과 규정을 준수하는 자세',
> 두 번째는 '조직을 위한 능동적이고 적극적인 자세',
> 세 번째는 '업무를 바라보는 통찰적 시야',
> 네 번째는 '조직 간 원활한 협업 자세'로 정리할 수 있다.

앞서 정리했던 '공통 역량'을 반드시 기억하자. 이 공통 역량은 '한국철도'에만 적용되지 않고, 전 공기업에서 선호하는 역량이니, 이를 기억한 상태로 자신이 지원한 직무의 '직무 수행 태도'를 살펴보자.

기업-직무	직무 수행 태도
심평원-심사직	데이터에 대한 분석적 태도, 총괄적인 관점에서 업무를 바라보는 태도, 문제 해결 의지, 설득적 의사소통, 정확하고 세밀한 일처리, 긍정적 마인드, 논리적 태도, 업무 표준화 및 정형화에 능숙한 태도, 협업 능력, 원활한 의사소통

앞서 정리한 '공통 역량'을 우선적으로 체크한 후, 나머지 역량을 정리해보자. 심평원 심사직의 경우, 직무 수행 태도만 살펴봤을 때, '무언가 데이터를 분석적, 논리적, 총괄적으로 바라본 후, 업무를 표준화하고 정형화할 수 있는 사람', '논리적인 태도와 긍정적 마인드로 이를 설득할 수 있는 사람'을 추가적으로 선호하고 있음을 파악할 수 있다.

이처럼 직무기술서만 보고도, '어떤 사람을 선호'하는지 파악할 수 있다. 어떤 사람을 선호하는지를 파악했다면, 이제는 '이 역량/자세를 발휘했던 이유'를 찾아보자.

예시

기업-직무	한국철도-사무영업	
선호하는 성향	필요 이유	
고객 응대 + 꼼꼼한 업무 처리	• 매표, 예매 등에서 고객을 응대하기 때문 • 오차 없이 고객을 응대해야 해서 • 꼼꼼하게 처리하지 않으면, 고객 안전 및 편의에 문제가 발생할 수 있어서	
원칙 준수	• 철도에서 원칙은 고객 안전과 직결되기 때문에 • 원칙은 조직, 고객, 국민과의 약속이기 때문에	
조직을 위한 능동적 자세	• 조직의 업무 처리는 곧 고객 만족, 안전과 이어지기 때문에 • 차일피일 모두가 미루다 보면, 조직이 제대로 운영되지 않아서	
업무를 바라보는 통찰적 자세	• 나무가 아닌 숲을 보고 처리해야, 예산 등 자원을 아낄 수 있어서 • 열차 조성 시, 총괄적으로 바라보고 구성해야 혼란이 줄기 때문	
원활한 협업, 소통	• 공사는 모든 부서가 협업해서 이뤄지기 때문에 • 고객 응대, 기획, 열차 과정에서 타 부서, 타 직무와 지속 소통해야 하기 때문	

작성해보기

기업-직무	✏️
선호하는 성향	필요 이유
✏️	✏️
✏️	✏️
✏️	✏️
✏️	✏️
✏️	✏️

필요 이유를 정리했다면, 이에 맞춰 나의 경험을 찾아보자.

기업-직무	한국철도-사무영업
선호하는 성향	필요 이유
고객 응대 + 꼼꼼한 업무 처리	• 매표, 예매 등에서 고객을 응대하기 때문 • 오차 없이 고객을 응대해야 해서 • 꼼꼼하게 처리하지 않으면, 고객 안전 및 편의에 문제가 발생할 수 있어서
원칙 준수	• 철도에서 원칙은 고객 안전과 직결되기 때문에 • 원칙은 조직, 고객, 국민과의 약속이기 때문에
조직을 위한 능동적 자세	• 조직의 업무 처리는 곧 고객 만족, 안전과 이어지기 때문에 • 차일피일 모두가 미루다보면, 조직이 제대로 운영되지 않아서
업무를 바라보는 통찰적 자세	• 나무가 아닌 숲을 보고 처리해야, 예산 등 자원을 아낄 수 있어서 • 열차 조성 시, 총괄적으로 바라보고 구성해야 혼란이 줄기 때문
원활한 협업, 소통	• 공사는 모든 부서가 협업해서 이뤄지기 때문에 • 고객 응대, 기획, 열차 과정에서 타 부서, 타 직무와 지속 소통해야 하기 때문

'한국철도-사무영업'의 경우, 총괄적으로 이를 바라보았을 때

고객을 응대한 경험 속에서 꼼꼼함, 능동적 자세

조직과 공사, 대상(고객, 국민)을 위해 능동적으로 일했던 경험

조직과 원활히 협업해서 대상(고객, 국민) 만족이나 조직 효율을 이뤄낸 경험

(원칙은 너무 당연하기 때문에, 굳이 자기소개 경험으로 찾지 않도록 한다)

이 필요하다. 본인의 경험 중, 이 자세를 최대한 많이 반영한 경험을 탐색한다면, 그 경험이 본인의 자기소개가 될 것이다.

기업-직무	직무 수행 태도
심평원-심사직	데이터에 대한 분석적 태도, 총괄적인 관점에서 업무를 바라보는 태도, 문제 해결 의지, 설득적 의사소통, 정확하고 세밀한 일처리, 긍정적 마인드, 논리적 태도, 업무 표준화 및 정형화에 능숙한 태도, 협업 능력, 원활한 의사소통

그렇다면, 심평원의 심사직 지원자는 어떤 경험을 찾아야 할까? 아래 작성해보도록 하자.

직무기술서에 따르면, 심평원의 심사직은

데이터를 분석해 기준, 매뉴얼을 세웠던 경험

데이터를 기반으로 원활히 설득하고 소통했던 경험

문제 해결을 위해 데이터를 분석하고 총괄적으로 처리했던 경험

등을 찾아 정리해야 할 것이다. 그렇다면, 이에 맞춰 경험을 찾아보자.

예시

기업-직무	한국철도-사무영업
찾는 사람	경험
• 고객을 응대한 경험 속에서 꼼꼼함, 능동적 자세 • 조직과 공사, 대상(고객, 국민)을 위해 능동적으로 일했던 경험 • 조직과 원활히 협업해서 대상(고객, 국민) 만족이나 조직 효율을 이뤄낸 경험	타 공사 인턴 당시, 고객 응대 업무 경험, 당시 업무 처리에 많은 서류 필요, 두고 오시는 고객 많음 → 관련 부서 및 상사와 논의해 대기실 전면에 필수 서류 리스트 정리해 부착, 발급법 안내지 제작 → 고객 만족 증가, 서류 미비로 인한 대기 시간 줄어듦

작성해보기

기업-직무	
찾는 사람	경험

2. 공기업용 자기소개 작성하기

직무기술서를 분석해 선호하는 경험을 찾았다면, 이제는 이를 활용해 자기소개를 만들어 볼 것이다. 아마 많은 지원자가 '첫째, 둘째' 등 역량 나열형 자기소개를 사용할 것이다. 하지만, 이제는 공기업도 자기소개를 통해 면접관의 이목을 끌고 꼬리 질문을 유도해야 한다.

실제 면접 컨설팅을 통해 모 공단에 합격한 한 학생은

'면접관이 자기소개에 대해서 질문한다면 임팩트 있게 잘 한 거다.'라는 얘기를 들었는데, 실제 면쌤이 만들어 주신 자기소개에서 질문이 들어와서 너무나도 기뻤습니다.'

라는 후기를 남겨주었다. 공기업은 무난해야 한다는 많은 지원자의 생각과 다르게, 공기업 역시 '공기업 맞춤형 컨셉이 잡힌' 임팩트 있는 자기소개를 듣고, 지원자를 파헤쳐 간다. 면접관의 이목을 끌 수 있는 자기소개 작성법을 안내하고자 한다.

형용사	필요한 직무 수행 태도와 공기업이 원하는 자세를 잘 드러낼 수 있는 형용사 ★ 시선을 뺏기 위해서는 '숫자, 성과 등'이 들어간 형용사를 추천한다.
내 경험과 역량, 성과	'내가 한 일'에서 '직무 수행 태도'를 간략히
그 외	요구하는 직무 수행 태도, 전문성을 발휘했던 경험/공익을 위했던 경험
입사 후	'기여할 수 있는 부분'으로 입사 후~

공기업 자기소개의 경우에도 이러한 네 단계로 구성할 수 있다. 그럼 바로, 앞에서 계속 살펴보았던, 한국철도 사무영업 직무 자기소개를 만들어보자.

형용사	안녕하십니까, 하루 50분 고객에게 편의를 드렸던 지원자입니다.
내 경험과 역량, 성과	타 공사 인턴 당시, A 사업을 맡아 민원인을 응대했습니다. n가지의 신청 서류를 미비하시는 고객이 많았습니다. 이에, 관련 매뉴얼을 찾고 상사의 도움을 받아 대기실 초입에 필수 서류 리스트 및 근처에서 발급받는 방법에 대한 안내지를 제작해 부착하였고, 그 결과 대기시간이 줄어들었으며, 업무 속도 역시 빨라져 조직과 고객 만족을 이뤄낼 수 있었습니다.
그 외	이 외에도, 서비스직 아르바이트, 동아리 예산 담당 등을 맡으며 고객 응대 역량과 정확한 업무 처리 자세를 배울 수 있었습니다.
입사 후	입사 후에도, 이처럼 고객과 한국철도의 편의, 효율 증대를 위해 끊임없이 연구하는 철도인이 되겠습니다.

이처럼, 자기소개를 '내 경험' 중심으로 풀어나간다면, 자기소개를 암기할 때에도 키워드 중심으로 편하게 암기할 수 있다. 예를 들어,

형용사	안녕하십니까, 하루 50분 고객에게 편의를 드렸던 지원자입니다.
내 경험과 역량, 성과	타 공사 인턴 당시, A 사업을 맡아 민원인을 응대했습니다. n가지의 신청 서류를 미비하시는 고객이 많았습니다. 이에, 관련 매뉴얼을 찾고 상사의 도움을 받아 대기실 초입에 필수 서류 리스트 및 근처에서 발급받는 방법에 대한 안내지를 제작해 부착하였고, 그 결과 대기시간이 줄어들었으며, 업무 속도 역시 빨라져 조직과 고객 만족을 이뤄낼 수 있었습니다.
그 외	이 외에도, 서비스직 아르바이트, 동아리 예산 담당 등을 맡으며 고객 응대 역량과 정확한 업무 처리 자세를 배울 수 있었습니다.
입사 후	입사 후에도, 이처럼 고객과 한국철도의 편의, 효율 증대를 위해 끊임없이 연구하는 철도인이 되겠습니다.

'내 경험과 역량, 성과'부분은 정말 본인의 경험이기 때문에, 굳이 암기하지 않아도 자연스럽게 이야기할 수 있고, 나머지는 빨간 글씨로 표시된 부분만 암기해도, 자연스레 '본인의 이야기'처럼 이어갈 수 있다. 이처럼 자기소개를 구성할 시,

<u>면접관의 이목을 끌어 꼬리 질문을 받을 수 있다.</u>

<u>자연스럽게 내 이야기인 것처럼 (외운 티 나지 않게) 나를 소개할 수 있다.</u>

라는 장점이 있다. 이제, 여러분도, 여러분만의 자기소개를 정리해보자.

> 작성해보기

형용사	
내 경험과 역량, 성과	
그 외	
입사 후	

Ⅱ. 공기업용 컨셉과 자기소개 만들기 '예시' 모아보기

공기업이 좋아하는 사람
① 쉽게 퇴사하지 않을 사람
② 어떻게 보면 루틴할 수 있는 공기업 업무에 '쉽게 적응하고 질리지 않을' 사람
③ 루틴한 일 안에서도 '능동적으로 문제를 해결'할 수 있는 사람
④ 성향이 꼼꼼하고 계획적인 사람
⑤ 조직과 잘 융화될 수 있는 사람

② 루틴한 업무에 쉽게 적응하고 질리지 않는	③ 조직에서 '능동적으로 문제를 해결'하는
✓ 중소기업 사무 보조 업무 ✓ 인턴 당시 단순 고객 응대 업무 ✓ 현장에서 단순한 보수 작업 진행	✓ 사무 보조 업무-관리 장표 개선, 조직성과 증대 ✓ 고객 응대 업무-긴 대기 시간으로 인한 고객 불만, 해결 방안 도모 및 문제 개선 ✓ 단순 보수 작업-상황에 대한 매뉴얼 없었음, 이에 관련 부서와 소통, 매뉴얼 구축
④ 꼼꼼하고 계획적인	⑤ 조직과 잘 융화되는
✓ 인턴 경험-매 보고서 최종 검토 담당자, 오타 찾아내 회사 손실 00% 줄임 ✓ 사무 보조-경영 실적 개선을 위한 업무 계획별 세부 계획 수립, 진척 여부 확인 장표 마련 ✓ 고객 응대-고객이 놓치는 서류 많음, 이를 확인하고자 체크 리스트 정리	✓ 의사소통 방법-회의록 및 서류 모두 검토, 조직 분위기와 주요 사안 파악 후 협업 진행 ✓ 솔선수범-모두가 꺼려하는 일, 조직을 위해 필요하다고 판단, 내가 함 ✓ 자발적-업무 협업이 필요한 상황, 자발적으로 타 부서 업무를 도와 빠르게 업무 처리

기업-직무	한국철도-사무영업
질문 1	이 회사는 뭐 하는 회사라고 생각하는지?
답	• 고객에게 안전하고 편리한 철도 서비스 및 문화 제공 • 국민의 안전한 철도 이용을 위한 기업 • 철도 활성화를 통한 국가 경제 성장, 국민 편의 증대

질문 2	이 회사가 이 직무를 왜 뽑는다고 생각하는지?
답	• 철도 운영에 필요한 사무 업무를 처리하기 위해 • 철도 서비스 기획 및 운영을 통한 고객 만족을 실천하기 위해 • 꼼꼼한 사무 처리로 철도의 안전을 도모하기 위해
질문 3	이 직무가 하는 일은 무엇인지?
답	• 매표 · 안내 업무 • 열차 조성 업무 • 여행 상품 기획 및 판매 업무 등
질문 4	직무에 필요한 역량은 무엇인지?
답	• 고객 응대 역량 • 꼼꼼한 계획력, 업무 처리 역량 • 창의적인 기획 역량

직무	직무 수행 태도
사무영업	창의적 사고, 목표 중심적 사고, 도전적이고 적극적인 태도, 종합적 사고, 원활한 의사소통 태도, 논리적/분석적/객관적 사고, 공정성 확보 노력, 고객 지향 태도, 업무 규정 및 일정 계획 준수, 요청 내용에 대한 경청 자세, 정확한 업무 처리 태도

첫 번째는 '원칙과 규정을 준수하는 자세',

두 번째는 '조직을 위한 능동적이고 적극적인 자세',

세 번째는 '업무를 바라보는 통찰적 시야',

네 번째는 '조직 간 원활한 협업 자세'로 정리할 수 있다.

기업-직무	한국철도-사무영업
선호하는 성향	필요 이유
고객 응대+꼼꼼한 업무 처리	• 매표, 예매 등에서 고객을 응대하기 때문 • 오차 없이 고객을 응대해야 해서 • 꼼꼼하게 처리하지 않으면, 고객 안전 및 편의에 문제가 발생할 수 있어서

원칙 준수	• 철도에서 원칙은 고객 안전과 직결되기 때문에 • 원칙은 조직, 고객, 국민과의 약속이기 때문에
조직을 위한 능동적 자세	• 조직의 업무 처리는 곧 고객 만족, 안전과 이어지기 때문에 • 차일피일 모두가 미루다 보면, 조직에 제대로 운영되지 않아서
업무를 바라보는 통찰적 자세	• 나무가 아닌 숲을 보고 처리해야, 예산 등 자원을 아낄 수 있어서 • 열차 조성 시, 총괄적으로 바라보고 구성해야 혼란이 줄기 때문
원활한 협업, 소통	• 공사는 모든 부서가 협업해서 이뤄지기 때문에 • 고객 응대, 기획, 열차 과정에서 타 부서, 타 직무와 지속 소통해야 하기 때문

기업-직무	한국철도-사무영업
찾는 사람	경험
• 고객을 응대한 경험 속에서 꼼꼼함, 능동적 자세 • 조직과 공사, 대상(고객, 국민)을 위해 능동적으로 일했던 경험 • 조직과 원활히 협업해서 대상(고객, 국민) 만족이나 조직 효율을 이뤄낸 경험	타 공사 인턴 당시, 고객 응대 업무 경험, 당시 업무 처리에 많은 서류 필요, 두고 오시는 고객 많음 → 관련 부서 및 상사와 논의해 대기실 전면에 필수 서류 리스트 정리해 부착, 발급법 안내지 제작 → 고객 만족 증가, 서류 미비로 인한 대기 시간 줄어듦

형용사	안녕하십니까, 하루 50분 고객에게 편의를 드렸던 지원자입니다.
내 경험과 역량, 성과	타 공사 인턴 당시, A 사업을 맡아 민원인을 응대했습니다. n가지의 신청 서류를 미비하시는 고객이 많았습니다. 이에, 관련 매뉴얼을 찾고 상사의 도움을 받아 대기실 초입에 필수 서류 리스트 및 근처에서 발급받는 방법에 대한 안내지를 제작해 부착하였고, 그 결과 대기시간이 줄어들었으며, 업무 속도 역시 빨라져 조직과 고객 만족을 이뤄낼 수 있었습니다.
그 외	이 외에도, 서비스직 아르바이트, 동아리 예산 담당 등을 맡으며 고객 응대 역량과 정확한 업무 처리 자세를 배울 수 있었습니다.
입사 후	입사 후에도, 이처럼 고객과 한국철도의 편의, 효율 증대를 위해 끊임없이 연구하는 철도인이 되겠습니다.

Ⅱ. 공기업용 컨셉과 자기소개 만들기 '표' 정리하기

공기업이 좋아하는 사람

① 쉽게 퇴사하지 않을 사람

② 어떻게 보면 루틴할 수 있는 공기업 업무에 '쉽게 적응하고 질리지 않을' 사람

③ 루틴한 일 안에서도 '능동적으로 문제를 해결'할 수 있는 사람

④ 성향이 꼼꼼하고 계획적인 사람

⑤ 조직과 잘 융화될 수 있는 사람

② 루틴한 업무에 쉽게 적응하고 질리지 않는	③ 조직에서 '능동적으로 문제를 해결'하는
✎	✎

④ 꼼꼼하고 계획적인	⑤ 조직과 잘 융화되는
✎	✎

기업-직무	✏️
질문 1	이 회사는 뭐 하는 회사라고 생각하는지?
답	✏️
질문 2	이 회사가 이 직무를 왜 뽑는다고 생각하는지?
답	✏️
질문 3	이 직무가 하는 일은 무엇인지?
답	✏️
질문 4	직무에 필요한 역량은 무엇인지?
답	✏️

직무	직무 수행 태도
✏️	✏️

첫 번째는 '원칙과 규정을 준수하는 자세',

두 번째는 '조직을 위한 능동적이고 적극적인 자세',

세 번째는 '업무를 바라보는 통찰적 시야',

네 번째는 '조직 간 원활한 협업 자세'로 정리할 수 있다.

기업-직무	✎
선호하는 성향	필요 이유
✎	✎
✎	✎
✎	✎
✎	✎
✎	✎

기업-직무	✎
찾는 사람	경험
✎	✎

형용사	✎
내 경험과 역량, 성과	✎
그 외	✎
입사 후	✎

CHAPTER 02 지원동기 만들기

여러분은 또다시 패션몰 사장님이 되었다. 신입 영업 사원 채용 면접을 보며 A, B에게 '왜 우리 패션몰에 지원했는지?'에 대해 물어보았다. 그리고 A와 B는 다음과 같이 답했다. 여러분이 사장님이라면 A, B 중 어느 지원동기가 더 마음에 와닿을지 살펴보자.

> **지원자 A**
>
> 네, 저는 패션 아울렛 1위를 선두하고 있는 기업에서 일하고 싶어 지원하였습니다. 현재 OO 패션 아울렛은 다양한 의류 브랜드를 보유하고 있고, 가장 많은 고객이 방문하고 있습니다. 또, 한국인이 가장 사랑하는 패션몰 1위에 꼽혔으며, 국내 패션몰 중 가장 높은 매출을 달성하고 있습니다. 무엇보다, 가장 자주 방문하던 패션몰이었기 때문에 제가 가장 잘 알고 맞춰서 근무할 수 있을 것 같아 지원하게 되었습니다.

> **지원자 B**
>
> 네, 저는 스파 브랜드 전문 매니저로 성장하고 싶어 OO 패션몰에 지원하였습니다. 다년간 타 브랜드에서 의류 영업을 하며, ~한 스파 브랜드의 잠재력을 확인할 수 있었습니다. 이에, 스파 브랜드를 주력으로 보유하고 있는 패션몰을 찾던 중, OO 패션몰의 경우 스파 브랜드를 중점으로 아울렛을 구성하고 있으며, 경력을 통해 전문 매니저를 양성하고 있어, 이곳이라면 미래 의류 시장의 중심이 될 스파 브랜드의 전문 매니저로 단계적으로 성장할 수 있을 것 같아 지원하였습니다.

기업의 장점을 열심히 분석해 온 A를 뽑고 싶을 수도 있다. 하지만, 지원동기는 '내가 지원하는 이유'이지, '기업이 대단한 이유'가 아니기 때문에, 면접관에게 크게 와닿지 않는다. 또한, '구체적 목표'를 갖고 입사하는 사람과, 그렇지 않은 채로 입사하는 사람은 다르기 때문에, '구체적인 목표'를 갖고 '성장'하고 싶어 지원한 지원자가, 면접관에게 더욱 매력적으로 느껴질 수밖에 없다.

그렇기에, 우리는 모든 '지원동기'를 앞선 지원자 B처럼 구성해야 한다. '나의 구체적인 목표와 내가 그 목표를 갖게 된 이유, 지원한 기업이 그에 부합한 이유'를 모두 넣어서 구성해야 하는 것이다. 이제 은행과 공기업에 맞춰, 어떻게 내 지원동기를 구성해야 하는지 살펴보도록 하자.

I 은행 지원동기 만들기

대부분 은준생의 경우 공고가 뜨면 대부분 지원하기 때문에, '왜 이 은행인지'를 준비하기가 가장 어렵다. 자기소개에도 은행 지원동기를 작성하지만, 면접에서 내가 지원한 이유를 간략히 줄여 준비하기란 쉽지 않다.

먼저, 여러분이 가장 가고 싶은 은행과 가장 하고 싶은 일을 선정한 다음, 아래에 지원동기를 작성해보자.

내 지원동기 작성해보기			
은 행		직 무	

지원동기에 대한 이해도를 보기 위해, 반드시 먼저 지원동기를 작성해보기를 바란다. 지원동기를 작성한 후에는, 아래 피드백 양식에 따라, 내 지원동기의 완성도를 알아보자.

지원동기 완성도 확인해보기		
1	지원동기 안에 구체적 성장 목표가 반영되어 있는가?	O/X
2	그 목표가 설정된 계기인 '경험'이 기재되어 있는가?	O/X
3	기업의 특·장점이 기재되어 있는가?	O/X
4	그 특·장점이 내 성장 목표와 연관성이 있는가?	O/X
5	1~4번이 하나의 맥락으로 이어지는가?	O/X

몇 개의 O가 있는가? 작성한 지원동기가 '5번 질문'처럼 하나의 맥락으로 이어졌다면, 반은 성공했다고 볼 수 있다. 이처럼, 은행 지원동기에는 '내가 구체적으로 성장하고 싶은 목표와 내 경험'이 필수적으로 들어가 있어야 한다. 그럼 이제, 아래 '지원동기 3요소'에 맞춰 직접 은행 지원동기를 순차적으로 작성해보자.

구체적 목표 ▶ 목표의 이유(경험) ▶ 부합하는 이유

1) 구체적 목표 설정

목표가 있는 사람과 그렇지 않은 사람의 업무 몰입도는 확연히 다르다. 공부도 1등 해야지.'라며 목표를 정한 사람과 '대충 상위권이면 되겠다.'하는 사람의 공부 집중도는 다를 것이다. 지원동기도 마찬가지다. 구체적으로 '어떤 목표가 있고 이루고 싶습니다.'라고 말하는 사람과 '대충 이 직무가 되고 싶습니다.'라고 말하는 사람의 업무 몰입도, 기대되는 정도는 큰 차이를 보일 것이다.

이에, 우리는 지원동기를 구성하는 과정에서, 그리고 앞으로의 답변을 구성하는 과정에서 '구체적인 목표'를 우선적으로 정해야 할 것이다. 직무를 구분해서 채용하는 은행이라면 '직무 중에서도 어떤 세부적인 직무'가 될 것인지, '일반, UB' 등으로 뽑는 은행의 경우 '어떤 금융 전문가'가 되고 싶은지를 구체적으로 설정해야 할 것이다.

보통 구체화는 직무에 '대상'을 더해 이루어진다. 예를 들어, WM 직무라면, 일반 WM이 아닌 '자영업자를 위한 WM'과 같이 '특정 대상'을 위한 '직무'로 설정해야 한다. 또, 이 구체적 목표는 '내가 이 목표를 갖게 된 계기'가 될 '경험'과 일맥상통해야 한다.

각 직무 별로, 아래와 같이 나눠볼 수 있을 것이다.

직무	구분
개인 금융	가계 여신 전문가, 직장인을 위한 금융 전문가, 은퇴 관리 전문가 등
기업 금융	스타트업을 위한 기업 금융인, 중소기업을 위한 기업 금융인, 수출 기업을 위한 기업 금융인 등
WM	소상공인을 위한 WM, 직장인을 위한 WM, 고 자산가를 위한 WM 등

이러한 예시처럼, '특정 대상'을 위한 '직무'를 만들어야 하고, 이를 위해, 우리는 먼저 '구체적 목표의 이유'부터 설정한 후에, 그 과정에서 다시 '구체적 목표'를 설정해 볼 것이다.

2) '경험'과 '목표' 찾기

아무리 거창한 목표가 있을지라도, 그를 뒷받침하는 '개인의 경험'이 없다면 무용지물일 것이다. 특히, '지원동기'는 '내가 지원한 이유'를 묻는 질문이기 때문에, 너무도 당연히 '내가 지원한 이유가 되는 경험'이 필수적이다. 하지만, 대부분 지원자는 '내가 지원한 은행이 대단한 이유, 훌륭한 이유'에만 초점을 맞춰 자기소개를 구성한다. 이러한 오류를 범하지 않기 위해, 했던 경험들부터 구체적으로 나열해보자.

예시

구체적으로 했던 일		
경험	구체적으로	연결 짓기
3년간 개인 카페 아르바이트	사장님과 대화, 많은 자영업자 고객님 만남	자영업자, 소상공인, 개인 사업자 은퇴 등
제조업 사무 보조 아르바이트	제조업이 겪는 어려움 확인, 제조업 예산 및 회계 처리 담당, 매출 확인 업무	제조업 전문 기업 금융인, 제조업 종사자 자산관리자 등
모 기업 연말정산 아르바이트	적은 급여로 저축, 소비 제대로 하지 못하는 직장인 다수 확인, 직장인 및 관련 기관과 소통	직장인을 위한 자산관리자, 직장인을 위한 금융인 등

작성해보기

구체적으로 했던 일		
경험	구체적으로	연결 짓기

보통 컨설팅 과정에서 이러한 '경험'을 발굴하자고 이야기하면, 대부분 지원자는 '선생님, 저 아무리 생각해도 경험이 없어요.'라고 이야기하곤 한다. 하지만 막상 파헤쳐 들어가면, 대부분 관련 경험을 갖고 있다.

예를 들어, '제가 다른 경험은 없는데, 진짜 아르바이트는 많이 했어요. 대학 다니는 동안 다섯 개는 한 것 같아요.'의 경우, '그간 많은 사장님을 만나며, 소상공인의 어려움을 들었고, 옆에서 확인했다. 이에 소상공인을 위한 직무가 되겠다.'쪽으로 풀면 된다. 또한, 학부시절 팀 프로젝트에서도 구체적 경험을 도출해낼 수 있다. 예시로, '우리나라 수출 기업의 어려움과 재정적 한계에 대해 파헤치는 팀플을 했었어요.'와 같이 말씀하신다면, 수출 기업과 관련된 금융 전문가로 최대한 연결해 주는 것이다.

금융은 삶과 연결되어 있다. 그렇기에, 내 지난 삶을 돌이켜본다면 반드시 그 안에서 '구체적 목표의 대상'을 발굴할 수 있다. 그 후, '지원한 직무'나 나의 자격증, 경험 등을 종합해 목표를 설정하면 된다. 이제, 경험을 찾고, 내 목표를 설정해보자.

예시

내 목표	그 이유
자영업자를 위한 자산 관리자	소상공인 간편결제 프로젝트 참여 경험

작성해보기

내 목표	그 이유
✎	✎

3) 은행별 '부합하는 이유' 찾기

앞서 목표를 설정했다면, 이제는 '내가 이 목표를 굳이 이 은행에서 이루고 싶은 이유'를 설정해야 한다. 사실 목표만 뚜렷하다면, 이 과정은 어렵지 않다. 이 은행이 '내가 정한 목표'를 이루기에 적합하다는 근거만 찾으면 되는 것이다.

예를 들어, 앞선 예시처럼, '자영업자를 위한 자산관리자'라고 목표를 설정했다면, 포털 사이트에 '은행 이름 + 대상/직무'를 검색해보면 은행의 장점이 드러날 것이다. 아래와 같은 검색어를 이용하면, 보다 편하게 '이 은행인 이유'를 찾을 수 있을 것이다.

검색 리스트 예시
OO 은행 + 대상(예 OO 은행 자영업자)
OO 은행 + 직무(예 OO 은행 자산관리)
OO 은행 + 대상 + 직무(예 OO 은행 자영업자 자산관리)
OO 은행 + 대상 + 1위(예 OO 은행 자영업자 1위)
OO 은행 + 직무 + 1위(예 OO 은행 자산관리 1위)
OO 은행 + 대상 + 최초(예 OO 은행 자영업자 최초)
OO 은행 + 대상 + 최초(예 OO 은행 자산관리 최초)
그 외 : 오픈, 진출 등

이렇게 찾은 내용을 기반으로, 이제, 템플릿에 맞춰 지원동기를 완성해보자.

4) 템플릿으로 '지원동기' 완성하기

결국, 지원동기는 '**목표 제시 + 이유(경험) + 이 은행인 이유**' 순으로 정리된다. 다만, 이 내용을 40초 내외로 줄여서 말하는 게 관건이다. 다음 템플릿 예시를 바로 살펴보자.

예시

구분	내용
목표 제시	네, 저는 자영업자를 위한 WM이 되고자 OO 은행에 지원하게 되었습니다.
이유(경험)	소상공인 간편결제 프로젝트에서 자산 및 은퇴 관리의 어려움을 겪고 계신 자영업자를 만나며, 이들을 위한 자산관리가로서의 성장을 희망하였습니다.
은행인 이유	이에 이를 실천할 수 있는 은행을 찾던 중, OO 은행의 경우 자영업자를 위한 전문 WM관을 운영하고, 상품 컨설팅은 물론 은퇴 설계까지 도와 이들의 전반적인 자산관리를 돕고 있어, 이러한 은행이라면 저 역시 자영업자를 위한 전문 WM으로 성장할 수 있을 것 같아 지원하게 되었습니다.

작성해보기

구분	내용
목표 제시	
이유(경험)	
은행인 이유	

I. 은행 지원동기 만들기 '예시' 모아보기

직무	구분
개인 금융	가계 여신 전문가, 직장인을 위한 금융 전문가, 은퇴 관리 전문가 등
기업 금융	스타트업을 위한 기업 금융인, 중소기업을 위한 기업 금융인, 수출 기업을 위한 기업 금융인 등
WM	소상공인을 위한 WM, 직장인을 위한 WM, 고 자산가를 위한 WM 등

구체적으로 했던 일		
경험	구체적으로	연결 짓기
3년간 개인 카페 아르바이트	사장님과 대화, 많은 자영업자 고객님 만남	자영업자, 소상공인, 개인 사업자 은퇴 등
제조업 사무 보조 아르바이트	제조업이 겪는 어려움 확인, 제조업 예산 및 회계 처리 담당, 매출 확인 업무	제조업 전문 기업 금융인, 제조업 종사자 자산관리자 등
모 기업 연말정산 아르바이트	적은 급여로 저축, 소비 제대로 하지 못하는 직장인 다수 확인, 직장인 및 관련 기관과 소통	직장인을 위한 자산관리자, 직장인을 위한 금융인 등

내 목표	그 이유
자영업자를 위한 자산관리자	소상공인 간편결제 프로젝트 참여 경험

검색 리스트 예시

OO 은행 + 대상(예 OO 은행 자영업자)

OO 은행 + 직무(예 OO 은행 자산관리)

OO 은행 + 대상 + 직무(예 OO 은행 자영업자 자산관리)

OO 은행 + 대상 + 1위(예 OO 은행 자영업자 1위)

OO 은행 + 직무 + 1위(예 OO 은행 자산관리 1위)

OO 은행 + 대상 + 최초(예 OO 은행 자영업자 최초)

OO 은행 + 대상 + 최초(예 OO 은행 자산관리 최초)

그 외 : 오픈, 진출 등

구 분	내 용
목표 제시	네, 저는 자영업자를 위한 WM이 되고자 OO 은행에 지원하게 되었습니다.
이유(경험)	소상공인 간편결제 프로젝트에서 자산 및 은퇴 관리의 어려움을 겪고 계신 자영업자를 만나며, 이들을 위한 자산관리가로서의 성장을 희망하였습니다.
은행인 이유	이에 이를 실천할 수 있는 은행을 찾던 중, OO 은행의 경우 자영업자를 위한 전문 WM관을 운영하고, 상품 컨설팅은 물론 은퇴 설계까지 도와 이들의 전반적인 자산관리를 돕고 있어, 이러한 은행이라면 저 역시 자영업자를 위한 전문 WM으로 성장할 수 있을 것 같아 지원하게 되었습니다.

1. 은행 지원동기 만들기 '표' 정리하기

직 무	구 분
개인 금융	가계 여신 전문가, 직장인을 위한 금융 전문가, 은퇴 관리 전문가 등
기업 금융	스타트업을 위한 기업 금융인, 중소기업을 위한 기업 금융인, 수출 기업을 위한 기업 금융인 등
WM	소상공인을 위한 WM, 직장인을 위한 WM, 고 자산가를 위한 WM 등

구체적으로 했던 일		
경 험	구체적으로	연결 짓기

내 목표	그 이유
✎	✎

검색 리스트 예시

OO 은행 + 대상(예 OO 은행 자영업자)

OO 은행 + 직무(예 OO 은행 자산관리)

OO 은행 + 대상 + 직무(예 OO 은행 자영업자 자산관리)

OO 은행 + 대상 + 1위(예 OO 은행 자영업자 1위)

OO 은행 + 직무 + 1위(예 OO 은행 자산관리 1위)

OO 은행 + 대상 + 최초(예 OO 은행 자영업자 최초)

OO 은행 + 대상 + 최초(예 OO 은행 자산관리 최초)

그 외 : 오픈, 진출 등

구 분	내 용
목표 제시	✎
이유(경험)	✎
은행인 이유	✎

Ⅱ 공기업 지원동기 만들기

대다수 공준생은 '기업'보다는 '직무'를 중점에 두고 취업을 준비한다. 어디든 필기 통과가 어렵기 때문에, 기업이나 산업보다는 '직무, 전공 과목'에 보다 초점을 맞춘다. 그렇기에 지원동기를 만들기는 더더욱 어렵다. 전혀 본 바도, 들은 바도 없는 산업에 대한 관심을 보여야 하고, 들어보지 못했던 기업에 지원하려는 이유를 명확히 제시해야 한다. 이에, 공기업 지원동기 작성 방법은 크게 두 가지로 볼 수 있다.

구 분	직무 특화형	산업 특화형(권장)
권장 대상	직무 관련 경험만 있는 경우	산업 관련 경험이 있는 경우
한 줄 요약	내가 직무 경험을 해봤는데, 이 직무가 나한테 잘 맞아. 근데 이왕이면, ~한 너희 기업에서 일하고 싶어.	내가 이 산업에서 비슷한 경험을 해봤는데, 이 산업 엄청 중요하더라. 산업 내 다른 기업 중에서도, ~한 일을 하는 너희 기업에서 ~한 직무로 일하고 싶어 지원했어.
필요한 내용	• 산업에 지원한 이유 • 산업에 대한 이해 • 지원 기업이 산업에 필요한 이유	• 직무에 지원한 이유 • 직무가 하는 일에 대한 이해

산업 관련 경험이 있다면, 웬만하면 '산업 특화형'으로 준비하는 것이 좋다. 최근 취업이 어려워졌기 때문에, 대다수 지원자가 '직무 특화형 지원동기'를 이야기한다. 이때, 산업 관련 경험이 있음을 언급한다면, 면접관의 이목을 더욱 끌어올 수 있을 것이다.

이제, 여러분이 가장 가고 싶은 기업과 직무를 임의로 정해 보고, 맞춰서 지원동기를 정리해보자.

내 지원동기 작성해보기			
은행		직무	

| | | | | | | | | |

지원동기에 대한 이해도를 보기 위해, 반드시 먼저 지원동기를 작성해보기를 바란다. 지원동기를 작성한 후에는, 아래 피드백 양식에 따라, 내 지원동기의 완성도를 알아보자.

지원동기 완성도 확인해보기		
1	지원동기 안에 구체적 성장 목표가 반영되어 있는가?	
2	그 목표가 설정된 계기인 '경험'이 기재되어 있는가?	
3	기업의 특·장점이 기재되어 있는가?	
4	그 특·장점이 내 성장 목표와 연관성이 있는가?	
5	1~4번이 하나의 맥락으로 이어지는가?	

'직무, 산업' 맞춤형 지원동기는 뒤에서 살펴보아도 충분하다. 하지만, 지원동기에 '개인 경험'이 들어가 있지 않거나, '성장 목표'가 제시되어 있지 않다면, 지원동기를 구성해나가기 어렵다. 다음에서 '직무, 산업' 맞춤형 지원동기를 만들어가며, 구체적 목표도 함께 설정해보도록 하자.

1) 직무 특화형 지원동기

'직무' 특화형은 산업과 관련된 경험이 적은 지원자가 대부분 사용한다. 그렇기 때문에, '산업에 대한 관심은 다른 지원자보다 적지만, 적어도 직무의 특정 분야에서는 확실히 기여할 수 있다.'를 보여줘야 한다. 이에, 직무기술서 내 '직무 수행 내용'을 탐색해, 그 내용과 일치하는 경험을 우선적으로 발굴해야 하고, 이를 통해 '구체적 목표'를 설정해야 한다.

예를 들어, 직무 수행 내용에 '사업 계획 및 예산 관리, 재무 예산 계획 수립' 등의 내용이 있고, 이와 관련된 경험이 있다면, 이를 활용해 구체적 목표를 설정해보자.

예시

직무 수행 내용	경험	목표
• 사업 계획 및 예산 관리 • 재무 예산 계획 수립	타 공기업 인턴, 사업 예산 계획 수립 및 검토 지원 업무, 효율적 예산 활용의 중요성 체감	• OO 산업 예산 전문가 • 예산 집행을 통한 신사업 지원 전문가

작성해보기

직무 수행 내용	경험	목표
✎	✎	✎

해당 표 작성만 완료해도, 지원동기의 50% 이상은 완성되었다고 볼 수 있다. 그렇다면, 이제 '내가 지원한 기업, 산업'과는 어떻게 연결하면 좋을까?

보통은 '어차피 이 직무로 방향을 잡았으니, 이왕이면 잠재력 있거나/공익 창출에 더 이바지할 수 있거나/이 분야가 더 많이 필요하고 효율적으로 사용될 것 같은 기업에서 일하고 싶어 지원했다.'의 흐름이 가장 일반적이다. 이에, '지원 기업, 산업의 중요성'을 찾아 지원동기 끝에 언급해 주는 것이다. 나아가, 한 산업 내에도 비슷한 공기업이 많다면, '같은 산업이어도 그 안에서 지원한 공기업만이 갖는 특·장점'을 찾아서 정리해 줘야 한다. 그렇지 않다면, '그럼 산업 내 다른 기업이 더 적합해 보이는데, 그 곳을 가지 이곳을 왜 지원했는지'에 대한 질문이 나올 수 있기 때문이다.

혹시, 이 과정에서 '내가 이 산업을 연구했던 경험/학부 시절 팀 프로젝트로 산업에 대해 찾아봤던 경험'이라도 좋으니, 연결할 수 있는 경험이 있다면, 같이 언급해주는 것이 좋다. 아래 '지원 기업, 산업의 중요성'에 대해 찾아보도록 하자.

예시

지원 기업, 산업의 중요성
• 최근 4차 산업 혁명으로 인한 (산업)의 중요성 증대
• 그 중에서도 (기업)은 (산업의 분야, 기업의 특·장점)을 맡고 있어, 더욱 잠재력이 있다고 판단
• (분야)를 담당하고 있어, 신사업 집행을 위한 예산/회계의 중대성이 더욱 커질 것 같아서
• 경험/실제 (산업)분야를 팀 프로젝트에서 주제로 다루며, 잠재력과 성장성을 직접 확인했기 때문

작성해보기

지원 기업, 산업의 중요성

그다음은 어렵지 않다. 앞서 정리한 두 표를 하나로 연결해, 이어서 말해주기만 하면 되는 것이다. 다만, 이 과정에서 시간이 40초를 넘지 않도록 조정해야 한다. 바로 템플릿을 살펴보자.

예시

구분	내용
목표 제시	네, 저는 (산업) 분야에서 예산 효율화를 도모하는 전문가가 되고자 지원하게 되었습니다.
이유 (경험)	타 공기업 인턴에서 신사업 예산 집행을 맡으며, 성장하는 산업 내 예산 효율화와 이를 통한 신사업 활성화가 (사회)에 미치는 영향을 확인할 수 있었습니다.
기업인 이유	이에 미래 사회에 가장 성장세이며, 사회에 공익적 영향을 미치는 기업을 찾던 중, OO 공기업의 경우 (특정 분야)를 담당하며, 사회 흐름에 발맞춰 새로운 신사업 및 기술 확보에 힘쓰고 있어, 이러한 곳이라면 예산 전문가로서 공익적 가치와 성장을 동시에 이뤄낼 수 있을 것 같아 지원하게 되었습니다.

작성해보기

구분	내용
목표 제시	
이유 (경험)	
기업인 이유	

II. 공기업 지원동기 만들기-직무특화형 '예시' 모아보기

직무 수행 내용	경험	목표
• 사업 계획 및 예산 관리 • 재무 예산 계획 수립	타 공기업 인턴, 사업 예산 계획 수립 및 검토 지원 업무, 효율적 예산 활용의 중요성 체감	• OO 산업 예산 전문가 • 예산 집행을 통한 신사업 지원 전문가

지원 기업, 산업의 중요성

- 최근 4차 산업 혁명으로 인한 (산업)의 중요성 증대
- 그중에서도 (기업)은 (산업의 분야, 기업의 특·장점)을 맡고 있어, 더욱 잠재력이 있다고 판단
- (분야)를 담당하고 있어, 신사업 집행을 위한 예산/회계의 중대성이 더욱 커질 것 같아서
- 경험/실제 (산업)분야를 팀 프로젝트에서 주제로 다루며, 잠재력과 성장성을 직접 확인했기 때문

구 분	내 용
목표 제시	네, 저는 (산업) 분야에서 예산 효율화를 도모하는 전문가가 되고자 지원하게 되었습니다.
이 유 (경험)	타 공기업 인턴에서 신사업 예산 집행을 맡으며, 성장하는 산업 내 예산 효율화와 이를 통한 신사업 활성화가 (사회)에 미치는 영향을 확인할 수 있었습니다.
기업인 이유	이에 미래 사회에 가장 성장세이며, 사회에 공익적 영향을 미치는 기업을 찾던 중, OO 공기업의 경우 (특정 분야)를 담당하며, 사회 흐름에 발맞춰 새로운 신사업 및 기술 확보에 힘쓰고 있어, 이러한 곳이라면 예산 전문가로서 공익적 가치와 성장을 동시에 이뤄낼 수 있을 것 같아 지원하게 되었습니다.

II. 공기업 지원동기 만들기-직무특화형 '표' 정리하기

직무 수행 내용	경험	목표
✏️	✏️	✏️

지원 기업, 산업의 중요성
✏️

구분	내용
목표 제시	✏️
이 유 (경험)	✏️
기업인 이유	✏️

2) 산업 특화형 지원동기

사실, 작은 경험이라도 '산업'과 관련된 경험을 끌어내는 것이 가장 좋다. 앞서 언급했듯이, 최근 취업난이 심해지며, '산업'과 관련된 경험을 갖고 있는 사람이 많지 않고, 특히 공기업의 경우 경력 지원자도 많기 때문에, 단순히 직무에 초점을 맞추면 경쟁력이 떨어질 수 있다.

이에 가장 먼저, '직무 특화형'처럼 '산업'과 관련된 경험을 찾고, 목표를 설정하는 것이 중요하다. 다음 표에 맞춰 내용을 완성해보자.

예시

기업에서 하는 사업	경험	목표(직무 연결)
• 보증 지원 • 자영업 컨설팅	타 공기업에서 자영업자 정책 상품 상담 진행, 직접 자영업자 만나며 자영업 활성화가 지역 경제 활성화와 이어진다는 점을 깨닫게 됨	• 지역 자영업 컨설턴트 • 지역 경제 활성 전문가

작성해보기

기업에서 하는 사업	경험	목표(직무 연결)

'산업 특화형'의 경우 기업에서 하는 사업을 찾고, 관련 경험과 목표를 찾았다면 지원동기가 90% 이상 완성되었다고 볼 수 있다. 목표를 직무와 연결해서 찾았다면, 굳이 직무와 관련된 연관성을 굳이 더 찾지 않아도 되는 것이다. 다만 '경험'과 '목표(직무 연결)'이 '공익, 사회'와 연결되어 있어야 한다는 점만 잊지 말고, 표를 채워주면 되는 것이다.

이제, 템플릿에 바로 적용하여 지원동기를 완성해보자.

예시

구 분	내 용
목표 제시	네, 저는 지역 경제 활성화에 이바지하는 지역 자영업 컨설턴트로 성장하고자 지원하게 되었습니다.
이 유 (경험)	타 공단에서 실제 자영업자 정책 상품 상담을 맡으며, 자영업자의 실질적 문제 해결이 지역 경제 활성화로도 이어진다는 사실을 알게 되었습니다.
기업인 이유	이에 지역과 사회에 이바지하는 일을 하고 싶어 기업을 찾던 중, OO 공기업의 경우 자영업자를 위한 컨설팅을 지원하고 다양한 보증 업무를 지원하고 있다는 점을 알게 되었습니다. 이처럼 지속해서 발전하는 곳이라면, 평생 직업으로서 자영업자와 지역 경제 활성화를 도우며 가치를 느낄 수 있을 것 같아 지원하게 되었습니다.

작성해보기

구 분	내 용
목표 제시	
이 유 (경험)	
기업인 이유	

Ⅱ. 공기업 지원동기 만들기 – 산업 특화형 '예시' 모아보기

기업에서 하는 사업	경험	목표(직무 연결)
• 보증 지원 • 자영업 컨설팅	타 공기업에서 자영업자 정책 상품 상담 진행, 직접 자영업자 만나며 자영업 활성화가 지역 경제 활성화와 이어진다는 점을 깨닫게 됨	• 지역 자영업 컨설턴트 • 지역 경제 활성 전문가

구분	내용
목표 제시	네, 저는 지역 경제 활성화에 이바지하는 지역 자영업 컨설턴트로 성장하고자 지원하게 되었습니다.
이유 (경험)	타 공단에서 실제 자영업자 정책 상품 상담을 맡으며, 자영업자의 실질적 문제 해결이 지역 경제 활성화로도 이어진다는 사실을 알게 되었습니다.
기업인 이유	이에 지역과 사회에 이바지하는 일을 하고 싶어 기업을 찾던 중, OO 공기업의 경우 자영업자를 위한 컨설팅을 지원하고 다양한 보증 업무를 지원하고 있다는 점을 알게 되었습니다. 이처럼 지속해서 발전하는 곳이라면, 평생 직업으로서 자영업자와 지역 경제 활성화를 도우며 가치를 느낄 수 있을 것 같아 지원하게 되었습니다.

Ⅱ. 공기업 지원동기 만들기 - 산업 특화형 '표' 정리하기

기업에서 하는 사업	경험	목표(직무 연결)
✎	✎	✎

구분	내용
목표 제시	✎
이유 (경험)	✎
기업인 이유	✎

CHAPTER 03 면접 답변 해보기

이번에는 잠시 사장님이 아닌 누군가의 '언니, 누나, 오빠, 형'이 되어보자. 추운 겨울날, 오늘 패딩을 입어야 할지, 코트를 입어도 될지 고민되는 상황이라고 가정해보자. 밖을 나가볼 수 없어서, 동생 혹은 후배에게 '오늘 날씨 어때?'라며 전화로 물어보았다. 이때, 두 동생은 다음과 같이 답했다.

> **동생 A**
>
> 오늘 정말 추워서 패딩 필수야. 사실 오늘 일기 예보에서 춥다고 그러길래, '차를 끌고 가야 하나, 대중교통을 타야 하나' 고민 많았거든. 근데, 나와 보니까 버스 탔으면 정말 딱 죽을 뻔했어. 버스 정류장까지 걸어갈 자신이 없는 날씨더라.

> **동생 B**
>
> 아니, 오늘 일기 예보에서 춥다고 그러길래, '차를 끌고 가야 하나, 대중교통을 타야 하나' 고민 많았거든. 근데, 나와보니까 버스 탔으면 정말 딱 죽을 뻔했어. 버스 정류장까지 걸어갈 자신이 없는 날씨더라. 오늘 정말 추워서 패딩 필수야.

똑같은 말을 순서만 바꾸어 보았다. 빠르게 날씨 정보를 알고 싶을 때, 여러분은 어떤 동생의 답이 더욱 도움이 되는가? 아마 '묻는 바'부터 말해준 '동생 A'의 답변이 더욱 도움이 되었을 것이다. 물론, 동생 B의 답변도 소소한 생활을 나눈다는 점에서 정감 있지만, 원하는 정보를 얻기 위해서는 모든 이야기가 끝날 때까지 기다려야 한다.

면접도 이와 같다. 면접관이 묻는 질문에 대해, **'묻는 바'부터 명확히 언급해 줘야 하는 것이다**. 그렇다면, '두괄식'과 '답변'을 구성하는 3요소를 알아보고 연습해보자.

I. 두괄식과 간결한 답변의 3요소

추후 Part 2를 통해 '두괄식'과 '답변'의 템플릿을 배우겠지만, 일단 다른 질문에도 항상 적용할 수 있는 '두괄식'과 '답변'의 3요소를 알아보고자 한다.

두괄식의 3요소는 크게 다음과 같다.

당시 > 묻는 바 > 성과

'경험을 묻는 질문' 중심으로, '어떤 경험 당시, 질문이 묻는 바를 해서 성과를 낸 경험이 있습니다.'로 답변하면 되는 것이다. 연습 문항을 살펴보도록 하자.

예시

Q1	살면서 가장 도전적이었던 경험은?	
당시	묻는 바	성과
인턴으로 근무할 당시,	OO 프로젝트에 도전적으로 임하여	1위의 성과를 거둔 경험이 있습니다.

연습해보기

Q1	살면서 가장 도전적이었던 경험은?	
당시	묻는 바	성과
✎	✎	✎

그렇다면, 질문 하나만 더 연습해보자.

예시

Q2	조직을 위해 헌신했던 경험이 있다면?	
당시	묻는 바	성과
인턴으로 근무할 당시,	모두가 꺼려 했던 고객 응대 매뉴얼 작성을 도맡아 하며,	고객 만족 증대에 이바지한 경험이 있습니다.

연습해보기

Q2	조직을 위해 헌신했던 경험이 있다면?	
당시	묻는 바	성과

아마 많은 학생이 '묻는 바'를 가장 어려워할 것이다. '묻는 바'에는 묻는 질문을 넣거나(예 가장 도전적으로~/헌신적으로 임하여~) 내가 한 일, 역할을 넣어주는(예 모두가 꺼려 했던 고객 응대 매뉴얼 작성을 맡아 하며~) 것이 좋다. 가능하다면, '내가 한 일, 역할'을 넣어서 두괄식을 구체화시켜주는 것이 좋다.

이제, '간결한 답변'을 만들기 위한 3요소를 살펴보자.

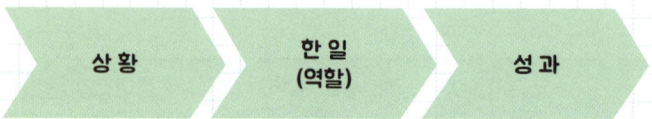

상황 ▶ 한 일 (역할) ▶ 성과

'경험'을 묻는 질문 기준으로, 답변을 간결히 만들기 위해서는 '상황, 역할, 성과'만 넣어주면 된다. 아마 대부분 지원자가 답변이 길어지는 이유는, '상황'이나 '내가 한 일'을 길게 묘사하기 때문일 것이다. 특히, '왠지 이 내용도 말해야 면접관이 내 경험을 이해할 것 같은데.'라는 생각 때문에, '상황'을 길게 묘사할 가능성이 높다. 하지만, 면접관은 여러분의 경험이 구체적으로 궁금하지 않고, 또 만약 궁금하다면 여러분에게 질문할 것이다. 그러니 답변의 길이를 줄여, 면접관에게도 '꼬리 질문'할 기회를 주자.

앞선 3요소를 활용해, 두괄식의 답변을 이어가 보자. 바로 예시를 살펴보자.

예시

Q1	살면서 가장 도전적이었던 경험은?	
당시	묻는 바	성과
인턴으로 근무할 당시,	OO 프로젝트에 도전적으로 임하여	1위의 성과를 거둔 경험이 있습니다.
상황	한 일(역할)	성과
당시, 전 인턴을 대상으로 OO 분야 프로젝트를 진행했습니다.	이를 위해, n명에게 인터뷰를 진행하고, 관련 전문가 및 유관 기관을 직접 찾아가 자문을 구하고 피드백을 진행한 결과,	우수 인턴 선정은 물론, 1위의 성과를 거둘 수 있었습니다.

연습해보기

Q1	살면서 가장 도전적이었던 경험은?	
당시	묻는 바	성과
상황	한 일(역할)	성과

이 표의 여섯 칸을 이어서 말하면, 바로 '간결한 답변'이 되는 것이다. 그럼, 바로 2번 문항을 이어 연습해보자.

예시

Q2	조직을 위해 헌신했던 경험이 있다면?	
당시	묻는 바	성과
인턴으로 근무할 당시,	모두가 꺼려 했던 고객 응대 매뉴얼 작성을 도맡아 하며,	고객 만족 증대에 이바지한 경험이 있습니다.
상황	한 일(역할)	성과
당시, 신사업 관련 고객 응대 매뉴얼 제작의 필요성을 모두가 느꼈으나 기존 업무가 많아 이를 꺼려했습니다.	인턴으로서 도움을 드려야 한다고 생각해, 기존 매뉴얼을 검토하고 관련 부서에 고객 응대 관련 자료를 요청하고 상사의 피드백을 받아 매뉴얼을 완성한 결과,	신사업으로 인한 혼란을 최소화하고, 고객 만족 점수 1위를 달성할 수 있었습니다.

연습해보기

Q2	조직을 위해 헌신했던 경험이 있다면?	
당시	묻는 바	성과
상황	한 일(역할)	성과

답변에서 중요한 포인트는 '질문 의도에 맞춰, 내가 무슨 일을 했는가'이다. '한 일(역할)' 안에 질문 의도에 맞춰 답변을 넣어주자. 예를 들어, '도전적 경험'을 묻는다면, 내가 도전적인 모습을 살려 일했던 내용을, '헌신 경험'을 묻는다면, '헌신하기 위해 내가 한 노력'에 초점을 맞춰 답변을 구성하면 되는 것이다. 이제, 이를 기반으로 은행/공기업의 기출 질문을 살펴보고, 답변을 연습해보자.

I. 두괄식과 간결한 답변의 3요소 '예시' 모아보기

당시 ▸ 묻는 바 ▸ 성과

Q1	살면서 가장 도전적이었던 경험은?	
당시	묻는 바	성과
인턴으로 근무할 당시,	OO 프로젝트에 도전적으로 임하여	1위의 성과를 거둔 경험이 있습니다.

Q2	조직을 위해 헌신했던 경험이 있다면?	
당시	묻는 바	성과
인턴으로 근무할 당시,	모두가 꺼려했던 고객 응대 매뉴얼 작성을 도맡아 하며,	고객 만족 증대에 이바지한 경험이 있습니다.

상황 ▸ 한 일(역할) ▸ 성과

Q1	살면서 가장 도전적이었던 경험은?	
당시	묻는 바	성과
인턴으로 근무할 당시,	OO 프로젝트에 도전적으로 임하여	1위의 성과를 거둔 경험이 있습니다.
상황	한 일(역할)	성과
당시, 전 인턴을 대상으로 OO 분야 프로젝트를 진행했습니다.	이를 위해, n명에게 인터뷰를 진행하고, 관련 전문가 및 유관 기관을 직접 찾아가 자문을 구하고 피드백을 진행한 결과,	우수 인턴 선정은 물론, 1위의 성과를 거둘 수 있었습니다.

Q2	조직을 위해 헌신했던 경험이 있다면?	
당시	묻는 바	성과
인턴으로 근무할 당시,	모두가 꺼려 했던 고객 응대 매뉴얼 작성을 도맡아 하며,	고객 만족 증대에 이바지한 경험이 있습니다.
상황	한 일(역할)	성과
당시, 신사업 관련 고객 응대 매뉴얼 제작의 필요성을 모두가 느꼈으나 기존 업무가 많아 이를 꺼려했습니다.	인턴으로서 도움을 드려야 한다고 생각해, 기존 매뉴얼을 검토하고 관련 부서에 고객 응대 관련 자료를 요청하고 상사의 피드백을 받아 매뉴얼을 완성한 결과,	신사업으로 인한 혼란을 최소화하고, 고객 만족 점수 1위를 달성할 수 있었습니다.

I. 두괄식과 간결한 답변의 3요소 '표' 정리하기

당시 ▸ 묻는 바 ▸ 성과

Q1	살면서 가장 도전적이었던 경험은?	
당 시	묻는 바	성 과
✎	✎	✎

Q2	조직을 위해 헌신했던 경험이 있다면?	
당 시	묻는 바	성 과
✎	✎	✎

상황 ▸ 한 일(역할) ▸ 성과

Q1	살면서 가장 도전적이었던 경험은?	
당 시	묻는 바	성 과
✎	✎	✎
상 황	한 일(역할)	성 과
✎	✎	✎

Q2	조직을 위해 헌신했던 경험이 있다면?	
당 시	묻는 바	성 과
✏️	✏️	✏️
상 황	한 일(역할)	성 과
✏️	✏️	✏️

Ⅱ 은행용 면접 답변

앞서 살펴본 '두괄식, 간결한 답변' 만드는 법을 제대로 숙지했는지 확인하기 위해, 아래 세 질문에 먼저 답해보기를 바란다. 실제 답변을 하는데 걸린 시간을 측정한 후, 같이 기재해보자(답변을 녹음할 수 있다면, 녹음한 다음에 내가 어느 부분에서 시간을 가장 많이 할애하는지 확인해도 좋다).

질문 답해보기		
번호	질문	답변 시간
1	물건을 판매해 본 경험이 있습니까?(우리은행)	
2	리더십을 발휘한 경험이 있습니까?(신한은행)	
3	본인만의 스트레스 해소 방법은?(국민은행)	

답변한 내용을, 각 아래 칸에 나눠서 기재해보도록 하자.

Q1	물건을 판매해 본 경험이 있습니까?(우리은행)	
당시	묻는 바	성과
상황	한 일(역할)	성과

Q2	리더십을 발휘한 경험이 있습니까?(신한은행)	
당 시	묻는 바	성 과
✎	✎	✎
상 황	한 일(역할)	성 과
✎	✎	✎

Q3	본인만의 스트레스 해소 방법은?(국민은행)	
당 시	묻는 바	성 과
✎	✎	✎
상 황	한 일(역할)	성 과
✎	✎	✎

답변에 대한 예시를 먼저 보여줄 예정이다. 예시를 기반으로, '제대로 답변했는지, 빠진 부분은 없는지' 다시 확인해보고 '수정해보기' 표에서 답변을 수정해보도록 하자.

Q1 예시

Q1	물건을 판매해 본 경험이 있습니까?(우리은행)	
당시	묻는 바	성과
네, 저는 카페, 플리마켓 등에서	물건을 판매해 본 경험이 있습니다.	
네, 저는 카페, 플리마켓 등에서	물건을 판매하여	OO만 원의 성과를 낸 경험이 있습니다.
네, 저는 그중 플리마켓에서	물건을 판매하여	OO만 원의 성과를 낸 경험이 있습니다.

Q1	물건을 판매해 본 경험이 있습니까?(우리은행)	
상황	한 일(역할)	성과
커피, 액세서리 등을 판매하는 과정에서	적극적으로 고객을 유도하고 전략을 구성하여	매출 1위의 성과를 이뤄낼 수 있었습니다.
그중에서도, 플리마켓에서 액세서리를 판매하며,	맞춤형 전략을 구성하고 제휴를 맺으며,	OO만 원의 성과를 달성할 수 있었습니다.
그중, 유동 인구가 적은 OO에서 액세서리를 판매하며,	고객을 확보하고자 맞춤형 전략을 구성하고 제휴를 맺으며,	OO만 원의 성과를 달성할 수 있었습니다.

Q1 수정해보기

Q1	물건을 판매해 본 경험이 있습니까?(우리은행)	
당시	묻는 바	성과
✎	✎	✎
상황	한 일(역할)	성과
✎	✎	✎

Q2 예시

Q2	리더십을 발휘한 경험이 있습니까?(신한은행)	
당시	묻는 바	성과
네, 저는 OO 프로젝트 당시	리더십을 발휘하여	1등의 성과를 거둔 경험이 있습니다.

Q2	리더십을 발휘한 경험이 있습니까?(신한은행)	
상황	한 일(역할)	성과
OO을 위한 프로젝트에서 기획 팀장을 맡으며,	~한 방식으로 팀원들의 협업을 유도한 결과,	1위의 성과를 이뤄낼 수 있었습니다.

Q2 수정해보기

Q2	리더십을 발휘한 경험이 있습니까?(신한은행)	
당시	묻는 바	성과
상황	한 일(역할)	성과

Q3 예시

Q3	본인만의 스트레스 해소 방법은?(국민은행)	
당시	묻는 바	성과
네, 저는 주로	런닝을 통해	스트레스를 해소하는 편입니다.

'경험'이 아닌 '자신'에 대해 묻는 질문의 경우, '묻는 바 = 답변', '성과 = 질문의 의도'로 생각하면 편하다.

Q3	본인만의 스트레스 해소 방법은?(국민은행)	
상황	한 일(역할)	성과
체력 관리차 시작한 운동이었으나,	주변 호수 공원을 매일 30분씩 뛰며,	스트레스도 해소하는 습관을 갖게 되었습니다.

Q3 수정해보기

Q3	본인만의 스트레스 해소 방법은?(국민은행)	
당시	묻는 바	성과
✎	✎	✎
상황	한 일(역할)	성과
✎	✎	✎

Ⅱ. 은행용 면접 답변 – 그 외 질문 연습해보기

(정답은 없습니다. 다만 템플릿이 궁금하다면, '스스로 답변해본 후'에 영상이나 '하루 한 질문' 부분에서 찾아주세요)

Q1	살면서 가장 힘들었던 일은?(신한은행)	
당 시	묻는 바	성 과
✎	✎	✎
상 황	한 일(역할)	성 과
✎	✎	✎

Q2	최근에 도움을 받았던 사람 중 기억에 남는 사람은?(하나은행)	
당 시	묻는 바	성 과
✎	✎	✎
상 황	한 일(역할)	성 과
✎	✎	✎

Q3	갈등을 해결했던 경험이 있습니까?(지역농협)	
당시	묻는 바	성과
상황	한 일(역할)	성과

Q4	협상이나 타협을 성공적으로 이끌어낸 경험은?(우리은행)	
당시	묻는 바	성과
상황	한 일(역할)	성과

Ⅲ 공기업용 면접 답변

앞서 살펴본 '두괄식, 간결한 답변' 만드는 법을 제대로 숙지했는지 확인하기 위해, 아래 두 질문에 먼저 답해보기를 바란다. 실제 답변을 하는데 걸린 시간을 측정한 후, 같이 기재해보자(답변을 녹음할 수 있다면, 녹음한 다음에 내가 어느 부분에서 시간을 가장 많이 할애하는지 확인해도 좋다).

질문 답해보기		
번호	질문	답변 시간
1	규정을 준수했던 경험이 있다면 언제입니까?	
2	규정을 준수하기 어려웠지만, 준수했던 경험이 있다면 언제입니까?	

답변한 내용을, 각 아래 칸에 나눠서 기재해보도록 하자.

Q1	규정을 준수했던 경험이 있다면 언제입니까?	
당시	묻는 바	성과
상황	한 일(역할)	성과

Q2	규정을 준수하기 어려웠지만, 준수했던 경험이 있다면 언제입니까?	
당시	묻는 바	성과
상황	한 일(역할)	성과

답변에 대한 예시를 먼저 보여줄 예정이다. 예시를 기반으로, '제대로 답변 했는지, 빠진 부분은 없는지' 다시 확인해보고 '수정해보기' 표에서 답변을 수정해보도록 하자.

☑ TIP

공기업 면접 답변에서 기억할 것!

묻는 바 = '질문에서 묻는 바', '내가 한 일'보다는 '질문에서 묻는 바 그대로'를 반영한다.

성과 = '직무에서 추구하는 성과'를 찾아 넣어주는 편을 권장한다. 예를 들어, '현장직, 국민 안전이 중요한 직무'라면, 성과에 '안전'에 대한 키워드를 넣어 마무리 할 수 있도록 한다.

Q1 예시

Q1	규정을 준수했던 경험이 있다면 언제입니까?	
당시	묻는 바	성과
카페 아르바이트 당시,	규정을 준수하여	고객 안전을 지켜낸 경험이 있습니다.

Q1	규정을 준수했던 경험이 있다면 언제입니까?	
상황	한 일(역할)	성과
당시 매니저님께서 '가' 재고의 비싼 가격을 이유로, 유통 기한 지난 재고도 사용하자고 하셨습니다.	맛의 차이가 없더라도, 이는 고객 안전 문제를 야기할 수 있다고 생각하여, 판매 데이터를 분석한 후 적정 재고 주문량을 계산하여 지점에 공유하였습니다.	그 결과, 재고 관리 효율 증대는 물론 고객 안전과 신뢰도 지킬 수 있었습니다.

Q1 수정해보기

Q1	규정을 준수했던 경험이 있다면 언제입니까?	
당시	묻는 바	성과
상황	한 일(역할)	성과

Q2 예시

Q2	규정을 준수하기 어려웠지만, 준수했던 경험이 있다면 언제입니까?	
당시	묻는 바	성과
카페 아르바이트 당시,	재고 관리 규정 준수가 어려웠으나,	이를 준수한 경험이 있습니다.
카페 아르바이트 당시,	재고 관리 규정 준수가 어려웠으나,	이를 준수하여 고객의 안전을 지켜낸 경험이 있습니다.

Q2	규정을 준수하기 어려웠지만, 준수했던 경험이 있다면 언제입니까?	
상황	한 일(역할)	성과
당시 매니저님께서 '가' 재고의 비싼 가격을 이유로 유통기한이 지난 재고도 이용하자고 주장하셨습니다.	매장 예산을 생각하는 뜻은 이해할 수 있었으나, 이는 고객 안전에 리스크를 미칠 수 있다고 생각하여 판매 데이터를 분석한 후 적정 재고 주문량을 계산하여 지점에 공유하였습니다.	그 결과, 재고 관리 효율 증대는 물론 고객 안전도 지킬 수 있었습니다.

Q2 수정해보기

Q2	규정을 준수하기 어려웠지만, 준수했던 경험이 있다면 언제입니까?	
당시	묻는 바	성과
상황	한 일(역할)	성과

III. 공기업용 면접 답변 - 그 외 질문 연습해보기

(정답은 없습니다. 다만 템플릿이 궁금하다면, '스스로 답변해본 후'에 영상이나 Part 2 부분에서 찾아주세요)

Q1	타인을 설득하는 데 어려움을 겪었던 경험은?	
당 시	묻는 바	성 과
✎	✎	✎
상 황	한 일(역할)	성 과
✎	✎	✎

Q2	가장 창의적으로 문제를 해결한 경험은?	
당 시	묻는 바	성 과
✎	✎	✎
상 황	한 일(역할)	성 과
✎	✎	✎

Q3	이 직무를 위해 준비한 것이 있다면?	
당 시	묻는 바	성 과
✏️	✏️	✏️
상 황	한 일(역할)	성 과
✏️	✏️	✏️

Q4	그 프로젝트(팀플)에 왜 참여했나요?	
당 시	묻는 바	성 과
✏️	✏️	✏️
상 황	한 일(역할)	성 과
✏️	✏️	✏️

Q5	인턴 당시, 무엇을 보고 배웠습니까?	
당 시	묻는 바	성 과
✏️	✏️	✏️
상 황	한 일(역할)	성 과
✏️	✏️	✏️

면접관이 5초만 들어도 합격시키고 싶은 면접 답변 100문 100답 [공기업·은행편]

PART 2
하루 한 질문

- [✓] Chapter 1 '자신'에 대한 질문
- [✓] Chapter 2 '가장' ~한 경험은?
- [✓] Chapter 3 '조직'에 대한 질문
- [✓] Chapter 4 '원칙'에 대한 질문
- [✓] Chapter 5 '상황'에 대한 질문
- [✓] Chapter 6 '고객'에 대한 질문
- [✓] Chapter 7 '기업'에 대한 질문

CHAPTER 01 '자신'에 대한 질문

I. '나' 질문에 대한 답변 만들기

최근 '직무'에 대한 질문뿐만 아니라, '나' 자체에 대해 묻는 질문도 많이 나오고 있다. 다들 직무와 관련된 경험은 세세히 정리되어 있기 때문에, '이 사람 자체'에 대해 알기 위해 개인적인 질문이 나오게 되는 것이다. 이에 답하기 위해서는, '나 자체'가 컨셉화가 되어 있어야 한다. 이를 위해, '면접 컨셉과 자기소개'부터 정리하고 연습에 들어가자.

예시

나의 자기소개

안녕하십니까, 일 매출 1000만 원을 달성했던 지원자 A입니다.

타 패션몰에서 3년간 의류 판매 아르바이트로 근무하였습니다. 매장, 행사 매대 관계없이 모든 장소에서 고객을 응대하였으며, 주력 상품 세일즈, 의류 체험존 구축, 크로스 셀링 등을 통해 평일 일 매출 최대 1000만 원까지 달성할 수 있었습니다. 이러한 적극적 자세로, 축제 부스 매출 일 300만 원, 매니저 대행, 발주 및 재고 관리 등을 통해 의류 영업의 전 과정을 배워왔습니다. 입사 후 이러한 현장 경험으로, 일 목표 두 배 이상을 이뤄내는 영업인이 되겠습니다.

자기소개에 자랑한 '나의 역량'	영업 역량, 적극성, 꼼꼼함(재고 관리), 목표 지향
나의 컨셉	• 일단 목표를 정하면 끝까지 해냄 • 꼼꼼해서 매장 운영, 관리도 잘함
내 성격은?	외향적, 친화력 좋음, 도전적임
우려되는 성향은?	• 너무 영업 강조해서 꼼꼼함에 대한 우려 • 계획보다는 융통성이 앞서는 성격

연습해보기

나의 자기소개		
✏️			

자기소개에 자랑한 '나의 역량'	✏️
나의 컨셉	✏️
내 성격은?	✏️
우려되는 성향은?	✏️

Ⅱ 답변 정리하기

자신/Q1	스스로 피드백을 요청해 역량을 개발한 경험은?		
	혼자 답변해보기	답변에 걸린 시간	초

✎

이 질문은 주로 언제, 누구에게?	▶ 요즘 대다수 지원자에게 질문 ▶ 수동적인 이미지의 지원자 ▶ '일을 일로만' 하고, 자기계발 의지가 없어 보이는 지원자	▼ 강의 보러 가기 ▼

면접 답변 POINT

공통 POINT	• '능동성'을 파악하기 위한 질문. 최근 'MZ들은 수동적으로 일한다.'는 편견, 생각 때문에 자주 나오는 질문이다. • 일을 하면서 '부족하다고' 느끼고, '스스로 배우고 싶다. 잘 하고 싶다.'라고 느껴서, '무언가 찾아서 공부한' 능동적이고 주도적인 자세가 중요하다. • 입행/입사 후 하게 될 일과 비슷한 일을 하면서, 현실에 안주하지 않고 더 발전하고 싶어서 '물어보고, 찾아보며' 공부한 내용 필요하다. • '실무'와 비슷한 경험에서 찾기 때문에, 실제 입사/입행 후 '실무'에 적용, 활용될 수 있는 '역량, 전문성'이면 더더욱 좋다. • 조금 다른 시선으로 본다면, '내가 다른 지원자에 비해, 추가적으로 갖고 있는 강점과 전문성'을 자랑할 수 있는 시간이 되기도 한다.

은행 POINT	〈계속해서 자격증을 취득하고, 공부해야 하는 곳임을 잊지 말자!〉
	• 은행은 계속해서 자격증을 취득하고, 경제 신문을 읽으며 공부해야 하는 곳
	• 무엇보다 능동적인 자세가 중요한 집단, 조직
	• '판매'나 '금융, 경제'와 관련된 역량, 전문성 찾기
	
	1. 경제/금융 분야
	  • 세무, 회계, 법률, 보험 등 : 공단/금융 인턴, 근무를 하며 관련 지식의 필요성을 느껴 공부함 → 입행 후 WM/기업금융 등에 활용 가능
	2. 고객 응대/영업 분야
	  • 외국어, 잘 파는 방법 : 외국인 고객 응대(영어, 중국어 등) 학습 & 판매 실적 1위를 위해 잘 판매하는 사람 찾아가서 배우기, 벤치마킹 등
	3. 그 외
	  • SNS 홍보, 디지털 역량(빅데이터 등) 실무에 도움이 되는 역량, 전문성 → 입행 후 어떻게 활용할 수 있을지 같이 정리하기!

공기업 POINT	〈민원 응대, 직무 전문성 공부하기 → 멈춰 있는 사람을 원하지 않는다!〉
	• 이제 공기업도 '리더십 질문, 능동성 질문'을 하며, '주도적인 사람'을 찾는다!
	• '직무 관련 분야'에서 일을 하며, 혹은 타 공단에서 근무하며 '발전, 공부'했던 경험 찾기
	
	1. 전문성 분야
	  • '전기, 요양직' 등 전문성 분야 : 다른 직무에서 요구하는 지식까지 공부한 경험!
	  • IT 분야 : 디자인 필요성 느껴서 포토샵, 디자인 등 공부함
	  • 건강보험공단 건강직 간호사 : '영양 상담'도 중요하다고 생각해서 '영양학'도 학습함
	2. 민원 응대/행정 분야
	  • 외국어 고객 응대, 디지털, 세무/회계, SNS 등 '실무'에 활용될 수 있는 지식 → 입사 후 어떻게 활용할 수 있을지 같이 정리하기!

답변 템플릿	
두괄식	네, 저는 (근무/업무) 당시, 자발적으로 피드백을 요청해 (역량/전문성)을 개발한 경험이 있습니다.
답변(경험)	당시 ~한 업무를 하면서, (역량, 전문성이 부족하다고 생각한 이유)하다고 생각하여, (누구)에게 ~한 피드백을 요청하고, (공부한 방법)하여 (역량)을 개발했습니다.
답변 예시	네, 저는 공단에서 연금 상담을 하며, 자발적으로 피드백을 요청해 '세무'에 대한 지식을 쌓은 경험이 있습니다. 당시, 연금에 대한 민원을 응대하며, 세금에 대해 알고 있어야 정확한 상담이 가능하다고 판단해, 자주 방문하시는 세무사님께 요청하여 실무에 필요한 지식을 배우고, 전산세무 자격증을 취득하며 총 자산 파악 및 세금, 노후 대비 체계에 대해 학습할 수 있었습니다.
강조하고 싶은 모습/역량	• 세무사님을 잡고 물어볼 정도로 친화력이 있음 • 단순히 주어진 일만 하는 게 아니라, 필요하다면 자격증도 취득함

답변 다시 만들어보기

(정리한 답변에서 KEYWORD만 추출해 미니북에 정리한 후, 키워드 중심으로 암기해보세요!)

답변 1	
답변을 통해 강조하고 싶은 역량	답변에 걸린 시간　　초
답변 2	

답변을 통해 강조하고 싶은 역량	✏️		답변에 걸린 시간	초
나올 수 있는 꼬리/다른 질문	• 다른 근무 경력에서 그 전문성을 발휘해 도움을 준 경험이 있는지? • 그 전문성을 배우는 과정에서 가장 효과적이었던 방법은? • 현재 본인의 수준은 어느 정도인지? • 입사/입행 후 그 지식을 어떻게 활용할 수 있을지?			

자신/Q2	주변에서 뭐라고 불리는지?		
혼자 답변해보기		답변에 걸린 시간	초

✎

이 질문은 주로 언제, 누구에게?	▶ 보이는 이미지와 면접 답변의 컨셉이 다르다고 판단될 때 ▶ 대인 관계, 조직 안에서 어떤 사람인지 알고 싶을 때	▼ 강의 보러 가기 ▼

면접 답변 POINT

공통 POINT	• '면접관이 모르는 나'를 나타낼 수 있는 대표적 질문 • 면접 이미지가 잡히지 않을 때에는, 이 질문 답부터 정리하자 • '주변에서 불리는 별명/어떻게 불리는지'로 나눠 정리하기 • 외적인 부분(연예인, 캐릭터 닮은 꼴) 혹은 행동적인 부분을 '공감할 수 있게', '성향을 담아' 만들어보자(예 도라에몽 : 동그랗다, 항상 무언가 챙겨서 다닌다) • 내 강점이 자기소개, 이미지에서 잘 드러났다면, '면접관이 우려할 수 있는 부분'을 별명으로 정해도 좋다(예 도전적인 성격 → '꼼꼼함에 대한 우려'→ 꼼꼼함을 해소하는 별명, 보부상 등). • 전반적으로 직무에 필요한 역량을 갖추고 있는 경우, 기업의 이미지에 맞게 강점을 드러내도 좋다(예 협업, 조직 적응을 중시하는 기업 → 조직과 잘 지낸다는 별명, 불리는 말).

은행 POINT	〈꼼꼼함/고객/신뢰/목표 달성 등 키워드를 기억하자〉 • 고객 자산을 오차 없이, 업무를 실수 없이 처리하는 '꼼꼼함 별명' • 항상 사람과 고객을 친절히, 세세히 응대하는 '고객 응대 자세 별명' • 고객과 은행이 자신을 믿고 맡길 수 있는 '신뢰, 책임감 관련 별명' • (도전적 은행의 경우) 주어진 목표를 달성하는 '목표 지향적 별명' • 조직과 잘 융화하는 '조직 중심적, 협업 관련 별명'
공기업 POINT	〈꼼꼼함/계획적/협업/책임감 등 키워드를 기억하자〉 • 항상 규정을 준수하고, 작은 오류도 찾아내 리스크를 예방하는 '꼼꼼함 별명' • 작은 업무도 계획적이고 체계적으로 처리하는 '계획적 별명' • 조직과 잘 융화하고, 조직을 1순위로 생각하는 '협업 관련 별명' • 어떤 업무든 책임지고 처리하는 '책임감 관련 별명' • 만약, 민원인을 응대한다면 '고객 응대 관련 경험'
답변 템플릿	
두괄식	• 네, 저는 주로 (별명/불리는 말)로 불리고 있습니다. • 네, 저는 별명은 따로 없지만, 주로 ~라고 불리고 있습니다.
답변(경험)	(외적/행동적인 부분이 있다면) 아무래도, (외적인 모습이 ~와 닮아서, ~해서, 항상 ~게 행동하기도)하고, 항상 (별명에 담긴 의미처럼 행동)하기 때문에, (별명, 불리는 말)로 불리고 있습니다.
답변 예시	네, 저는 주로 '젊은 아재'라고 불리고 있습니다. 아저씨 푸드라고 불리는 국밥을 좋아하기도 하고, 항상 선배나 상사들에게 아재 개그를 하고 어디서든 잘 어울리기 때문에, '아재나 다름없다. 젊은 아재다.'라고 불리고 있습니다.
강조하고 싶은 모습/역량	• 조직과 잘 어우러짐 • 어른들과도 세대차이 느끼지 않고 잘 지냄

	답변 다시 만들어보기 (정리한 답변에서 KEYWORD만 추출해 미니북에 정리한 후, 키워드 중심으로 암기해보세요!)		
답변 1	✏️		
답변을 통해 강조하고 싶은 역량	✏️	답변에 걸린 시간	초
답변 2	✏️		
답변을 통해 강조하고 싶은 역량	✏️	답변에 걸린 시간	초
나올 수 있는 꼬리/다른 질문	• 본인은 그 별명에 대해 어떻게 생각하는지? • 또 다른 별명이나 불렸던 말은 없었는지? • 상사에게 받았던 다른 피드백은 없었는지?		

자신/Q3	자신만의 스트레스 해소법은?		
	혼자 답변해보기	답변에 걸린 시간	초

✎

이 질문은 주로 언제, 누구에게?	▶ 실적, 업무 압박이 있는 기업 ▶ 고객, 민원인 응대로 스트레스가 많은 기업 ▶ 멘탈이 약해 보이는 지원자에게	▼ 강의 보러 가기 ▼ [QR 코드]

면접 답변 POINT	
공통 POINT	• '업무'에 대한 스트레스를 어떻게 풀어나갈지를 보는 질문 • '취미/특기' 질문과 동일하게 답변 가능 • 다만 이 답변을 통해 개인의 성향을 드러낼 수 있음(예 혼자서 뜨개질을 즐겨 한다. → 내성적인 성향/다같이 운동한다. → 외향/높은 산에 올라간다. → 포기하지 않는 성격 등) • 이 해소 방법을 통해 '체력 강화, 인맥 형성' 등 다른 장점을 준다면 더욱 좋다.
은행 POINT	〈다른 사람과 함께 '스트레스 해소하기' - 권장사항〉 • 행원은 사람을 만나는 데, 두려움이나 부담이 없어야 한다. • 사람과 함께하는 행동 자체를 좋아하는 사람 • BEST : 여러 사람과 함께하는 운동이나 활동(예 운동 동호회/맛집 탐방 동아리 등) • 필라테스, 요가 등도 좋다(최근 가장 많이 하는 답변). • 꾸준히 해온 무언가가 있다면 더욱 좋다.

공기업 POINT	〈사무/민원/현장으로 나눠서 생각하기 - 권장사항〉 • 사무직무의 경우 '체계적, 계획적, 차분히' 무언가를 완성해나가거나 즐길 수 있는 사람 • 민원인 응대 직무의 경우, 은행과 같이 사람 응대에 능해야 함(그렇지 않으면, 업무 자체가 스트레스가 될 수 있음), 혹시 '조용한, 내성적 이미지'라면 더더욱 '사람들과 만나는 스트레스 해소법' 찾기 • 현장 직무의 경우, '체력, 협업'이 중요하기 때문에, '함께하는 스포츠' 찾아보기
답변 템플릿	
두괄식	네, 저는 주로 ~한 방식으로 스트레스를 해소하는 편입니다.
답변(경험)	• (방식)을 하다 보면 ~하기 때문에, 스트레스가 해소되는 기분이 들어, 주로 이 (방식)으로 스트레스를 해소하고 있습니다. • 처음에는 (체력 기르기 등 다른 장점)으로 인해 시작했지만, 현재는 (방식)을 하면서 ~하기 때문에, 주로 이 (방식)으로 스트레스를 해소하고 있습니다.
답변 예시	네, 저는 주로 동호회 회원들과 함께 자전거를 타며 스트레스를 해소하는 편입니다. 처음에는 체력을 기르고 싶어 시작했지만, 현재는 다른 회원들과 함께 자전거를 타며 친목도 다지고, 심신도 가다듬을 수 있어 주로 자전거를 타며 스트레스를 해소하고 있습니다.
강조하고 싶은 모습/역량	• 사람과 잘 지냄 • 체력도 좋음, 쉽게 지치지 않는다.
답변 다시 만들어보기 (정리한 답변에서 KEYWORD만 추출해 미니북에 정리한 후, 키워드 중심으로 암기해보세요!)	
답변 1	
답변을 통해 강조하고 싶은 역량	답변에 걸린 시간 　　　　초

답변 2	✎
답변을 통해 강조하고 싶은 역량	✎ 　　　　　　　　　　　답변에 걸린 시간　　　　초
나올 수 있는 꼬리/다른 질문	• 혹시 무언가 지속적으로 해온 스트레스 해소 방법은 없는지? • 무언가 가만히 앉아서/활동적으로 하는 활동은 없는지? • 직무 외에 관심 있는 다른 활동이 있는지? • (스트레스를 해소하기 위해 한 활동들) 어느 정도 수준인지? 성과가 있는지?

자신/Q4	가장 칭찬 받았던 습관은 무엇인지?		
	혼자 답변해보기	답변에 걸린 시간	초

✏️

이 질문은 주로 언제, 누구에게?	▶ 모두에게 자주 나오는 질문 ▶ 지원자의 장점, 일할 때의 모습을 파악하기 힘들 때 나오는 질문	▼ 강의 보러 가기 ▼ [QR 코드]

면접 답변 POINT

공통 POINT

- 원래는 '상사에게 들었던 긍정적인 피드백은?'이라는 질문으로 나왔었다. 하지만 최근 이 질문에 대한 답변이 너무 긍정적이기만 해서, '습관'을 통해 지원자를 구체적으로 파악하고자 한다.
- '지피지기면 백전백승', '나의 이미지'와 '기업/직무에서 선호하는 이미지'를 분석해서 그 차이를 줄여야 한다.
- 만약, 기업은 꼼꼼한 사람을 원하는데, 나의 이미지가 '꼼꼼하지 않음. 덜렁댐'에 가깝다면, '꼼꼼한 습관'을 언급해서 면접관의 편견을 타파할 것
- 조직에서 일하면서, '내가 항상 지키려고 했던 습관은 뭐지?'를 먼저 생각해보아야 한다.

은행 POINT	⟨금융 상품을 '판매'하는 곳, '숫자'를 틀리면 안 되는 곳!⟩ • 은행은 외향성과 꼼꼼함이 공존해야 하는 곳 • 외향적으로, 친근하게 고객한테 말을 걸고 영업이 가능해야 하며, 동시에 오차 없이 고객의 자산, 숫자를 처리할 줄도 알아야 한다. • 나의 부족한 이미지를 파악해서, 그에 맞는 답변을 찾아야 한다! 1. 만약 내가 내향적, 수동적 이미지라면 • 일단 말을 걸어보는 습관, 일단 뭐든 권해보는 습관, 거절을 당해도 웃는 습관, 명함이라도 주려고 노력하는 습관, 고객 정보를 기록해두는 습관 등 • '고객 응대 업무'에서 '영업/고객만족'과 관련된 습관을 찾아보기 2. 만약 내가 덜렁이 이미지라면, 꼼꼼하지 않은 이미지라면 • 최종적으로 한 번 더 확인하는 습관, 중간 중간 랜덤 확인하는 습관, 체크리스트 만들어두기, 고객에게 확인시켜주는 습관 등 • '나 이렇게 꼼꼼해!'를 어필하며 면접관의 불안감 덜어주기
공기업 POINT	⟨꼼꼼함, 체계, 고객 응대, 조직 융화, 헌신에 초점을 맞추자!⟩ • 공기업은 모든 업무가 '체계적', '꼼꼼함'을 바탕으로 진행되는 곳! • 내 일이 아니어도 나서서 도와주고, 조직에 융화될 수 있는 사람도 중요! • '네 일, 내 일' 나누지 않고, '꼼꼼하게 실수 없이' 처리하는 사람! 1. 업무 분야 • 꼼꼼하게 확인하는 습관, 체크리스트 만들어두는 습관, 쉬운 말로 풀어서 설명하는 습관, 포스트잇에 정리해드리는 습관 등 • '꼼꼼함'이나 '민원 응대'와 관련된 습관(전기직 등은 직무와 연결되어도 좋음) 2. 조직 헌신 분야 • 매일 아침 일찍 출근해서 잡무를 처리해두는 습관, 엉덩이 가볍게 일어나서 먼저 도우려는 습관, 매일 업무 진척도 정리해서 공유하는 습관, 중간보고를 하는 습관 등 • '내 일'만 하는 MZ가 아니라, 선배님들을 도우려는 적극적인 자세 드러내기

답변 템플릿	
두괄식	네, 저는 (습관)에 대해 칭찬을 받아왔습니다./받아왔던 것 같습니다.
답변(경험)	항상 (습관을 가졌던 이유, 습관을 한 이유)를 위해 ~한 (습관)을 실천해왔는데, (상사)께서 (칭찬받은 내용)이라며 칭찬해주셨습니다.
답변 예시	네, 저는 매일 아침 신문을 요약하는 습관에 대해 칭찬을 받았던 경험이 있습니다. 특히 경제 공기업에서 근무하며, 경제 시사를 알아야 업무가 편해진다고 느꼈기 때문에 공부도 할 겸 자발적으로 경제 신문을 매일 아침 요약해 팀에 공유했고, 상사께서는 덕분에 고객과 대화가 수월해지고 업무가 줄었다며 저의 자발적인 태도를 칭찬해주셨습니다.
강조하고 싶은 모습/역량	• 배우기 위해 자발적으로 자료를 만들고 공유까지 하는 자세 • 그만큼 배움에 대한 의지가 강함. 능동적인 사람

답변 다시 만들어보기
(정리한 답변에서 KEYWORD만 추출해 미니북에 정리한 후, 키워드 중심으로 암기해보세요!)

답변 1	
답변을 통해 강조하고 싶은 역량	답변에 걸린 시간 초
답변 2	

답변을 통해 강조하고 싶은 역량	✏️		답변에 걸린 시간	초
나올 수 있는 꼬리/다른 질문	• 그 습관이 실제 팀에 도움이 되었던 경험은? • 그 습관을 하며 어려웠던 적은 없는지?			

자신/Q5	가장 고치고 싶은 습관은 무엇인지?		
혼자 답변해보기		답변에 걸린 시간	초

✏️

이 질문은 주로 언제, 누구에게?	▶ 모두에게 나오는 질문 ▶ 특정 부정적 이미지(수동적/덜렁댐) 등이 걱정되는 지원자에게 확인 차 질문	▼ 강의 보러 가기 ▼

면접 답변 POINT

공통 POINT	• '성격의 단점', '상사에게 받았던 부정적인 피드백'처럼 '나의 단점, 부족한 점'을 알기 위해 묻는 질문 • 여기서 정말 '나의 단점'을 말하는 경우, 면접에서 약점이 될 수 있다! '단점'과 같은 맥락의 질문임을 잊지 말고, 안전하게 답할 것 • 답변의 종류는 크게 세 가지 – 1) '장점'이 과해서 생긴 습관, 2) '인턴, 신입'이라 긴장해서 생긴 습관, 3) 이전 직장에서의 습관이 이어진 경우 • '고치기 힘든'이라는 건, '고쳐야 하는 상황'에 처해 있어야 한다는 의미다! '입사/입행 후' 하게 되는 일과 비슷한 일을 했던 조직에서 '잘 적응하기 위해' 습관을 바꿨던 경험을 찾으면 된다.

은행 POINT	〈고객 응대, 영업, 꼼꼼함과 관련된 습관이어야 함〉 • 답변을 통해 '나 고객 응대 잘 해, 영업 잘 해, 나 꼼꼼해'가 드러나야 한다! • 반대로 말하자면, '사람 대하기 어려웠어요. 영업 못 해요. 저 덜렁대요.'가 드러나는 습관은 반드시 피해서 답할 것! 1. 사람 대하기/영업 • 목소리 크기(너무 커서 작게/너무 작아서 크게 - 소극적이어서 작게 말했다X. 이전 직장에서 작게 말하라고 권유 받아서 작게 말했다가, 어르신들이 많아서 커졌다O.), 말 빠르기(말 빠르게 하다가 천천히/말 천천히 하다가 빨리), 상담 길이(길게 설명하다가 짧게, 짧게만 설명하다가 길게) • 신입이라서 긴장해서 or 이전 근무처의 특성상 습관이 생겼다고 말해야 한다. 2. 꼼꼼함/업무 • '서류 검토, 업무 확인'에 걸리는 시간에 대한 습관(너무 꼼꼼해서, 서류를 검토하고 확인하는 데에 시간이 오래 걸렸음) • 만약 공기업 인턴 경력이 있다면, '공기업의 수직적이고 보수적인, 혹은 지나치게 체계적인 업무 습관을 기민하게 바꿨다.'의 흐름도 가능하다.

공기업 POINT	〈친절함, 꼼꼼함, 체계적!〉 • '이익, 속도'를 중시하는 사기업과 달리, 공기업은 '정확성, 친절, 공익'도 굉장히 중요하다! • 지나치게 꼼꼼해서, 혹은 지나치게 친절해서, 혹은 이전 사기업에서의 업무 습관이 이어졌다는 흐름이 가장 무난하다. 1. 꼼꼼/친절 • 너무 꼼꼼해서 고객 응대, 업무 처리 시간이 오래 걸렸다./사기업에서의 경력 때문에 말이 지나치게 빠르다./신입 때 긴장해서 상담 시간이 길어졌다./이전 근무처 특성 때문에 목소리가 작았다가 어르신이 많아져서 목소리를 크게 고쳐야 했다. 2. 정확성/업무 • 사기업에서는 '융통성, 속도'가 중요해서, 보고 습관 바꾸는 데 시간이 걸렸다./간호사로서 즉각 대처가 중요해서, 체계적인 행정 업무 (특정) 습관을 들이는 게 어려웠다./구두 보고하는 곳에서 서면 보고 하는 곳으로/핵심 요약만 설명하다가 전체적으로 설명해야 하는 게 어려웠다 등

답변 템플릿	
두괄식	네, 저는 (습관)을 고치기가 가장 어려웠던 것 같습니다.
답변(경험)	(습관을 갖게 된 이유)로 ~한 습관을 갖고 있었는데, (새 조직, 습관을 고쳐야 했던 조직, 입사/입행 후 하게 될 일과 비슷한 일을 했던 조직)에서는 (습관을 고쳐야 하는 이유)였기에 (방법)으로 (습관)을 고쳤습니다.
답변 예시	네, 저는 말을 빠르게 하는 습관을 고치기가 가장 어려웠던 것 같습니다. 아무래도 이전에는 주로 매일 많은 환자들을 만나다 보니 빠르게 설명하는 게 중요했는데, 공단 인턴으로 근무하며 어르신들께 천천히 정확하게 설명하는 게 중요하다는 걸 알게 되어, 매일 속으로 리듬을 타거나, 입을 크게 벌려 발음을 정확히 하는 등의 방법으로 말의 속도를 늦추고 상담의 정확성을 높였습니다.
강조하고 싶은 모습/역량	• 문제점을 알고 고칠 줄 아는 사람 • 어르신 응대도 가능한 사람

답변 다시 만들어보기			
\multicolumn{4}{c}{(정리한 답변에서 KEYWORD만 추출해 미니북에 정리한 후, 키워드 중심으로 암기해보세요!)}			
답변 1	✏️			
답변을 통해 강조하고 싶은 역량	✏️	답변에 걸린 시간	초
답변 2	✏️			
답변을 통해 강조하고 싶은 역량	✏️	답변에 걸린 시간	초
나올 수 있는 꼬리/다른 질문	• 그 습관을 고치는 데 가장 어려웠던 점은? • 그 습관을 고쳤다는 증거는? • 가장 고치기 힘들었던 습관은?(같은 질문)		

자신/Q6	업무 외적으로 자기개발 하고 있는 것이 있다면?		
	혼자 답변해보기	답변에 걸린 시간	초

✎

이 질문은 주로 언제, 누구에게?	▶ '열심히 살기'보다는 '주어진 대로' 사는 듯한 수동적 이미지의 지원자 ▶ 요즘은 대다수 지원자에게 이 질문을 준다.	▼ 강의 보러 가기 ▼

면접 답변 POINT	
공통 POINT	• '스스로 피드백을 요청해 역량을 개발한 경험이 있는가?'와 동일한 질문! 최근 MZ가 증가하면서 '능동성'에 대한 불안함이 있어, 이를 확인하기 위한 질문을 던진다. • '업무적'을 물으면 대부분 '디지털'을 언급하기 때문에, '업무 외적'이라고 질문하며 '추가적인 역량, 전문성'이 있는지 파악한다. • 사람 자체가 능동적인지, 수동적인지를 답변을 통해 파악할 수 있음(즉, 취업 준비 중이라 자기 개발을 못 하고 있다는 답변은 피하기) • 웬만하면 '나 이것도 할 수 있어요! 나 뽑으면 이 부분에서 기여할 수 있어요!'가 어필되는 답변이어야 한다. • '얼마 주기로, 어떻게 공부하는지, 현재 수준은 어느 정도인지' 등을 같이 정리해서, 꼬리 질문에 답변의 리얼리티 높이기!

은행 POINT	〈결국 '외향성, 홍보 역량, 고객 응대' 등 '금융 영업'에 초점이 맞춰져야!〉 • 답변을 딱 들었을 때, '영업/홍보'에 도움이 되는 사람임이 드러나면 좋다. • 특히 은행은 최근 'SNS활용, 블로그' 등에 대해 자주 묻는다! • '운동'과 같이 단순한 것이나 체력과 관련된 것은 지양하고, '업무 외적'이기 때문에 '경제/금융'에 관련된 답변도 지양할 것 • 외국어 공부(추후 외국인 고객 응대 가능, 영어나 중국어 등), SNS 홍보(추후 금융 상품 및 지점 홍보 가능, 영상 편집, 포토샵 등), 심리학, 스피치, 글쓰기, 생활 법률, 코딩 등 '꼬리질문에 답할 수 있는' 소재 찾기! • 답을 할 때에는 '이게 입행 후 어떻게 활용될 수 있을까?' 고민할 것
공기업 POINT	〈한 사람 월급으로 두 사람의 일을 시킬 수 있을까?〉 • 자기개발하고 있는 역량이 '직무/업무 외적으로도 도움'이 되는 것이면 좋다! • 답변을 들었을 때, '저 역량이면 ~분야는 외주를 주지 않아도 되겠다. 사람을 추가로 채용할 필요가 없겠다.' 싶은 류의 자기개발이면 좋다! • 디자인, 홍보(추후 공단 사업 홍보, 영상 편집, 포토샵 등), 외국어 학습(추후 외국인 고객 응대, 영어, 중국어 등), 노인 심리, 생활 법률, 스피치, 글쓰기 코딩 등 • 공기업은 '다른 직무에서 요구하는 전문성, 지식'을 배운다고 해도 좋음(예 전기 : CAD 배워보고 싶어서 배우는 중/IT : 기획자의 마음도 이해하고 싶어서 경영학 배우는 중/간호사 : 영양 상담 위해 영양학 배우는 중)
답변 템플릿	
두괄식	네, 저는 업무 외적으로 (역량, 전문성)을 개발하고 있습니다.
답변(경험)	(역량을 배우게 된 이유) 하여, 배워보고 싶다고 생각해, (방법)을 통해 (역량, 전문성)을 배워 나가고 있습니다.
답변 예시	네, 저는 업무 외적으로 영상 편집에 대해서 계속해서 공부하고 있습니다. 이제 사기업, 공기업 할 것 없이, 모든 곳에서 유튜브와 영상을 활용해 홍보하는 모습을 보기도 했고, OO 프로젝트를 준비하며 영상 편집에 재미를 느꼈기 때문에, 최근 영상 유튜브 강의와 A 프로그램 책을 통해 영상 편집 공부를 이어가고 있습니다.

강조하고 싶은 모습/역량	• 나 입사하면, 영상은 외주 주지 않아도 돼! • 트렌디하게 공부하는 모습

답변 다시 만들어보기
(정리한 답변에서 KEYWORD만 추출해 미니북에 정리한 후, 키워드 중심으로 암기해보세요!)

답변 1	✎		
답변을 통해 강조하고 싶은 역량	✎	답변에 걸린 시간	초
답변 2	✎		
답변을 통해 강조하고 싶은 역량	✎	답변에 걸린 시간	초
나올 수 있는 꼬리/다른 질문	• 현재 무슨 프로그램 이용할 줄 아는가? • 타 인턴 하면서 영상 편집을 해서 도움을 준 경험이 있는가? • 현재 우리 은행/공단 유튜브 채널의 문제점은 무엇인가? • 가장 홍보해보고 싶은 우리 은행/공단의 상품/사업은?		

자신/Q7	일을 하며 전문성을 개발하기 위해 노력했던 경험은?		
	혼자 답변해보기	답변에 걸린 시간	초

✏️

이 질문은 주로 언제, 누구에게?	▶ 대다수 지원자에게 질문 ▶ '시키는 일'만 할 것 같은 수동적 이미지 지원자에게 질문	▼ 강의 보러 가기 ▼

면접 답변 POINT	
공통 POINT	• 최근 대다수 기업은 계속해서 '능동성'을 파악하고 싶어한다. • 주어진 일만 하는 사람이 아니라, '일을 잘하고 싶어서 계속해서 공부하는 사람'이 필요해서 하는 질문 • 인턴, 타 기업 근무를 하면서 '나는 퇴근후에도 일 잘하고 싶어서, 이만큼 공부했어!'라고 할 수 있는 내용이 필요하다. • 업무 과정에서 부족하다고 느껴서 공부한 부분, 잘하고 싶어서 공부한 부분, 뭐든 좋다. • 선배에게 물어보기, 벤치마킹하기, 자격증 취득하기, 강의 찾아보기 등 '노력'이 드러나는 내용이면 뭐든 좋다.

은행 POINT	〈잘 판매하기 위해서는 '상품, 경제'에 대한 이해가 필요하다!〉 • 은행은 입행 후에도 계속해서 자격증을 취득하고 공부해야 하는 곳이다. • 잘 판매하기 위해서는 더더욱 '경제 흐름, 금융 시사, 상품'에 대해 이해하고 있어야 한다! • 은행 인턴, 서포터즈, 금융 공기업 인턴 등을 하면서 '경제 금융, 상품'에 대해 공부했던 내용이면 BEST 답변! • 하지만, '금융 영업 및 관련 인턴 경험'이 없다면, '배우는 자세, 노력, 적극성'만 보여줘도 충분하다! 예 건강상품 판매 영업 → 건강 상품 및 건강 검진 수치 읽는 법에 대해 공부/세무 사무소 근무 → 간단하게라도 상담하기 위해 세금에 대해 공부했다. 자격증 취득했다!/기술 기업 지원 업무 → 공대 지식, 기술에 대해 공부, 관련 뉴스레터 구독 등
공기업 POINT	〈작은 업무라도 잘 하기 위해 '주도적'으로 움직였는가?〉 • 공기업에서도 '능동, 주도'적인 사람들을 찾는다! 일을 일로만 보면서 주어진 일만 하는 사람이 아니라, '적극적으로 더 잘하고 싶어서 노력하는 사람'이 필요하다! • 공기업 인턴 하면서, '더 잘하고 싶어서 공부했던 부분'이 있는지 찾아보자 예 공기업만의 '보고서 작성법'을 배우고 싶었다. → 보고서 벤치마킹, 관련 강의 이수, 책 보기 등(하지만 전문성으로 하기엔 약한 감이 있다) • 공기업은 '기업별 특성(의료, 철도, 주택금융 등)'도 갖고 있고 '직무별 특성(요양, 건축, 심사 등)'도 갖고 있다! 각자 다른 특성이 다른 곳에서 '전문성'을 배우기 위해 노력했던 경험도 좋다! 예 의료 공공기관 → 비의료인이기 때문에 의료 지식 전무, 물어봐서 매뉴얼을 만들고 의료 용어 학습했다. • 만약 사기업에서만 근무했다면, 사기업에서 '직무'로 일하면서 부족하다고 느껴서 혹은 더 잘하고 싶어서 공부했던 모습을 보여주면 된다! 예 전기 직무로 사기업에서 일하며, 캐드에 대한 이해가 필요해서 추가적으로 학습했다!
답변 템플릿	
두괄식	네, 저는 (경험) 당시 (~한 전문성)을 기르기 위해 노력했던 경험이 있습니다.
답변(경험)	당시 (내가 전문성을 길러야 한다고 생각한 이유, 부족하다고 생각한 이유, 더 잘하고 싶었던 이유) 하다고 생각하여, (노력한 방법)으로 노력한 결과, (성과, 발전)을 이뤄낼 수 있었습니다.

답변 예시	네, 저는 의료 공기업 인턴 당시, 의료 지식을 쌓기 위해 노력한 경험이 있습니다. 당시 요양기관의 민원을 응대하며 어느 정도의 의료 지식과 용어에 대한 이해는 필요하다고 생각하였습니다. 이에 자발적으로 간호사 선생님들과 스터디를 운영하고, 자주 나오는 용어들을 매뉴얼에 정리하거나 유튜브를 통해 공부한 결과, 행정인턴 전용 의료 용어 매뉴얼을 만들어 배부하기도 했습니다.
강조하고 싶은 모습/역량	• 업무를 하면서 부족하다고 느끼면 스터디까지 만드는 사람이다! • 어느 정도 의료 용어에 대한 지식도 있고, 매뉴얼도 만들어 공유한다!

답변 다시 만들어보기
(정리한 답변에서 KEYWORD만 추출해 미니북에 정리한 후, 키워드 중심으로 암기해보세요!)

답변 1	✎		
답변을 통해 강조하고 싶은 역량	✎	답변에 걸린 시간	초
답변 2	✎		
답변을 통해 강조하고 싶은 역량	✎	답변에 걸린 시간	초
나올 수 있는 꼬리/다른 질문	• 전문성을 쌓는 가장 효과적인 방법은 무엇이었는지? • 현재 본인의 수준은 어느 정도인지? • 입사/입행 후 그 전문성을 어떻게 활용할지?		

자신/Q8	내가 가장 자신 있는 업무와 자신 없는 업무는?		
혼자 답변해보기		답변에 걸린 시간	초

✏️

이 질문은 주로 언제, 누구에게?	▶ 대다수 지원자에게 질문 ▶ 업무의 특장점이 없어 보이거나, 업무가 성향에 안 맞아 보이는 경우	▼ 강의 보러 가기 ▼

면접 답변 POINT

공통 POINT	• 어차피 발령은 '기업 마음대로' 진행한다(여기서 답한다고 해서, 발령에 반영되는 게 아니니, 일단 붙기 위해 답변하자). • 여기서 중요한 건 '정말 잘 할 수 있고, 자신 없는 일'을 알리고 하는 게 아니라, '개개인의 역량, 강점, 특·장점'을 파악하기 위함이다. • 특히 '자신 없는 일'의 답변을 잘못할 경우, '성향 자체가 이 일과 맞지 않는구나'로 연상되는 경우가 있으니 주의해서 답해야 한다. • 무조건 내 이력서에 적힌 내 경력과 경험에 입각하여 답변을 끌어내야 한다.

은행 POINT	〈'영업이 자신 없어요'라는 답만 피해도 반은 간다!〉 • 은행은 '금융, 경제'만 잘 안다고 일하는 곳이 아니라, '금융 영업'을 하는 곳이다. • 자신 있는 업무에는 뭘 말해도 중간 이상은 가지만, 자신 없는 업무에 '영업을 하는 것, 진상 고객을 응대하는 것, 영업 압박을 받는 것'과 같은 답변을 한다면 가차 없이 떨어질 수 있다(이게 진심이어도 감춰야 한다! 특히 내향적 지원자는 더더욱). • 자신 있는 업무는 '전문성(예 경험에 입각하여, 부동산 대출, 외환 업무, 기업 분석, 연금 상담, 세금 상담 등)'과 '성향(예 영업 실적, 보험 판매 등)'으로 나누어서 답할 수 있다. • 자신 없는 업무의 경우, 만약 은행 인턴 및 금융 영업 등의 경력이 많다면 '이전 경력에서 해보지 못한 전문성 분야'로, 만약 관련 경력이 적다면, '단 한 번도 해본 적 없는 외환이나 외국인 고객 응대' 등 특수 업무로 빼도 좋다.
공기업 POINT	〈무조건 '경력, 경험'에 기반하여 답해야 한다!〉 • 최근 공기업은 '인턴, 근무 경력'이 없이 가기 힘들다. 즉, 이력서에 적힌 나의 '인턴, 근무 경력'을 기반으로 답변을 끌어내야 한다. • 자신 있는 업무는 '내가 이전 경력에서 해왔던 일'에 기반하여 답할 것! • 예 다년간의 내과 근무 경력에 입각하여 내과 심사 가능/친환경 부서 전기직 근무 경험으로 ESG 실천 가능/타 공단 세무 상담 경력 기반으로 원활한 연금 상담 진행 가능 • 단순히 '고령층 응대 가능, 쉽게 풀어서 하는 상담'은 큰 경쟁력이 없다. • 행정이라 직무의 특장점이 없다면, 차라리 '나는 홍보, 예산, 인사, 민원 응대, 디지털 등 업무 전반을 했기 때문에, 모든 업무가 가능하다.'라고 답하는 것이 낫대(멀티 플레이어로 밀고 갈 것). • 자신 없는 직무도 '내가 해보지 못한 업무'에 입각해서 답하는 게 좋다. • 행정직의 경우 '민원 응대, 진상 고객 응대' 자신 없다고 하면 안된다.
답변 템플릿	
두괄식	네, 가장 자신 있는 업무는 (업무)고, 가장 자신 없는 업무는 (업무)입니다.
답변(경험)	(자신 있는 업무 경험)을 해왔기에 (자신 있는 업무)는 자신이 있으나, (자신 없는 업무)는 (자신 없는 이유)하기 때문에 (노력할 방법)하며 성장해 가겠습니다.

답변 예시	네, 제가 가장 자신 있는 업무는 기술 기업 관련 업무이고, 가장 자신 없는 업무는 외국인 고객 응대입니다. 기업의 기술 보증하는 공기업에서 근무하고 기술 분석 자격증을 취득하며 반도체 및 소부장 기술 등에 대한 이해는 갖고 있으나, 외국인 고객 응대 및 외환 기업 응대는 해보지 않았기 때문에 입행 후 외환 자격증 취득 및 중국어 학습을 통해 전문성을 길러가겠습니다.
강조하고 싶은 모습/역량	• 기업 금융, 그 중에서도 '기술'에 대한 이해를 갖고 있음을 어필한다(+ 자격증). • 무엇이 부족한지 알고 있고, 어떻게 공부할지 계획도 갖고 있다!

답변 다시 만들어보기
(정리한 답변에서 KEYWORD만 추출해 미니북에 정리한 후, 키워드 중심으로 암기해보세요!)

답변 1	
답변을 통해 강조하고 싶은 역량	답변에 걸린 시간　　　초
답변 2	
답변을 통해 강조하고 싶은 역량	답변에 걸린 시간　　　초
나올 수 있는 꼬리/다른 질문	• 자신 없는 업무는 보완하기 위해 어떤 노력을 할 것인지? • 만약 자신 없는 업무 부서로 발령이 난다면 어떻게 할 것인지? • 자신 있는 업무의 경우 현재 수준이 어느 정도인지?

자신/Q9	성격의 장점과 단점?		
	혼자 답변해보기	답변에 걸린 시간	초

✎

이 질문은 주로 언제, 누구에게?	▶ 모든 지원자 ▶ 일반적인 빈출 질문	▼ 강의 보러 가기 ▼

면접 답변 POINT

공통 POINT

- 일단 내 성격의 장·단점부터 작성한 후, 직무상 불가능한 장·단점 지워 나가기
- 내 성격의 장·단점(작성 후 소개) : _____
- 성향 자체가 업무와 잘 맞는 사람인지 확인하기 위한 질문, 그렇기 때문에 각 직무, 기업에서 선호하는 성향을 분석해야 한다.
- 지원자의 성격을 완전히 파악하기 위해 or 면접관이 초반에 판단한 인상을 확신하기 위한 질문
- 특정 이미지가 강하다면(예 꼼꼼함 부족, 외향 부족 등) '그거 아니야.'라고 해명할 수 있는 답변 시간
- 장점은 구체화하기(경험을 찾고, 형용사 붙이기 예 항상 1을 시키면 2까지 마무리하는 업무 자세/책임감 → 주어진 일 이상을 해내는 책임감)

은행 POINT	〈이 은행이 좋아하는 사람 → 행원에게 요구되는 업무 자세〉 • 은행이 선호하는 성향이 뚜렷하다면, 그를 활용한 장점으로 말해주자 • 만약 그 성향을 알 수 없다면, '업무에 필요한 성격'을 장점으로 끌어내자 • 권장 장점 : 책임감, 친화력, 꼼꼼함, 계획적, 적응력, 강한 의지, 사람을 기분 좋게 한다, 누구나 믿고 맡기는 듬직함, 미래 설계에 능함 등 • 피해야 할 단점 : 계획 부족, 꼼꼼하지 않다, 한곳에 오래 있지 못한다, 사람과 대화를 좋아하지 않는다, 조직에 적응을 잘 하지 못한다, 덜렁댄다, 루틴한 일에 금방 질린다, 스트레스에 취약하다, 압박 상황을 견디지 못한다, 추진력이 약하다 등
공기업 POINT	〈직무기술서 '직무 수행 태도' + 공기업이 좋아하는 사람〉 • 직무기술서에 적혀있는 '직무 수행 태도'를 장점으로 소화해도 된다. • 공기업이 좋아하는 사람 : 꼼꼼, 계획적, 협업에 능함, 원활한 소통 능력, • 권장 장점 : 책임감, 꼼꼼함, 계획적, 조직에 잘 적응함, 친화력(민원 응대 직무), 문제 해결력 등(직무기술서 참고하기) • 불가능한 단점 : 계획 부족, 꼼꼼하지 않다, 한곳에 오래 있지 못한다, 사람과 대화를 좋아하지 않는다, 조직 적응을 잘 하지 못한다, 덜렁댄다. 등 • 불가능한 장점 : 창의적이다(사업을 할 정도의 창의적), 도전적이다(보수적 분위기에서 답답해서 버티지 못할 것 같은 사람) 등 → 오히려 단점으로 사용 가능
답변 템플릿	
두괄식	네, 제 성격의 장점은 (장점) 입니다.
답변(경험)	항상 ~한 (장점)으로 ~게 하고 있습니다. 반면, 종종 (단점)하다는 단점이 있어, 이를 ~게 극복하고자 하였습니다.
답변 예시	네, 제 성격의 장점은 한 번에 정확도를 높이는 '꼼꼼함'이라고 생각합니다. 항상 모든 업무를 꼼꼼히 처리하기 때문에, 인턴 당시에도 고객 신청 서류의 최종 검토를 맡기도 하였습니다. 반면, 이로 인해 걱정이 많아 의사 결정에 시간이 걸린다는 단점이 있어, 모든 업무에 대한 이해력을 길러 결정 시간을 줄이고자 하였습니다.
강조하고 싶은 모습/역량	꼼꼼한 성향, 꼼꼼한 업무 성향으로 조직 리스크 방지

	답변 다시 만들어보기		
	(정리한 답변에서 KEYWORD만 추출해 미니북에 정리한 후, 키워드 중심으로 암기해보세요!)		
답변 1			
답변을 통해 강조하고 싶은 역량		답변에 걸린 시간	초
답변 2			
답변을 통해 강조하고 싶은 역량		답변에 걸린 시간	초
나올 수 있는 꼬리/다른 질문	• 장점으로 인해 성공했던 경험? • 단점으로 인해 문제가 생겼던 경험? • 장점을 강화/단점을 보완하기 위한 노력?		

자신/Q10	어려움을 극복하는 나만의 방법은?		
혼자 답변해보기		답변에 걸린 시간	초

✎

이 질문은 주로 언제, 누구에게?	▶ 멘탈이 약해보이거나 사회 경험이 적어 보이는 지원자 ▶ 의지가 약해보이는 지원자	▼ 강의 보러 가기 ▼

	면접 답변 POINT
공통 POINT	• '문제 해결력'보다, 어려운 상황을 이겨내는 '의지, 자세'를 확인하는 질문 • 입사해서 수많은 어려운 상황이 발생할 수 있음, 이때 이겨낼 수 있는 강한 의지가 있는지 확인하는 질문 • 입사해서도, '어려움에 지지 않고 다시 일어나 일할 수 있는 사람이다.'를 보여주는 질문 • 해결 방식을 통해 개인의 성향을 파악할 수 있음
은행 POINT	〈실적 압박, 업무 강박 등의 경우를 어떻게 극복할지〉 • 주로 '도전적 성향'을 가진 은행에서 자주 묻는 질문 • 어려운 상황 = 목표가 있으나 달성하지 못하는 상황 • 압박이나 쉽지 않은 상황에서도 '목표를 향한 달성 의지'로 나아가는 자세 • 포기하기보다는 적극적이고 능동적으로 더 노력해서 목표를 달성해내는 자세 • 도전적 성향이 아닌 은행에서는 '내가 어떻게 노력하는지'를 중점적으로 보여줄 것

공기업 POINT	〈업무 오류, 틀어짐, 강박 등으로 인한 상황 극복 방법〉 • 공기업에서 어려운 상황 : 업무를 수행하지 못하는 상황, 오류가 난 상황, 잘해내고 싶은 '심적 강박'이 강한 상황 등 • 총체적으로 어려운 상황을 어떻게 극복해낼지 자세를 보여주기 • 도망가거나 포기하지 않고, 차분히 상황을 파악하고 생각을 정리하며 문제를 해결한다는 점을 보여줄 것
답변 템플릿	
두괄식	• 네, 저는 ~한 방법으로 어려운 상황을 이겨내고 있습니다. • 네, 저는 어려운 상황에서 주로 ~하고 있습니다.
답변(경험)	• (방식)대로 하면 ~게 극복이 되기 때문에, ~한 (마음, 의지, 자세)를 갖고 ~게 노력하는 편입니다. • 저에게 주로 어려운 상황은 ~한 상황이기 때문에, 이 경우 ~게 하며 ~게 이겨내려고 노력하는 편입니다.
답변 예시	네, 저는 어려운 상황에서, 주로 차분히 계획을 다시 정리하고 업무를 다시 시작하는 편입니다. 해야 할 일을 명확히 알고, 다시 계획을 세우며 의지를 다지면 어려운 상황이 극복이 되기 때문에, 차분한 자세로 상황과 계획을 다시 분석하며 노력하는 편입니다.
강조하고 싶은 모습/역량	• 계획적인 모습, 차분한 모습 • 어려운 상황에서도 도망치지 않고, 나아가는 의지적 자세
답변 다시 만들어보기	
(정리한 답변에서 KEYWORD만 추출해 미니북에 정리한 후, 키워드 중심으로 암기해보세요!)	
답변 1	

답변을 통해 강조하고 싶은 역량	✎		답변에 걸린 시간		초
답변 2	✎				
답변을 통해 강조하고 싶은 역량	✎		답변에 걸린 시간		초
나올 수 있는 꼬리/다른 질문	• 본인은 주로 어떨 때 '어려움'을 느끼는지? • 그 방법으로, 실제 어려움을 이겨냈던 경험이 있다면?				

자신/Q11	꼼꼼하게 무언가를 처리해서 성과를 낸 경험은?		
혼자 답변해보기		답변에 걸린 시간	초

이 질문은 주로 언제, 누구에게?	▶ 꼼꼼함이 부족해 보이는 지원자 ▶ 외향적으로 보이는 지원자 ▶ '꼼꼼히' 보다 '대충'을 선호할 것 같은 지원자, 의지 약해보이는 지원자	▼ 강의 보러 가기 ▼

면접 답변 POINT

공통 POINT	• 일을 대충 하는 사람이 아닌, 하나를 하더라도 꼼꼼히 하는 사람임을 보여주기 • '조직'에서 꼼꼼함을 발휘했던 경험 찾아보기 • 이러한 꼼꼼함으로 조직에서 좋은 평가나 성과, 별명, 인정을 받았던 사례가 있다면 더욱 좋음 • '진짜 꼼꼼해서 성과 낸 경험 있다니까, 지금 우려하는 부분 전혀 걱정 안 해도 돼.'라고 보여주면 되는 질문
은행 POINT	〈많은 업무, 많은 서류를 꼼꼼히 처리한 경험, 숫자 관련한 꼼꼼함〉 • 은행은 많은 업무를 동시 다발적으로 처리해야 하는 곳(고객 응대+사무 업무) • 동시에 많은 업무를 처리했던 경험 혹은 많은 서류 처리 업무를 오차 없이 처리했던 경험 • 숫자 및 계산, 예산 관련 꼼꼼함을 발휘했던 경험 • 실수 없이 처리한 경험이나 내 꼼꼼함으로 조직 리스크를 막은 경험/고객 만족 실천한 경험

공기업 POINT	〈매뉴얼 제작, 보고서 오타 비교 등 업무 내 꼼꼼함 발휘 경험〉 • 직무와 비슷한 경험에서 '꼼꼼함'을 발휘했던 경험(예 현장 직무 : 현장 근무 당시, 안전을 위해 체크 리스트를 마련했던 경험) • 오류 및 오차를 발견해 조직의 위기를 예방했던 경험 • 전반적으로 '나 자체가 꼼꼼한 사람이다.'를 드러낼 수 있는 경험도 좋음(이로 인해 조직에서 받은 인정과 별명이 있다면 같이 언급)
답변 템플릿	
두괄식	• 네, 저는 (경험) 당시 꼼꼼하게 업무를 처리해 (성과)를 낸 경험이 있습니다. • 네, 저는 (경험) 당시 or 대체적으로 업무를 꼼꼼히 처리해 (별명, 역할)이 된 경험이 있습니다.
답변(경험)	• 당시 조직이 ~한 (상황) 이었습니다. 이에, (꼼꼼하게) 업무를 처리한 결과, ~한 (성과)를 거둘 수 있었으며, 조직에서도 ~한 (평가, 역할)을 받을 수 있었습니다. • 항상 업무를 처리할 때, ~게 (꼼꼼히) 업무를 처리하기 때문에, 조직에서 (역할, 평가, 별명)을 받고는 했습니다.
답변 예시	네, 저는 동아리 총무 당시, 꼼꼼히 예산을 관리해 예산 효율을 높인 경험이 있습니다. 당시 예산 장표가 체계적으로 정리되지 않아, 매해 00만 원의 추가 비용이 들고 있었습니다. 이를 해결하고자, 지난 장부를 재검토해 개편하고, 세분화한 결과 100% 예산 활용을 이뤄내며, '믿을 수 있는 총무'로 불릴 수 있었습니다.
강조하고 싶은 모습/역량	• 문제를 발견하고 개선하는 자세 • '예산'의 중요성을 알고, 꼼꼼하게 효율을 높였던 자세
답변 다시 만들어보기 (정리한 답변에서 KEYWORD만 추출해 미니북에 정리한 후, 키워드 중심으로 암기해보세요!)	
답변 1	

답변을 통해 강조하고 싶은 역량	✎		답변에 걸린 시간	초
답변 2	✎			
답변을 통해 강조하고 싶은 역량	✎		답변에 걸린 시간	초
나올 수 있는 꼬리/다른 질문	• (특정 업무)는 굉장히 꼼꼼해야 하는데, 할 수 있겠어요? • 실수하지 않을 수 있나요? • 본인이 꼼꼼하지 않아서 실수했던 경험이 있는지?			

자신/Q12	직장 내 '성공'의 의미는 무엇이라고 생각하는지?
혼자 답변해보기	답변에 걸린 시간 　　　　초

✎

이 질문은 주로 언제, 누구에게?	▶ 모든 지원자에게 묻는 질문 ▶ 수동적인 이미지의 지원자	▼ 강의 보러 가기 ▼ [QR코드]

면접 답변 POINT

공통 POINT

- '성공의 의미가 무엇이냐.'에 따라 사람의 성향이 드러난다.
- 어느 정도 '일에 대한 열정, 욕심'이 있는 사람이어야, 입사/입행 후 일을 잘 해낼 가능성이 높아진다.
- 단순히 '돈'이 '성공'으로 연결될 경우, 은행/공기업 모두 청렴이나 정직, 공정에 대한 의심이 생길 수 있다.
- 이 지원자는 '무엇'을 위해 회사에 다닐 것인지 파악하기 위해 묻는 질문이다(어떤 사람이 되기 위해 노력할지를 파악할 수 있다).
- 조직 경험 속에서 '존경스러웠던 선배'를 생각해봐도 좋다.

은행 POINT	〈금융에 대한 전문성, 영업을 하기 위한 사람, 모두 중요하다!〉 • 은행은 '금융 영업'을 하는 곳이다. '성공'의 의미가 '금융'과 '영업'으로 나뉘질 수도 있다! • 금융이라면 '분야에 대해서는 모든 질문을 무리 없이 쳐내는', '미래를 미리 읽고 움직일 수 있는', '매뉴얼을 만들어서 교육을 할 수 있는' 등 '전문성'을 연상시키는 답변을 사용할 수 있다. • 영업이라면 '사람'에 초점을 맞춰야 한다! '고객이 저를 따라오는', '고객이 어려운 일에 가장 먼저 찾아오는', '고객, 동료 모두 어려울 때 가장 먼저 생각나는' 등의 답변이 가능하다! • 존경하는 선배 & 성향 자체에 초점 맞추기도 가능! '나만큼 하라고 말할 수 있는', '끊임없이 자리를 만들어 내는', '빈자리가 가장 크게 느껴지는' 등
공기업 POINT	〈능동성, 청렴한, 공익성 등에 초점 맞춘 답변이 가능하다!〉 • 공기업은 '국민을 위해 일하면서(공익성)', '원칙을 준수하고 (청렴한, 공정성)', 동시에 '주도적이고 적극적으로 일할(능동성)' 사람이 필요하다! • 공익성 : '내가 하는 업무로 국민/민원인의 삶이 더 편안하게 변화하는', '더 많은 사람들에게 이익을 돌려주는' 등(→ 다소 인위적인 답변으로 느껴질 수 있음) • 청렴한, 공정성 : '모든 업무의 기준이 되는', '한 치의 부끄러움도 없는', '마음에 걸리는 것보다는 보람이 먼저 오는' 등(→ FM 이미지의 지원자가 말한다면, 정말 '답답한' 이미지로 보일 수도 있음) • 능동성 : '동료들이 어려울 때 가장 먼저 생각나는', '빈자리가 크게 느껴지는', '항상 다른 동료들보다 솔선수범하는' 등 • 공기업에서 근무하며 만난 '존경하는 선배'의 특징을 생각하는 게 가장 자연스럽고 적합한 답변이 될 수 있다. • 개개인의 '내가 피해야 할 이미지, 내가 추구하고 싶은 이미지'에 맞춰 답변 탐색하기
답변 템플릿	
두괄식	네, 저는 직장 내에서 성공한다는 건 (의미)라고 생각합니다.
답변(경험)	(실제 은행/공공기관 인턴을 하면서 본 선배가 ~했기 때문에 or 은행/공공기관이란 ~한 곳이기 때문에), (의미)한 사람이 되어야 ~할 수 있기 때문입니다.

답변 예시	네, 저는 직장 내에서 성공한다는 건 '누군가의 기준이 된다는 것'이라고 생각합니다. 실제 타 공단에서 근무하면서, 원칙을 지킬 수 있는 방법을 늘 찾는 선배가 있었는데, 이 선배가 항상 저희 업무의 기준이 되는 분이셨습니다. 이처럼 적극적으로 원칙을 지키고 모든 업무의 기준이 되어야 동료와 민원인의 신뢰를 얻을 수 있기 때문에, '기준이 되는 것'이 성공의 의미라고 생각합니다.
강조하고 싶은 모습/역량	• 원칙을 잘 지키는 사람, 원칙의 중요성을 아는 사람 • '안 된다'보다는 방법을 찾는 사람이 되고 싶어 한다.
답변 다시 만들어보기 (정리한 답변에서 KEYWORD만 추출해 미니북에 정리한 후, 키워드 중심으로 암기해보세요!)	
답변 1	
답변을 통해 강조하고 싶은 역량	답변에 걸린 시간 　　　초
답변 2	
답변을 통해 강조하고 싶은 역량	답변에 걸린 시간 　　　초
나올 수 있는 꼬리/다른 질문	• 실제로 그런 사람을 본 적 있는지? 그 사람의 어떤 점을 닮고 싶은지? • 그런 사람이 되기 위해 어떤 노력을 할 것인지? • 만약 (성공의 의미와) 반하는 상황이 발생한다면 어떻게 할 것인지?

자신/Q13	'본인이 생각하는 나'와 '다른 사람이 생각하는 나'의 차이는?		
혼자 답변해보기		답변에 걸린 시간	초

✏️

이 질문은 주로 언제, 누구에게?	▶ 대다수 지원자에게 질문 ▶ 지원자의 성향을 명확히 파악하기 어려울 때	▼ 강의 보러 가기 ▼

면접 답변 POINT	
공통 POINT	• 이제 '장·단점', '상사에게 들었던 긍정, 부정 피드백' 질문으로는 지원자를 정확하게 파악할 수 없다. • '내가 나를 보는 시각'과 '남이 나를 보는 시각'의 차이를 통해 지원자의 '진짜 모습'을 파악하려고 한다. • '나의 부정적인 모습'을 해소할 수 있는 질문이 되기도 한다! '면접관이 걱정하는 부분'을 '남이 보는 나'로 설정한 후, '내가 생각하는 나의 이미지'에 반대되는 내용을 답해, 면접관의 편견을 깰 수 있다. • 혹은 '나의 강점'을 드러낼 수 있다! 남이 보는 나의 강점 1과 나의 진짜 강점 1을 동시에 자랑할 수 있는 질문!

은행 POINT	〈'금융 영업'을 하는 자리다! '영업'과 '꼼꼼함'을 중점으로!〉 • 금융 영업을 하려면, '목표 지향적'이거나 '친화력'이 있거나, '밝은 성격'이어야 한다! 이 모습이 없다면, 이걸 드러낼 수 있는 답변을 반드시 둘 중 하나에 포함할 것! • 또, '꼼꼼'해야 한다! 돈 계산에 오차가 없어야 하기 때문에, 만약 '덜렁이는, 실수가 잦은' 이미지의 지원자라면, 답변에 이 내용을 포함하여 면접관의 우려를 덜어줘야 한다. • '이미지'에는 근거가 필요하다! 그 근거는 '나의 경험, 경력'에서 나와야 하고, '경험, 경력'은 '금융/영업/꼼꼼/고객 응대'와 관련이 되어 있어야 한다!
공기업 POINT	〈주로 '조직 안에서 나의 모습'에 초점을 맞춘 답변이 좋다!〉 • 공기업은 결국 '조직에서 얼마나 잘 융화되고 헌신적인가'가 중요한 곳이다. • 조직 안에서 주도적이고, 능동적이며, 다른 사람을 잘 돕는다는 이미지가 매우 중요하다. • 업무적인 측면으로는 '꼼꼼함'이 굉장히 중요하다. • 만약 첫 인상이 좋지 않은 지원자라면, 면접관 역시 그 부분을 우려하고 있을 가능성이 크다. 그 부분을 미리 언급하고 '충분한 근거'와 함께 '난 그런 사람이 아니야.'라고 말해주는 것이 좋다! • 첫 인상이 좋지 않은 지원자가 아니라면, '나의 강점을 두 개' 자랑할 수 있는 답변으로! 조직 내부에서의 모습 1 + 꼼꼼함을 드러낼 수 있는 모습 1 예 다른 사람이 보기에는 '리더의 모습, 능동적', 사실은 '꼼꼼하게 서포트하는 팔로워'
답변 템플릿	
두괄식	네, 저는 주로 다른 사람들이 (타인 이미지)라고 생각하는 경우가 많지만, 실제로는 (내가 생각하는 이미지)에 가깝다고 생각합니다.
답변(경험)	(타인이 그렇게 보는 이유 경험 근거, 기반)여서 (타인이 생각하는 이미지)라고 생각하지만, 실제로는 (경험에 기반하여 '실제의 나'가 내가 생각하는 이미지에 가까운 이유)이기 때문에 (내가 생각하는 이미지)에 가깝다고 생각합니다.

답변 예시	네, 저는 주로 다른 사람들이 '아이디어 뱅크'라고 생각하는 경우가 많지만, 실제로는 엄청난 분석쟁이에 가깝다고 생각합니다. 은행 인턴이나 판매 활동을 할 때, 항상 새로운 아이디어를 내서 다들 '아이디어 뱅크'라고 불러줬지만, 실제로는 그 아이디어를 위해서 다른 가게들을 10군데 이상 방문하고, 각종 데이터나 흐름, 다른 곳의 판매 방식 등을 분석했기 때문에 사실은 '분석쟁이'에 가깝다고 생각합니다.
강조하고 싶은 모습/역량	• 판매에 있어서 늘 새로운 아이디어를 내는 사람 • 일을 잘 하기 위해서 자발적으로 10군데 이상의 타 매장을 방문하는 열정

답변 다시 만들어보기
(정리한 답변에서 KEYWORD만 추출해 미니북에 정리한 후, 키워드 중심으로 암기해보세요!)

답변 1	
답변을 통해 강조하고 싶은 역량	답변에 걸린 시간 ___ 초
답변 2	
답변을 통해 강조하고 싶은 역량	답변에 걸린 시간 ___ 초
나올 수 있는 꼬리/다른 질문	• 타인이 보는 이미지 때문에 불이익을 받았던 경험은? • 왜 본인의 실제 이미지가 덜 알려졌다고 생각하는지?

자신/Q14	주로 어떤 상황에서 스트레스 받는 편인지?		
혼자 답변해보기		답변에 걸린 시간	초

✏️

이 질문은 주로 언제, 누구에게?	▶ 대다수 지원자에게 질문 ▶ 멘탈이 약해보이는 지원자 ▶ 성향이 직무와 잘 안 맞아 보이는 지원자	▼ 강의 보러 가기 ▼

면접 답변 POINT	
공통 POINT	• 스트레스 해소 방법도 중요한 질문이지만, 요즘은 '어떤 상황에서 스트레스를 받는가.'를 더 중요한 질문으로 여긴다! • '어떤 상황에서 스트레스를 받는지'가 개인의 성향을 드러내기 때문에, 지원자가 직무와 맞는지 안 맞는지 이 질문을 통해 파악 가능하다! • 만약 입사/입행 후 기업에서 요구되는 상황에서 스트레스를 받는다고 한다면, 퇴사할 가능성이 높기 때문에 채용하지 않는다! • 입사/입행 후 직무에게 요구되는 상황을 파악하기!

은행 POINT	〈'영업 압박'과 '동료 협력', '지속 공부'가 중요하다!〉 • 기본적으로 '영업 압박'이 계속 있는 곳, 진상 고객도 많기 때문에 '사람, 영업, 압박'에 스트레스 받아서는 안 된다! 　예 피해야 할 답변 : '무언가 푸쉬 받을 때', '사람들 많이 만나면 기 빨린다.', '말도 안 되는 거 해달라고 할 때', '싫다는 데 권해야 할 때', '거절 당할 때' 등 • 지속적으로 공부하고 자격증을 취득해야 하는 곳이기 때문에, 이게 싫다면 은행에서의 적응이 힘들 수 있다! 　예 피해야 할 답변 : '일이 많을 때', '쉴 시간이 보장되지 않을 때' 등 • '조직 협업'도 중요해서 'MZ스러운 답변' 금지! • 일에 욕심이 있어 보이지만 너무 완벽주의자 같지 않는 답변을 찾거나, '~한 사람하고 일할 때 힘들다.'로 답변의 방향을 순회할 것!
공기업 POINT	〈체계적이고 보수적인 곳, 민원 응대가 필요한 곳!〉 • 공기업은 모든 업무가 체계적으로 이뤄지는 곳이다! 다소 보수적인 분위기도 있어서, 이런 분위기가 싫다면 적응이 힘들 수 있다! 　예 피해야 할 답변 : 상사가 말도 안 되는 지시를 할 때, 마음대로 의견을 개진하지 못할 때, 무조건 지시한대로 일을 해야 할 때 등 • 민원 응대가 필요한 직무라면, '민원 응대가 안 맞는다.' 식의 답변은 피하자! 　예 피해야 할 답변 : 사람을 많이 만나면 기 빨린다, 말도 안 되는 요구를 들어줘야 할 때, 거절해야 할 때 등 • 반대로 '스타트업, 대기업' 식의 분위기에서 일할 때 스트레스 받는다고 해도 괜찮다! 다만 그걸 이겨냈던 사례도 같이 있으면 좋다! 　예 일의 체계가 없을 때, 인수인계가 없을 때, 무작정 아이디어만 내라고 할 때 • '~한 사람과 일할 때 힘들다'의 답변도 괜찮다!
답변 템플릿	
두괄식	네, 저는 주로 (상황)에서 스트레스를 받는 편입니다.
답변(경험)	(스트레스 받는 이유)이기 때문에 스트레스를 받기 때문에, ~게 (이겨내는 방법)으로 이겨내려고 하는 편입니다.

답변 예시	네, 저는 인수인계 없이 새 업무에 투입되어야 할 때 스트레스를 받는 편입니다. 주로 체계적으로 일할 때 업무의 효율을 더 내는 편이기 때문에, 아무런 인수인계도 기반도 없이 새로 업무를 시작해야 할 때 시간이 오래 걸려 스트레스를 받는 편입니다.
강조하고 싶은 모습/역량	• 체계 안에서 일을 더 잘 하는 사람 • 사기업보다는 공기업의 체계가 더 잘 맞는 사람

답변 다시 만들어보기
(정리한 답변에서 KEYWORD만 추출해 미니북에 정리한 후, 키워드 중심으로 암기해보세요!)

답변 1			
답변을 통해 강조하고 싶은 역량		답변에 걸린 시간	초
답변 2			
답변을 통해 강조하고 싶은 역량		답변에 걸린 시간	초
나올 수 있는 꼬리/다른 질문	• 그럼 그 상황을 이겨내기 위해 어떻게 노력하는지? • 그런 경우에 스트레스를 어떻게 해소하는지? • 실제 그런 상황을 이겨낸 경험이 있는지?		

자신/Q15	성격의 장점과 그를 활용한 경험은?		
혼자 답변해보기		답변에 걸린 시간	초

✎

이 질문은 주로 언제, 누구에게?	▶ 대다수 지원자 ▶ 이전 장점 답변이 모호했던 경우	▼ 강의 보러 가기 ▼

면접 답변 POINT	
공통 POINT	• 원래 '성격의 장·단점' 질문에서 파생되는 꼬리 질문이었으나, 최근 이 질문이 단독으로 나오기 시작했다(장·단점 질문에서 답변이 모호할 경우, 다시 묻기도 한다!). • 결국 개개인 성격의 '장점'은 '직무에 활용될 수 있는 것'이어야 한다! 그렇지 않은 장점은 아무런 의미도 경쟁력도 없다. • 즉 '소통, 공감, 배려, 경청, 존중' 등 보편적인 장점은 '활용이 불가'하기 때문에 장점으로서 매력이 없다! • 직무에서 요구하는 모습이 뭔지 파악하고, 그에 맞는 장점 찾아서 '활용했던 경험'을 발굴해내기!

은행 POINT	〈은행 장점은 '영업'과 '꼼꼼함', '목표 지향'에 초점 필요!〉 • 단순한 '소통, 공감, 경청'로는 영업을 할 수 없다! 영업에 필요한 장점이 뭔지 생각하고, 그 장점을 발휘해서 영업을 성공했던 경험을 찾기! 　예 친화력/거절을 두려워하지 않음/밝은 성격/목표 지향적인 성격/먼저 말 걸기 등 • '영업'과 관련된 장점은 '수동적이거나', '영업을 강점으로 내세우거나', '내향적 이미지' 지원자가 사용하면 좋다. • 만약 조금 덜렁대는 이미지거나 꼼꼼함과 거리가 멀다면, '꼼꼼함'을 발휘해 '돈과 관련된 업무'를 하면서 실수를 잡아냈던 경험을 사용하면 좋다. • 다만 '내향적이거나, 지나치게 꼼꼼한 이미지'의 지원자가 이 답변을 쓸 경우, '금융 공기업 가시지 그랬어요?'라는 질문을 받을 수도!
공기업 POINT	〈민원 응대를 하는가? 내가 자랑하고 싶은 경험은 무엇인가?〉 • 공기업의 경우 '민원 응대를 하는 곳'과 '아닌 곳'에 따라 필요한 장점이 다르다! • 지원한 직무에서 요구하는 장점을 먼저 생각하고, 나에게 가장 부족한 장점을 찾아서 '내 장점'으로 소화하자!(예 직무에 '창의력'이 필요한데, 나에게 '창의력'이 부족하다면 '창의력'을 장점으로 내세울 것) • 공기업은 '내가 자랑하고 싶은 경험'을 찾고, 그 경험 안에서 '장점'을 찾아내는 것도 하나의 방법이 될 수 있음! 　예 IT 업무를 하면서 디자인 업무와 기획 업무까지 모두 다 했다면, → '사명감, 주인의식'을 장점으로 삼아서, 다른 팀원들이 모두 빠졌을 때, 사명감을 갖고 디자인, 기획을 배워서 업무를 마무리했다. • 민원 응대를 하는 직무고 민원 응대가 약한 이미지라면, '소통, 공감, 배려, 경청'이 아닌 '민원 응대에 있어서 장점'을 찾을 것!
답변 템플릿	
두괄식	네, 저는 (경험) 당시 (장점)을 살려 (성과)를 낸 경험이 있습니다.
답변(경험)	(경험) 당시 (어려운 상황, 목표가 있던 상황) 이었습니다. 이에 제 성격의 장점인 ~한 (장점)을 살려서 ~게 한 결과, (성과)를 거둘 수 있었습니다.

답변 예시	네, 저는 카페 아르바이트 당시, 누구에게나 편하게 말을 거는 밝은 성격으로 기업의 장기 계약을 끌어낸 경험이 있습니다. 당시 주변에 저가 카페가 우후죽순 생겨서 매출이 계속해서 떨어지는 상황이었습니다. 이에 누구에게나 편하게 다가가 말을 걸고 거절을 두려워하지 않는 성격으로 기업들을 찾아가 저렴한 가격에 장기 계약을 끌어낸 결과, 총 5개 기업의 장기 계약을 끌어내 매출을 00% 높일 수 있었습니다.
강조하고 싶은 모습/역량	• 영업에 적합한 밝은 성격 • 기업 영업 경험이 있음, 아르바이트지만 문제를 해결하는 사명감

답변 다시 만들어보기
(정리한 답변에서 KEYWORD만 추출해 미니북에 정리한 후, 키워드 중심으로 암기해보세요!)

답변 1	✏️
답변을 통해 강조하고 싶은 역량	✏️　　　　　　　　　　답변에 걸린 시간　　　　초
답변 2	✏️
답변을 통해 강조하고 싶은 역량	✏️　　　　　　　　　　답변에 걸린 시간　　　　초
나올 수 있는 꼬리/다른 질문	• 그 장점으로 오히려 피해를 주었던 경험은? • 그 장점을 발휘했던 다른 경험은?

자신/Q16		과중한 업무를 처리한 경험은?	
	혼자 답변해보기	답변에 걸린 시간	초

✎

이 질문은 주로 언제, 누구에게?	▶ 업무가 과하면 회피할 것 같은 MZ스러운 이미지의 지원자 ▶ 다소 산만한 이미지의 지원자 ▶ 책임감보다는 즉흥적인 지원자	▼ 강의 보러 가기 ▼

	면접 답변 POINT
공통 POINT	• 최근 '한 번에 많은 일을 처리했던 경험이 있는가?'에 대한 질문이 많아짐 → 쏟아지는 업무에서 회피하는 사람인지, 아닌지를 파악하기 위함 & 업무의 우선순위를 파악하고 있는지 파악하기 위함 • 어떤 어려운 상황에서도 '피하거나 포기하지 않고', 끝까지 '내 계획, 순서'에 따라 해냈던 경험 찾기 • 이 답변을 통해 '나 이만큼의 일도 쳐낼 수 있어. 이런 어려운 상황에서도 이겨낼 수 있어'를 보여주면 좋음! • 최근 '회피했던 경험'에 대한 질문도 나오는데, 이와 같은 상황에서 회피했다고 답한다면 '무책임한 이미지'로 보일 수 있음

은행 POINT	**〈고객, 영업 실적, 해야 할 일, 봐야 할 서류가 몰려든다면?〉** • 은행에서 '업무가 몰릴 경우'가 언제일지 생각해볼 것! • 창구 앞에는 고객이 있고, 해야 할 업무는 많고, 봐야 할 서류는 많고, 판매해야 할 영업 상품도 많고…. • 하나의 상황이 과하게 몰려 있거나, 이 상황들이 한꺼번에 몰렸던 경험을 언급할 것 • 하나의 상황 예 정책 상품 출시로 인해 신청 고객이 급증했을 때/N일 안에 검토해야 할 대출 서류가 N만 건에 달했을 때, 보험 상품 N백개를 판매해야 할 때 • 여러 상황 예 정책 상품 출시로 고객이 몰리는 상황에서, 대출 서류 검토와 전환 상품 판매, 객장 안내를 동시에 해야 했을 때 • 나만의 순서, 이겨내는 방법, 나의 적극성을 답변에 두루 드러낼 것!
공기업 POINT	**〈민원인 & 업무 상 몰릴 수 있는 상황 & 맨 땅에 헤딩!〉** • 만약 민원 응대를 하는 곳이라면, 복잡한 상황에 '민원 응대'에 대한 부분을 추가할 수 있지만, 아니라면 '직무 상 과중한 업무가 쏠릴 수 있는 상황'을 우선 생각할 것! 예 기술직 : 갑자기 보수해야 할 구역이 동시다발적으로 발생했을 때/IT : 급작스러운 전산 오류와 개편을 N일 안에 해야 했을 때/요양, 건강직 : 환자 케어와 QI 활동, 환자 위한 매뉴얼 제작과 특정 업무를 같이해야 했을 때 • 한 업무가 과하게 몰렸을 때 or 여러 업무가 동시에 몰렸을 때로 나눠서 생각! • 행정직 같은 경우는 '민원인+주기적으로 해야 하는 업무+스팟성 업무'로 나누거나, '특정 사업/정책으로 민원인이 몰렸을 때' 혹은 '인수인계 없이 새 부서를 꾸려가야 할 때, 정보 없이 N만 건의 업무를 처리해야 했을 때' 등 극한의 상황 찾기!
답변 템플릿	
두괄식	네, 저는 (경험) 당시, (~한 과중한 업무)를 처리한 경험이 있습니다.
답변(경험)	당시 (과중한 업무 상황, 업무가 많을 수밖에 없었던 이유)라서 (몰려 있는 업무들이 있는 상황)이었습니다. 이에 (내가 처리한 방법 적극성 드러내기)으로 처리한 결과, (성과)를 낼 수 있었습니다.

답변 예시	네, 저는 금융 공기업 근무 당시, 정책 대출 상품 출시 과정에서 과중한 업무를 처리한 경험이 있습니다. 당시 새로운 상품이 출시되어 하루 N백명 이상의 고객이 신청서와 서류를 갖고 방문하는 상황이었습니다. 이에, 우선 객장에 필수 서류 리스트를 게재해서 상담 시 서류 확인 속도를 높이고, 대출 용어를 학습해 상담의 질문을 줄였으며, 동료들과 서류 검토와 민원 응대를 순차대로 나눠하며 매일 N백건의 신청을 오류 한 건 없이 처리할 수 있었습니다.
강조하고 싶은 모습/역량	• 업무를 순차적으로 처리할 수 있는 능력 • 동료와 협업하여 위기에 회피하지 않고 능동적으로 이겨내는 자세

답변 다시 만들어보기
(정리한 답변에서 KEYWORD만 추출해 미니북에 정리한 후, 키워드 중심으로 암기해보세요!)

답변 1	
답변을 통해 강조하고 싶은 역량	답변에 걸린 시간 ___ 초
답변 2	
답변을 통해 강조하고 싶은 역량	답변에 걸린 시간 ___ 초
나올 수 있는 꼬리/다른 질문	• 그 과정에서 가장 어려웠던 점은? • 업무를 처리하는 본인만의 우선순위는? • 과중한 업무를 처리할 때 가장 중요하게 여기는 것은?

자신/Q17	성격의 단점과 그를 극복했다는 근거는?		
	혼자 답변해보기	답변에 걸린 시간	초

✏️

이 질문은 주로 언제, 누구에게?	▶ 대다수 지원자 ▶ 단점이 강해보이는 지원자	▼ 강의 보러 가기 ▼

면접 답변 POINT

공통 POINT	• 성격의 단점 질문은 이제 흔하다! 그걸 정말 극복했는지, 어떻게 극복했는지를 파악하기 위해 나오는 질문이다. • 극복한 단점은 또 하나의 장점으로 작용해야 한다. • 단점을 극복해서 '직무가 하는 일'과 비슷한 일에 도움을 주었던 경험이야 한다(그를 통해 성과까지 끌어냈다면 일석이조!). • '극복했다는 근거'에는 '극복한 단점으로 조직에 도움을 주었던 경험'이 예시로 나와야 한다.

은행 POINT	〈극복한 단점은 결국 '영업, 고객 이해'에 도움이 되어야 한다!〉 • 은행에서 쓰였을 때 '치명적이지 않을 단점'이 뭐가 있을지를 우선 생각할 것! • 그 단점을 극복했다는 근거로 '영업 실적을 높였거나', '개인/기업 고객을 위해 무언가 했거나', '업무 속도와 정확도를 높였거나'의 이야기가 나와야 한다. • 영업 : '사람 만나기가 어려웠다.', '진상 고객 응대하기가 어려웠다.' 류의 단점은 정말 치명적이기 때문에, '창의적인 아이디어의 어려움', '새로운 도전에 준비 시간이 오래 걸린다.', '말이 길다.' 등 치명적이지 않은 단점을 찾아낼 것 • 업무 : '꼼꼼함이 부족하다.', '실수가 잦다.' 류의 답변은 절대 금지! 차라리 '처음에 업무를 배울 때 오래 걸린다.', '상담 시간이 길다.' 등의 답변을 활용! • 경험을 통해 '지금은 전혀 문제가 없다!'를 어필해야 한다.
공기업 POINT	〈단점을 극복해서 '난 이제 업무에 도움이 될 수 있어!'를 어필!〉 • 공기업은 다소 보수적이고 체계적인 문화를 갖춘 곳, 그와 반대되는 내용들이 보통 '성격의 단점'으로 사용된다. • 하지만 최근 공기업 역시 '약간의 사기업형 인재', '적극적이고 능동적인 사람'을 선호하기 때문에, 단점을 극복하여, 조직에 도움을 줄 수 있다는 걸 어필해야 한다! 예 창의성 부족 : 데이터를 기반으로 아이디어를 내려고 해서, 실제 타 공단 인턴 시 아이디어를 내서 조직에 도움을 준다. • 조직에 젊은 피로서 생기를 불어넣을 수 있는 류의 답변이면 좋다.
답변 템플릿	
두괄식	네, 저는 (단점)을 극복해, 실제 (경험) 당시 (성과)를 낸 경험이 있습니다.
답변(경험)	본래 ~한 (단점)을 갖고 있었으나, 이를 (극복한 방법)으로 극복해, 실제 (경험) 당시 (극복한 단점으로 도움을 준) 결과 (성과)를 낼 수 있었습니다.
답변 예시	네, 저는 리더십이 부족하다는 단점을 극복해서, 공단 인턴 당시 VOC 0건을 달성한 경험이 있습니다. 원래 리더보다는 팔로우의 자리에 익숙해서 리더십이 늘 부족하였으나, 의료 공공기관 인턴 당시, 제가 타 의료 공공기관의 근무 경력이 있었고 다른 동료들은 의료 용어에 대해 전혀 몰랐기 때문에, 자발적으로 요양기관 문의에 자주 나오는 의료 용어와 지식을 정리해 리더로서 멘토링을 진행하며, 기간 내 VOC 제로를 달성할 수 있었습니다.

강조하고 싶은 모습/역량	• 의료 공공기관 근무 경력이 많고, 의료 용어에 대한 이해를 갖고 있다. • 혼자만 성장하는 게 아니라, 지식을 동료들에게 나누는 사람
답변 다시 만들어보기 (정리한 답변에서 KEYWORD만 추출해 미니북에 정리한 후, 키워드 중심으로 암기해보세요!)	
답변 1	
답변을 통해 강조하고 싶은 역량	답변에 걸린 시간 초
답변 2	
답변을 통해 강조하고 싶은 역량	답변에 걸린 시간 초
나올 수 있는 꼬리/다른 질문	• 그 단점을 극복하기 위해 어떤 노력을 했는지? • 그 단점을 극복하며 가장 어려웠던 점은 무엇인지? • 그 단점으로 인해 타인에게 피해를 주었던 경험은?

자신/Q18	본인의 강점과 약점은?		
	혼자 답변해보기	답변에 걸린 시간	초

✎

이 질문은 주로 언제, 누구에게?	▶ 모든 지원자 ▶ '소통, 공감' 등의 보편적 답변이 주인 지원자	▼ 강의 보러 가기 ▼

면접 답변 POINT

공통 POINT	• '소통, 공감, 배려, 경청' 등은 강점으로서 쓰이기에는 힘이 없다. • 직무로서 본인이 자신 있는 '전문성'과 부족해서 보완한 '전문성'이 '강점과 약점'의 답변으로 사용되어야 한다. • '자신 있는 업무, 자신 없는 업무'에 사용되었던 답변을 '강·약점'으로 나눠 사용할 수 있다. • 혹은 '개발했던 전문성'이나 '정말 자신 있는 전문성, 분야'를 강점으로 정리하고, '스스로 피드백을 요청해 역량을 개발한 경험'의 답을 '약점'으로 정리할 수 있다.

은행 POINT	〈강점은 '영업력'이나 '금융' 분야! 약점은 '배우고 있는 것!'〉 • 은행에서 고객을 만난다고 '고령 고객 응대, 소통, 공감, 경청' 등을 강점으로 내세우는 경우가 있는데, 이는 '누구나 갖고 있는 강점'이기 때문에 강점으로서 역할하지 않는다! • 정말 영업을 통해 큰 성과를 냈던 사람이라면 '영업력'을 강점으로 내세울 수 있고, 아니라면 '세무에 대한 이해, 보험에 대한 이해, 기술 금융 전문성, 부동산에 대한 이해' 등 경력/경험에 기반한 금융 전문성을 강점으로 내세울 수 있다! • 강점에는 웬만하면 둘을 합치는 것이 가장 좋다! • 약점은 '스스로 피드백을 요청해 역량을 개발한 경험'의 답변을 갖고 오면 된다! • 약점이 강점으로 사용될 수 있게, '약점을 극복했다는 이야기'를 반드시 넣을 것!
공기업 POINT	〈직무로서 추가적으로 할 수 있는 것 + 배우는 것!〉 • 공기업은 직무마다 요구하는 '우대 자격증', '지원 자격'이 있다! 그 분야에서 '내가 잘 하는 것, 내가 자격증을 갖고 있는 것, 내 경력/경험의 연관성이 가장 높은 것'을 강점으로 사용할 수 있다! 예 의료 지식, 투자 관련 이해, 디지털 전문성(웬만한 자격증으로는 약함, 관련 경력, 경험 추가로 찾기), UI/UX에 대한 이해 등 • 약점은 '스스로 피드백을 요청해 역량을 개발한 경험'의 답변을 갖고 올 수 있는데, '다른 직무에서 요구하는 지원 자격, 전문성'을 할 줄 안다고 하면 완전 +가 된다! 예 간호사이지만 영양학에 대한 이해, 행정직인데 외국어 잘함 등
답변 템플릿	
두괄식	네, 저는 ~한 (강점)을 갖고 있습니다.
답변(경험)	~한 (강점인 근거)를 통해 (강점)을 쌓아왔기 때문입니다. 반면 (약점)이 부족하다고 판단하여, (보완하기 위한 노력) 하여 (현재 수준)을 하며 이를 극복해 왔습니다.
답변 예시	네, 저는 세무와 빅데이터에 대한 강점을 쌓아왔습니다. 세무사무소, 세무서, 관련 공단에서 근무하며 세무와 관련 데이터를 기반으로 매뉴얼을 제작하고, n만건의 세금 신고 처리를 해 왔기 때문입니다. 반면, 지역 특성상 외국인 고객이 많은데 영어 및 중국어 실력이 부족하여, 최근 언어 앱 및 언어 교환 프로그램을 통해 이를 극복해 왔습니다.

강조하고 싶은 모습/역량	• 타 지원자 대비 내가 갖고 있는 강점, 전문성 • 글로벌 역량을 갖추기 위한 노력
답변 다시 만들어보기 (정리한 답변에서 KEYWORD만 추출해 미니북에 정리한 후, 키워드 중심으로 암기해보세요!)	
답변 1	✎
답변을 통해 강조하고 싶은 역량	✎ 답변에 걸린 시간 초
답변 2	✎
답변을 통해 강조하고 싶은 역량	✎ 답변에 걸린 시간 초
나올 수 있는 꼬리/다른 질문	• 강점을 발휘해 팀에 도움을 주었던 경험은? • 강점을 입사/입행 후 어떻게 발휘할 수 있을지? • 약점으로 인해 팀에 피해를 주었던 경험은? • 현재 약점은 어느 정도 극복이 되었고, 어떻게 기여할 수 있을지? • 내가 조직에서 꼭 필요하다고 느꼈던 경험은?

자신/Q19	주도적으로 변화에 대처한 경험은?		
	혼자 답변해보기	답변에 걸린 시간	초

✏️

이 질문은 주로 언제, 누구에게?	▶ 모든 지원자 ▶ 수동적 이미지의 지원자 ▶ 변화를 선호하지 않는 지원자	▼ 강의 보러 가기 ▼ [QR코드]

면접 답변 POINT

공통 POINT
- 최근 디지털뿐만 아니라 여러 트렌드에서도 많은 변화가 일어나고 있다!
- 이러한 변화에서 도태되는 사람이 아닌, 주도적으로 대처할 사람이 필요해서 이러한 질문을 하게 된다!
- 지원한 직무와 비슷한 일을 하면서 '변화'가 생겼을 때 '능동적, 주도적'으로 대처한 경험이 언제인가?
- 변화에 대처하기 위해 '나는 어떤 노력을 했는지'가 가장 중요한 질문이다!

은행 POINT

〈금융과 영업은 계속해서 변화한다!〉
- 은행은 '금융 영업'을 하는 곳! 금융과 영업은 계속해서 변화한다!
- 금융 : 계속해서 국내, 국제 경제가 변화한다! 투자 공모전이나 금융 관련 공모전, 프로젝트를 진행하면서 '이러한 변화에 대처하기' 위해 끊임없이 학습하고 분석한 경험 or 금융 공기업에서 금융 정책, 상품이 변화해서 대처한 경험 찾기
- 영업 : 영업의 방식은 계속해서 변화한다. 온라인이나 SNS, 외국인 고객 등, 고객이나 상품, 본사 방침 등이 변화해서 이에 대처한 경험 찾기!

공기업 POINT	〈공기업에서 변하는 건 방침과 정책, 기술, 원칙!〉 • 공기업에서는 많은 것이 변하지 않는다. 문과 직무와 이과 직무로 나눠서 생각할 것! • 문과 직무 : 민원 응대를 하든 하지 않든, 정부의 정책과 방침, 원칙 등은 지속해서 변화하기 때문에 이러한 변화에 맞춰서 민원 응대, 서류 처리 등의 과정에서 대처한 경험 or 외국인 고객이 증가해서, 사업 홍보 방식의 변화가 필요해서 전문성 배워 활용한 경험 • 이과 직무 : 계속해서 새로운 기술을 습득하고 공부해야 한다! 업무를 하면서 새 기술을 습득해서 변화에 대처한 경험!
답변 템플릿	
두괄식	네, 저는 (경험) 당시 ~한 변화에 대처한 경험이 있습니다.
답변(경험)	당시 (변화가 생긴 이유)하여 ~한 변화가 발생해 모두가 (혼란, 어려움)이었습니다. 이에 (나의 노력, 대처하기 위한 적극성)한 결과 (성과)를 이뤄낼 수 있었습니다.
답변 예시	네, 저는 카페 아르바이트 당시, 급작스러운 재택근무 전환 상황에 대처한 경험이 있습니다. 당시 오피스 타운 내 카페에서 근무하며, 주변 회사들이 재택으로 근무를 전환해 카페 매출이 떨어지는 상황이었습니다. 이에 매니저로서 주변 주거 단지에 정기 배송 전단지를 돌리고, 다른 회사들을 찾아가 시식 행사를 진행하거나 SNS 홍보를 진행한 결과, 매출을 10% 이상 상승시킬 수 있었습니다.
강조하고 싶은 모습/역량	• 변화에 대처하는 자세 • SNS 홍보를 할 줄 아는 & 직접 영업을 다니는 적극성과 역량
답변 다시 만들어보기 (정리한 답변에서 KEYWORD만 추출해 미니북에 정리한 후, 키워드 중심으로 암기해보세요!)	
답변 1	✎

답변을 통해 강조하고 싶은 역량	✎		답변에 걸린 시간		초
답변 2	✎				
답변을 통해 강조하고 싶은 역량	✎		답변에 걸린 시간		초
나올 수 있는 꼬리/다른 질문	• 그렇게까지 한 이유는? • 미래의 변화에 대처하기 위해 어떤 노력을 하고 있는지? • 지원한 직무에 어떤 변화가 있을 것 같은지?				

CHAPTER 02 '가장' ~한 경험은?

I. '가장 ~한 경험' 질문에 대한 답변 만들기

'가장'이 들어간 질문은, 시간이 변해도 꾸준히 많이 나오는 질문이다. '가장 ~했던 경험'을 물으며, 이 사람이 중시 여기는 가치나 성향을 파악할 수 있기 때문이다. 그렇기 때문에, 면접을 준비하는 과정에서 '자신'에 대한 답변이 정리가 되었다면, '가장'에 대한 답변을 정리하며 '내 성향을 확고히' 해 나가는 것이 좋다. 이를 위해, '내가 지원한 직무와 기업에서 선호하는 역량과 자세'가 무엇인지 먼저 정리해보도록 하자.

예시

구분	내용
지원하는 기업	OO 패션몰
지원하는 직무	의류 영업직
선호하는 역량 및 자세	• 매출을 달성하려는 강한 의지 • 의류를 판매하는 영업력 • 의류 트렌드를 읽으려는 적극적 자세 • 재고, 매출을 관리하는 꼼꼼함 → 전반적으로 추진력 있고 외향적인 영업인

연습해보기

구 분	내 용
지원하는 기업	✎
지원하는 직무	✎
선호하는 역량 및 자세	✎

Ⅱ 답변 정리하기

가장/Q1	살면서 가장 도전적이었던 경험은?		
	혼자 답변해보기	답변에 걸린 시간	초

✏️
　
　
　
　
　
　

이 질문은 주로 언제, 누구에게?	▶ 소극적, 수동적으로 보이는 지원자 ▶ 목표를 정하고 나아가기보다는, 주어진 업무를 중심으로 수행할 것 같은 지원자 ▶ 단점 : '새로운 도전이 두렵다'인 지원자	▼ 강의 보러 가기 ▼ [QR코드]
면접 답변 POINT		
공통 POINT	• 내가 어떤 도전을, 어떻게 했는지가 중요함 • 목표를 위해 내가 노력한 과정 → 입사해서 내가 회사 목표를 위해 얼마나 도전적, 열정적으로 나아갈지를 보여줄 수 있음 • 도전 = 열정, 도전을 달성하기 위한 나의 열정이 가장 중요함 • '조직 안'에서의 경험, '직무'와 관련된 경험이 가장 좋음	
은행 POINT	〈'영업, 고객 만족'과 관련된 도전〉 • (특히 도전적 은행의 경우) 영업 목표가 주어지고, 이를 달성하기 위해 적극적으로 판매에 임했던 경험 • 고객 불만족 증대, 대기 시간 증대 등 고객과 관련된 문제를 해결하고자 도전했던 경험	

공기업 POINT	〈'조직 발전', '규정, 윤리 준수'를 위한 도전〉 • 공기업은 보수적인 곳이기 때문에, '창업, 영업' 등의 도전적 경험은 지양 • 조직 내 잘못된 관습의 개선 등 조직 발전을 위해 도전했던 경험 • 업무 효율화를 위한 체계 구축 및 매뉴얼 마련 등 조직을 위해 목표를 정하고 나아갔던 경험 • 이 과정도 '공기업스러워야' 한다(꼼꼼함, 체계 갖추기, 계획 세우기 등).
답변 템플릿	
두괄식	• 네, 살면서 가장 도전적이었던 경험은 (경험) 때입니다. • 네, 저는 (경험) 당시 도전적으로 (업무)에 임하여, (성과)를 낸 경험이 있습니다.
답변(경험)	당시, ~한 (상황)이었습니다. 이에, (노력한 과정, 열정 과정)하게 도전하여, (목표 달성, 성과 달성)을 이뤄낼 수 있었습니다.
답변 예시	네, 저는 타 공단 인턴 당시 '고객 대기 체계'를 구축하여 민원인 만족을 증대한 경험이 있습니다. 당시, 새로운 정책 시행으로 많은 고객이 몰려 대기 시간이 길어진 고객들의 불만이 큰 상황이었습니다. 이에, 인턴으로서 임시 창구를 만들어 간편 업무를 처리해드리고자, 상사 및 부서와 협업하여 업무를 구분한 결과, 고객 불만율 00% 감소를 이뤄낼 수 있었습니다.
강조하고 싶은 모습/역량	• 인턴임에도 불구하고 조직을 위해 노력하는 헌신적 모습 • 문제 달성, 고객 만족을 위해 열정을 발하는 모습
답변 다시 만들어보기	
(정리한 답변에서 KEYWORD만 추출해 미니북에 정리한 후, 키워드 중심으로 암기해보세요!)	
답변 1	
답변을 통해 강조하고 싶은 역량	답변에 걸린 시간 ___ 초

답변 2	✏️
답변을 통해 강조하고 싶은 역량	✏️　　　　　　　　　　　답변에 걸린 시간　　초
나올 수 있는 꼬리/다른 질문	• 더욱 도전적인 경험은 없는지? • 그렇게 도전한 이유는 무엇인지? • 그 과정에서 어려움은 없었는지? • 당시 사람들의 반응은 어떠했는지?

가장/Q2	살면서 가장 창의적이었던 경험은?		
	혼자 답변해보기	답변에 걸린 시간	초

✏️

이 질문은 주로 언제, 누구에게?	▶ '창의성'이 인재상에 포함된 기업 ▶ 자기소개서에서부터 '창의성'을 물은 기업 ▶ 수동적, 현실적인 이미지를 가진 지원자	▼ 강의 보러 가기 ▼

면접 답변 POINT

공통 POINT	• 내가 '얼마나' 창의적이었는가 보다, '어떻게' 창의적이었는지가 더욱 중요 • 창의성을 발휘한 과정, 그 창의력을 고안하게 된 과정이 중요 • '문제를 어떻게 해결했는지'를 묻는 문항과 동일한 문항으로 봐도 좋음 • '조직'안에서 발생한, '직무'와 관련된 창의성 경험이면 좋음
은행 POINT	〈'고객 만족', '영업'과 관련된 창의성〉 • 고객 만족에 문제가 생긴 상황, 고객 문제 해결을 위해 창의성을 발휘한 경험(고객 만족 해결을 위해 창의적으로 접근한 경험) • 영업 목표 달성, 판매 과정에서 '판매 부진' 등의 문제 발생, 이를 해결하기 위한 나의 전략적인, 창의적인 영업 노하우 • 이 과정에서 고객의 소리를 듣거나, 데이터를 분석한 '창의 도출 과정'이 들어가도 좋음

공기업 POINT	〈'고객 만족', '업무 효율' 등을 위한 창의성〉 • 고객 만족 : 서류나 신청서를 받아 처리했던 경험, 이 과정에서 고객 만족을 실천하기 위해 창의적인 아이디어를 고안한 경험 • 업무 효율, 조직의 성장을 위해 창의적 전략을 제안한 경험 • 공기업은 반드시 '근거, 데이터'를 기반으로 창의성을 발휘해야 함
답변 템플릿	
두괄식	• 네, 살면서 가장 창의적이었던 경험은 (경험) 때입니다. • 네, 저는 (경험) 당시 창의적으로 (업무)에 임하여 (성과)를 낸 경험이 있습니다.
답변(경험)	당시, ~한 (상황/목표)이었습니다. 이에, ~게 (창의력을 발휘)한 결과, (목표 달성, 성과 달성)을 이뤄낼 수 있었습니다.
답변 예시	네, 카페 아르바이트 당시, 창의적으로 메뉴판을 수정하여 고객 증대를 이뤄낸 경험이 있습니다. 당시, 주변에 어르신 고객이 많았으나, 카페에는 영어 이름으로 된 메뉴만 있는 상황이었습니다. 이에, 약 수백 명의 어르신이 주문하시는 내용을 모두 적어 기록한 후, 매니저님의 동의를 얻어 메뉴마다 맛의 특징을 기재해둔 결과, 어르신 고객의 증대로 매출 성장을 이뤄낼 수 있었습니다.
강조하고 싶은 모습/역량	• 직접 수백 명의 어르신 고객을 만나고 응대하고 대화했던 경험 • 고객의 소리를 기반으로 조직의 성장을 이뤄내는 자세
답변 다시 만들어보기	
(정리한 답변에서 KEYWORD만 추출해 미니북에 정리한 후, 키워드 중심으로 암기해보세요!)	
답변 1	
답변을 통해 강조하고 싶은 역량	답변에 걸린 시간 ___ 초

답변 2	✏️

답변을 통해 강조하고 싶은 역량	✏️	답변에 걸린 시간	초
나올 수 있는 꼬리/다른 질문	• 창의적 아이디어의 근거는 무엇인지? • 창의적 아이디어를 생각할 때, 무엇을 가장 중요히 여기는가? • 그 과정에서 어려움은 없었는지?		

가장/Q3	살면서 가장 실패했던 경험은?		
혼자 답변해보기		답변에 걸린 시간	초

✏️

이 질문은 주로 언제, 누구에게?	▶ '실패를 겪어보지 않았을 것 같은' 이미지의 지원자 ▶ 멘탈이 약해 보이는 지원자	▼ 강의 보러 가기 ▼

면접 답변 POINT

공통 POINT

- '실패'에는 '의미'가 부여되어야 한다. 실패 경험에 '의미'를 부여해서, 마치 이게 나에게 가장 의미가 컸던 실패인 것처럼 답변할 것
- 그렇기에, '다이어트, 재수'와 같은 일반적 실패보다는, '성향, 직무 성향'에 맞춘 실패 의미와 경험 찾기
- '고시 실패'는 웬만하면 지양
- 무언가 높은 목표를 설정하고 도전했으나, 미흡한 결과 → 실패와 연결
  - 예) '첫 도전이었는데 실패', '심혈을 기울여 준비했는데 실패', '1위를 목표로 했으나 3위'
- 경험에 참여했던 이유, 실패의 원인/이유, 배운 점, 보완 노력 정리하기

은행 POINT	〈'영업 = 목표 달성', '전문성 = 관련 공모전'〉 • 영업 : '첫 책임감'이 주어졌을 때, '처음으로 혼자 영업해봤을 때', '가장 큰 목표를 받았을 때', '처음으로 고객 앞에 나섰을 때' 등 • 조직의 인정을 받아/인정을 받고자 목표를 설정했던 경험 or 스스로 목표를 정하고 도전했지만 실패했던 경험 • 전문성 : 다른 사람이 갖고 있을 수 있는 '고시, 자격증' 등은 지양하고, 관련 공모전 및 팀 활동에서 실패했던 경험을 찾기 → 이를 보완하기 위한 노력이 있으면 좋음
공기업 POINT	〈'책임감', '협업'에 초점 맞추기〉 • 책임감 : 처음 책임감을 갖고 수행했던 업무 or 가장 비슷한 직무/산업 군에서 책임감을 갖고 수행했던 업무 • '자발적으로' 업무 효율, 조직을 위해 목표를 정하고 노력했으나, 신입이기에 미처 확인하지 못한 부분을 놓쳐서 실패, 아쉬움 • 상사나 조직에 피해를 끼친 것 같아 아쉬움, 이를 보완하기 위한 추후 노력
답변 템플릿	
두괄식	• 네, 제가 가장 실패했던 경험은 (경험) 때입니다. • 네, 저는 (경험) 당시, (목표 달성)에 실패했던 경험이 있습니다.
답변(경험)	당시, (경험을 한 이유 or 실패라고 생각하는 이유를 위해/여서, (경험)에 참여하여, ~이라는 (목표)를 설정하였습니다. 하지만, (실패한 이유)로 인해 (미흡한 목표 달성, 목표 달성 실패)하게 되었습니다(이후, 아쉬운 점을 ~게 보완하였습니다).
답변 예시	네, 플리마켓 참여 당시, 매출 목표 달성에 실패했던 경험이 있습니다. 당시, 직접 고객을 만나고 영업해보고 싶어 플리마켓에 참여하여, n백만 원 매출이라는 목표를 설정하였습니다. 하지만, 플리마켓의 위치가 급작스럽게 바뀌게 되며 목표의 00%만 달성해 아쉬웠던 경험이 있습니다.
강조하고 싶은 모습/역량	• 직접 플리마켓을 차려 고객을 만났던 경험 • 영업에 대한 강한 의지, 고객을 만나고자 하는 의지

	답변 다시 만들어보기 (정리한 답변에서 KEYWORD만 추출해 미니북에 정리한 후, 키워드 중심으로 암기해보세요!)			
답변 1	✎			
답변을 통해 강조하고 싶은 역량	✎		답변에 걸린 시간	초
답변 2	✎			
답변을 통해 강조하고 싶은 역량	✎		답변에 걸린 시간	초
나올 수 있는 꼬리/다른 질문	• 실패를 번복하지 않기 위해 노력한 게 있다면? • 왜 (실패한 이유를 사전에 확인하지 못했는지? • 실패나 급작스러운 상황에 어떻게 대처하는지?			

가장/Q4	살면서 가장 힘들었던 경험은?		
	혼자 답변해보기	답변에 걸린 시간	초

✎
_____
_____
_____
_____
_____
_____

이 질문은 주로 언제, 누구에게?	▶ 멘탈이 약해 보이는 지원자 ▶ 힘든 상황을 겪어보지 않았을 것 같은 지원자	▼ 강의 보러 가기 ▼ [QR코드]

면접 답변 POINT

공통 POINT
- '실패' 경험을 답변으로 활용할 경우, 실패의 의미를 활용해 '힘들었다, 아쉬웠다.'라고 드러낼 것
- '다이어트, 재수, 고시' 등의 이유는 지양
- 경험을 한 이유, 왜 힘들었는지, 어떻게 추후에 노력했는지 같이 정리
- '직무/기업'과 관련된 경험 좋음
- 힘들었던 경험이 '로봇' 같을 수 없다. 정말 내 이야기인 것처럼 말하기

은행/공기업 POINT

〈실패했던 경험부터 정리하고, 힘들어했던 이유 찾기〉
- 오랫동안 관심 있고 좋아했던 일, 하고 싶었던 일인데 '실패'로 인해 진로에 대한 혼동, 어떤 부분을 보완해야 하는지 어려움 등의 '어려움'을 겪음
- 내 확신에 대한 동요, 이로 인해 힘들었다.
- '내가 중시 여기는 가치를 지키지 못해 아쉬웠다'도 가능
  - 예) 사람 중시 → 당시 주변 사람들이 ~한 이유로 힘들어해서, 힘들었다.

	답변 템플릿
두괄식	• 네, 제가 가장 힘들었던 경험은 (경험) 때입니다. • 네, 저는 (경험) 당시, (목표 달성)에 실패하며 ~에 대한 (어려움)을 겪은 경험이 있습니다.
답변(경험)	당시, (경험을 한 이유)를 위해, (경험)에 참여하여, ~이라는 (목표)를 설정하였습니다. 하지만, (실패한 이유)로 인해 (미흡한 목표 달성, 목표 달성 실패)하게 되어, 이로 인해 ~한 (확신 동요, 혼란 등)을 겪게 되며 힘들었습니다.
답변 예시	네, 저는 OO 공모전 참여 당시, 입상 목표에 실패하며 진로에 대한 혼란을 겪은 경험이 있습니다. 당시, (산업)의 중요성이 증대하고 있어, 이를 체험하고자 공모전에 참여하며 '입상'을 목표로 하였습니다. 하지만 기술적인 부분이 부족하여 입상하지 못하였고, 이로 인해, 오랫동안 공부해온 산업에 대한 혼란을 겪었었습니다.
강조하고 싶은 모습/역량	• 공모전에 도전하는 적극적인 자세 • 산업 관련 경험이 있음
답변 다시 만들어보기		
(정리한 답변에서 KEYWORD만 추출해 미니북에 정리한 후, 키워드 중심으로 암기해보세요!)		

답변 1	✏️		
답변을 통해 강조하고 싶은 역량	✏️	답변에 걸린 시간	초
답변 2	✏️		

답변을 통해 강조하고 싶은 역량	✏️		답변에 걸린 시간	초
나올 수 있는 꼬리/다른 질문	• 해당 상황이 번복되지 않기 위해 어떤 노력을 했는지? • 본인은 주로 어떤 상황에서 '힘듦'을 느끼는지? • '힘들다는 감정'을 어떻게 헤쳐나가는지?			

가장/Q5		본인이 삶에서 추구하는 가장 중요한 가치는?	
	혼자 답변해보기	답변에 걸린 시간	초

이 질문은 주로 언제, 누구에게?	▶ 모든 지원자 ▶ 일반적인 가치관 파악 질문	▼ 강의 보러 가기 ▼

면접 답변 POINT

공통 POINT	• '삶 자체'에서 어떤 가치를 중시 여기는지 파악하기 위한 질문 • 그 추구하는 가치가, 기업이 추구하는 분위기 및 가치와 일치하는지 확인하기 위한 질문 • 전반적으로 어떤 가치를 중시 여기는 사람인지 파악하기 위함 • 내가 추구하는 삶의 가치 순서대로 나열해보기 → 기업에서 꺼려할 것 같은 가치 지우기 → 그 중 가장 추구하는 가치 선정하기 예 가족〉돈〉성공〉공부〉건강 등 → 나 자신의 성공과 성장
은행 POINT	〈'안정, 돈, 변화' 등은 지양할 것〉 • 안정 : 매일 고객을 만나고 영업해야 하는 곳(특히 실적 압박의 강도가 있는 곳이라면), '안정을 추구하는 삶'은 지양 • 돈 : 돈이 우선 가치라면 '돈을 탐낸다'라는 생각을 줄 수 있어, 지양할 것 • 변화 : 매일 고객을 응대하며, 어떻게 보면 루틴한 삶이기 때문에 '변화, 여행, 다채로운 삶' 등은 지양 • '금융영업인'으로서 즐겁게 일할 수 있거나, 전문가로 성장하기 위해 중요한 가치 생각해 보기

공기업 POINT	〈'도전, 돈, 변화' 등은 지양〉 • 공기업 : 무언가에 '도전'하기보다는, 루틴한 곳이기 때문에 도전과 관련된 가치는 지양 • 돈을 추구한다면 공기업은 아쉬울 수 있음, '돈을 더 주는 기업이 있으면 이직하겠는지?'에 대한 꼬리 질문 가능 • 다소 루틴한 업무 생활일 수 있어, 보수적/체계적인 공기업에서 '변화, 여행' 등은 지양 • '공익'을 떠올리고 이와 비슷한 가치 생각해 보기 • '돈, 명예'로 살 수 없는 그 이상의 가치 생각해 보기
답변 템플릿	
두괄식	네, 제가 가장 추구하는 가치는 (가치)입니다.
답변(경험)	(~한 삶의 목표를 갖고 있기 때문에/~을 가장 중요하게 생각하기 때문에/~한 이유이기 때문에), (가치)를 가장 추구하며 ~게 (살고자/하고자) 노력하고 있습니다.
답변 예시	네, 제가 가장 추구하는 가치는 '스스로의 성장'입니다. 목표를 달성하고 스스로 성장할 때, '살아있음'을 느끼고 있습니다. 이에, '스스로의 성장'을 가장 추구하며, 한 분야에서 전문가가 되고자 노력하고 있습니다.
강조하고 싶은 모습/역량	• 계속해서 노력하고 목표를 달성하는 적극적 자세 • 이 분야에서 전문가로 성장하겠다는 의지

답변 다시 만들어보기
(정리한 답변에서 KEYWORD만 추출해 미니북에 정리한 후, 키워드 중심으로 암기해보세요!)

답변 1	✎		
답변을 통해 강조하고 싶은 역량	✎	답변에 걸린 시간	초

답변 2	
답변을 통해 강조하고 싶은 역량		답변에 걸린 시간	초

나올 수 있는 꼬리/다른 질문	• 그 가치를 기반으로 성과를 이뤄냈던 경험이 있는지? • 그 가치를 갖게 된 계기가 있는지? • 그 가치를 입사 후에 어떻게 활용할 것인지?

가장/Q6	인생에서 가장 행복했던 경험은?		
	혼자 답변해보기	답변에 걸린 시간	초

✏️

이 질문은 주로 언제, 누구에게?	▶ 모든 지원자 ▶ 일반적인 가치관 파악 질문	▼ 강의 보러 가기 ▼ [QR코드]

면접 답변 POINT

공통 POINT	• 행복했던 경험보다 '행복했던 이유'가 더 중요한 질문 • 언제, 어떨 때 행복을 느끼는 사람인지 파악하기 위한 질문 • 사례 찾기 → 왜 행복했는지 → 어떤 가치관인지 추출해보기 → 면접관 입장에서 생각해보기 예 동생이 태어났을 때 → 가족이 중요, 가족을 위해 일하기 때문에 → 가족 중심 사고 → '가족을 위해서라도 더 열심히 일해야겠다.'는 다짐을 꼭 언급하기(이러한 예시의 경우 '가족 vs 일'선택의 질문이 꼬리로 나올 수 있으니, 면접 분위기가 우호적일 때 사용하기를 권장) 예 아르바이트 당시, 처음으로 역대 매출 달성했을 때 → 내 노력이 처음으로 인정받아서, 내 역량으로 모두의 인정을 받을 수 있어서 → 목표 중심, 성취 달성 중시 → '혼자 성과'를 내는 게 아닌, '조직 내 성과'를 내는 사람임을 강조하기

은행 POINT	**〈은행이 원하는 인재상, 분위기 확인하기〉** • '도전', '협업' 등 은행이 원하는 인재상 확인하고, 가치관 맞추기 • 도전 : 무언가를 달성했을 때, 인정받았을 때, 처음으로 이뤄냈을 때 등 • 협업, 화합 : 조직에서 인정받았을 때, 함께 무언가에 몰두해서 이뤄냈을 때(예 TF, 프로젝트 등) • BEST : 무언가를 이뤄내서 조직의 인정을 받았을 때 → 조직 중심적 인재 • WORST : 여행, 창업, 특허 등 엄청난 도전 언급 → '입행 후에 회사를 답답해하겠구나'라는 생각을 줄 수 있음
공기업 POINT	**〈어떤 경우도 좋다. 다만 '창업, 엄청난 도전 사례 등'은 제외하기〉** • 보수적 집단, 루틴한 업무 → 여행, 창업, 특허 등 엄청난 사례의 경우, '입사 후에, 회사 분위기나 업무를 답답해하겠구나'라는 이미지를 줄 수 있음 • 조직 안에서 인정받았던 경험, 주어진 업무를 단계적으로 이뤄냈던 경험, 인턴/신입임에도 무언가 성과를 내고 인정받았던 경험, 조직에서 함께 무언가 해서 성과를 낸 경험 등 • 특수한 직무(건강직, 안전과 관련된 직무 등)은 실제 직무와 비슷한 사례를 언급하기를 권장
답변 템플릿	
두괄식	• 네, 저는 ~한때에 가장 행복했습니다. • 네, 제가 가장 행복했던 때는 ~때입니다.
답변(경험)	• ~한 (상황)에서 (행복했던 일)을 통해 (행복한 이유)였기 때문에, 가장 행복한 기억으로 남아 있습니다. • ~한 (상황)에서 (내 자세, 가치관)으로 ~게 한 결과, (행복했던 일)이 있었기 때문에, ~한 (행복한 이유)로 가장 행복했습니다.
답변 예시	네, 저는 타 인턴 당시, 앱 개선 프로젝트에 참여했을 때 가장 행복했습니다. 당시 인턴임에도 프로젝트에 참여하게 되어 행복했는데, 앱 개선을 위해 직접 소비자를 만나 제안한 개선안이 통과하였습니다. 이때, 처음으로 조직에서 인정을 받고 자존감이 올라가 최근 가장 행복했던 기억으로 남아 있습니다.

강조하고 싶은 모습/역량	• 조직에서 인정받아 최선의 노력을 하는 자세 • 여러 사람을 직접 만난 모습, 디지털 경험 강조		
답변 다시 만들어보기 (정리한 답변에서 KEYWORD만 추출해 미니북에 정리한 후, 키워드 중심으로 암기해보세요!)			
답변 1	✎		
답변을 통해 강조하고 싶은 역량	✎	답변에 걸린 시간	초
답변 2	✎		
답변을 통해 강조하고 싶은 역량	✎	답변에 걸린 시간	초
나올 수 있는 꼬리/다른 질문	• 본인은 주로 어떤 상황에서 '행복함'을 느끼는지? • '행복함'을 위해 본인은 어떤 노력을 하는지? • 개인적으로, 업무 외에 행복했던 경험은 무엇인지?		

가장/Q7	인생에서 가장 열심히 했던 경험은?		
	혼자 답변해보기	답변에 걸린 시간	초

✏️

이 질문은 주로 언제, 누구에게?	▶ 수동적으로 보이는 지원자 ▶ '열정'이 부족해 보이는 지원자	▼ 강의 보러 가기 ▼ [QR코드]

	면접 답변 POINT
공통 POINT	• '취업 준비, 수능' 등을 가장 열심히 했겠지만, 제외하고 생각해 보기 • 무언가 몰두해서 성과, 인정받았던 경험(= 행복했던 경험) → 답변으로 사용 가능 • '왜 열심히 했는지'도 중요한 포인트 • '어딘가에 속해서, 조직의 일원으로서' 열심히 했던 경험 생각해 보기 • 특정한 경험이 없다면, '내가 가장 열심히 살았던 시기'로 대신 답하기
은행 POINT	〈설문조사, 모금 등 '사람을 만나고 모으는 경험'〉 • '금융 자격증' 등 시험에 대한 부분도 좋지만, 특정 자격증을 가장 열심히 한 노력의 성과라고 한다면, 그 자격증 외에도 다른 자격증이 있는 사람에 비해 경쟁력이 떨어질 수 있음 → 이보다는, 여러 금융 자격증을 따던 시기, 금융 자격증을 따던 때에 다른 일로도 바빠서 힘들었던 시기 • 영업 판매 실적 경험이나 설문조사 n백 명 이상 진행했던 경험, 모금 목표 달성 등 사람을 만나고 설득했던 경험 • '사람, 영업'에 초점을 맞춰서 풀어보기

공기업 POINT	〈직무 역량 강화, 전문성 강화, 꼼꼼한 검토, 조직 인정 사례〉 • 특수 직무 같은 경우, 해당 분야의 '직무 역량'을 강화하거나 '전문성'을 길렀던 경험 • 행정, 경영 등의 직무에서는 꼼꼼하게 무언가 검토했던 경험, 업무를 처리했던 경험(높은 수준의 업무) • 조직의 인정을 받기 위해 노력한 경험, 혹은 조직에서 발생한 이슈 해결을 위해 본인이 자발적으로 담당해서 몰두했던 경험 • 조직 내 본인의 역할로서, 업무에 몰두해서 조직의 성과를 이뤄냈던 경험
답변 템플릿	
두괄식	• 네, 저는 ~한 일을 가장 열심히 했던 것 같습니다. • 네, 저는 (경험) 당시 ~게 (열심히) 하여 ~한 (성과를 낸 경험이 있습니다.
답변(경험)	~한 (목표를 갖고, 상황에서) (열심히 한 이유)라는 생각 아래, ~게 열심히 한 결과, ~한 (성과를 거둘 수 있었습니다.
답변 예시	네, 저는 공모전 참여 당시, 약 천명을 대상으로 설문 조사를 진행하여 공모전 입상의 성과를 거둔 경험이 있습니다. 당시, OO 공모전 입상을 목표로, 제출품의 완성도를 높이고자 약 천명을 온오프라인에서 만나 설문조사를 진행하였습니다. 거절에도 불구하고 먼저 다가가 열심히 소비자의 소리를 들은 결과, 우수한 성적으로 입상할 수 있었습니다.
강조하고 싶은 모습/역량	• 여러 사람을 만났던 경험, 모습, 자세 • 거절에도 설득하는 자세, 목표 달성을 위한 적극적인 모습
답변 다시 만들어보기	
(정리한 답변에서 KEYWORD만 추출해 미니북에 정리한 후, 키워드 중심으로 암기해보세요!)	
답변 1	

답변을 통해 강조하고 싶은 역량	✎		답변에 걸린 시간		초
답변 2	✎				
답변을 통해 강조하고 싶은 역량	✎		답변에 걸린 시간		초
나올 수 있는 꼬리/다른 질문	• 그렇게 열심히 한 이유는? • 그 과정에서 어려운 점은 없었는지? • 주변의 반응은 어땠는지?				

CHAPTER 03 '조직'에 대한 질문

I. '조직' 질문에 대한 답변 만들기

'조직'에 대한 질문은 '은행, 공기업', 심지어 '사기업'과 관계없이 자주 묻는 질문 유형이다. 은행의 경우 지점에서 여러 사람과 힘을 합쳐 지점 실적을 위해 일해야 하고, 공기업은 '대부분, 잘 변하지 않는 구성원'들과 협업하여 일해야 하기 때문이다. 특히, 최근 '90년대생이 온다.'라는 책이 있을 정도로, 젊은 세대의 '개인주의'가 조직 안에서 큰 문제로 언급되고, 자기소개서 문항으로 나오고 있다. 그렇기에, 면접관이 우려하는 '개인주의적 성향'이 아닌 '조직 우선적 자세'를 갖고 있음을 보여주어야 한다.

하지만 많은 취업 준비생들이 '조직'이라 하면 '인턴, 실습' 등의 경험만 생각하기 때문에, 자신에게 많은 경험이 있음에도 이를 발굴하지 못하고 있다. '인턴, 실습, 대외활동, 아르바이트, 팀 프로젝트, 공모전' 등 다수 이상이 모여 활동이면 모두가 가능하니, 겁먹지 말고, 먼저 아래 표를 정리해보며, '조직 안에서의 내 경험'을 차분히 정리해보자.

예시

조직 명		(전공과목)통계 팀 프로젝트	
경험	했던 일	성과	내가 한 일(역할)
	✓ OO 산업에 대한 통계 결과 추출	✓ 유의미한 결과 도출 ✓ 1위 선정	✓ 역할 : 부팀장 ✓ OO 데이터 정리 ✓ 프로그램 활용
	어려웠던 점	협업했던 일	
	✓ OO 자료 확보가 어려웠음 ✓ 다른 전공과 협업이 쉽지 않았음	✓ 통계 결과를 활용해 다른 전공과 협업하여 앱 개발	

연습해보기

조직 명	✎		
경험	했던 일 ✎	성 과 ✎	내가 한 일(역할) ✎
	어려웠던 점 ✎		협업했던 일 ✎

조직 명	✎		
경험	했던 일 ✎	성 과 ✎	내가 한 일(역할) ✎
	어려웠던 점 ✎		협업했던 일 ✎

조직 명			
경험	했던 일	성과	내가 한 일(역할)
	어려웠던 점	협업했던 일	

조직 명			
경험	했던 일	성과	내가 한 일(역할)
	어려웠던 점	협업했던 일	

II. 답변 정리하기

조직/Q1	조직에서 갈등을 해결했던 경험은?		
	혼자 답변해보기	답변에 걸린 시간	초

✏️

이 질문은 주로 언제, 누구에게?	• 일반적인 질문 • 갈등 상황에 힘들어할 것 같은 지원자 • 단점 : 거절을 잘 하지 못한다는 지원자	▼ 강의 보러 가기 ▼ [QR코드]

면접 답변 POINT

공통 POINT	• 팀원 간 사적인 감정 갈등보다는, 업무로 인한 조직 내 갈등 찾기 • '어떤 갈등이었는지'보다 '갈등을 어떻게 해결했는지', '내가 어떤 노력을 했는지'가 더욱 중요 • 갈등을 해결해서, 성과를 냈던 경험이 있다면 좋음 • 갈등에 접근하는 나의 자세, 조직 내 구성원으로서 갈등에 임하는 나의 자세를 정리해서 답변에 녹여내기
은행/공기업 POINT	〈조직 내 '조직 성장을 위해 발생했던 갈등' 찾아보기〉 • 정리해야 할 내용 : 갈등의 원인, 이 갈등을 해결하는 게 왜 중요한지, 어떻게 해결했는지 • 갈등 해결 방법 : 양 측의 이야기를 듣고 융합, 분석, 유관 부서 소통 및 데이터 확보를 통한 최선의 방안 모색 등 　예 원인 : 업무의 과부하, 충분치 않은 자원 등 　예 갈등 해결의 중요성 : 고객 만족, 정보 보안 등

	답변 템플릿
두괄식	• 네, 저는 (경험) 당시, 갈등을 해결했던 경험이 있습니다. • 네, 저는 (경험) 당시, (방식)으로 갈등을 해결해 (성과)를 낸 경험이 있습니다.
답변(경험)	당시 (원인)으로 인해 (갈등)이 발생한 상황이었습니다. 이를 해결하기 위해, (갈등을 해결하기 위해 노력)한 결과, (갈등)을 해결하고 (성과)를 달성할 수 있었습니다.
답변 예시	네, 저는 모금 행사 참여 당시, 갈등을 해결해 n백만 원의 모금을 이뤄낸 경험이 있습니다. 당시, 모금 행사 진행 위치에 대해 갈등이 발생한 상황이었습니다. 이를 해결하기 위해, 양측의 의견을 수렴한 후, 역대 기수가 진행했던 위치와 방법, 최종 모금액을 데이터로 정리해 양측에 제안하였고, 위치와 방식을 재선정한 결과 n백만 원의 모금 성과를 달성할 수 있었습니다.
강조하고 싶은 모습/역량	• 사람을 많이 만난 모금 행사 진행 • 데이터를 활용해 설득하는 꼼꼼함, 목표 달성에 대한 의지

답변 다시 만들어보기
(정리한 답변에서 KEYWORD만 추출해 미니북에 정리한 후, 키워드 중심으로 암기해보세요!)

답변 1	

답변을 통해 강조하고 싶은 역량		답변에 걸린 시간	초

답변 2	

답변을 통해 강조하고 싶은 역량	✏️		답변에 걸린 시간	초
나올 수 있는 꼬리/다른 질문	• 그 해결 방식을 선택한 이유는 무엇인지? • 당시 사람들의 반응은 어떠했는지? • 갈등 해소 과정에서 가장 중요한 건 뭐라고 생각하는지? • 갈등이 발생하는 원인은 뭐라고 생각하는지?			

조직/Q2	조직에서 주도적으로 성과를 냈던 경험은?		
혼자 답변해보기		답변에 걸린 시간	초

✎

이 질문은 주로 언제, 누구에게?	▶ 수동적으로 보이는 지원자 ▶ 리더 or 팔로워 질문에 '두 번 고민 않고 팔로워'라고 답할 지원자	▼ 강의 보러 가기 ▼ [QR코드]

면접 답변 POINT

공통 POINT	• 신입사원이거나 인턴이어도, 조직의 일원으로서 조직의 발전을 위해 얼마나 적극적으로 노력하는 사람인지 보기 위한 질문 • 주어진 일만 하는 '수동적 인재'가 아닌 '능동적 인재'임을 보여주는 질문 • 무언가 주도할 수 없는 한계가 있는 상황에서도 최선을 다해, 조직 성장에 이바지했던 경험 말해주기 • 성과 = 조직의 성장
은행 POINT	〈'영업, 고객 만족'을 위해 주도적으로 무언가 기획한 경험〉 • 은행의 이미지, 자신의 장·단점에 맞춰 '보완하는 답변'하기 　예 영업력을 주 강점으로 내세웠다면, 꼼꼼함을 발휘해 주도적으로 성과를 낸 경험 • 영업 목표 달성, 재고 관리 등 영업 및 판매와 관련된 경험 생각해 보기 • 인턴 경험 있을 시, 인턴 경험 내에서 고객, 실적, 조직을 위해 무언가 주도적으로 참여했던 경험(소비자 설문조사, 역대 데이터 분석 등)

공기업 POINT	〈서류 간소화, 업무 효율화 등을 주도적으로 처리한 경험〉 • 서류 정리, 창고 정리 등 다른 직원이 하지 않았으나, 누구나 했어야 하는 일을 자발적, 주도적으로 했던 경험 • 조직의 편의를 위해 헌신하고 희생했던 경험 • 모두가 필요성을 느끼고 있었으나, 업무상의 이유로 꺼려 했던 경험 • 신입, 인턴임에도 불구하고 주도적으로 해냈던 경험
답변 템플릿	
두괄식	• 네, 저는 (경험) 당시, 주도적으로 성과를 낸 경험이 있습니다. • 네, 저는 (경험) 당시, 주도적으로 ~게 하여 ~한 성과를 낸 경험이 있습니다.
답변(경험)	당시 ~한 (상황)으로, ~게 한다면 (조직에 더 나은 성과)가 있을 것으로 생각되었습니다. 이에, (주도적으로 노력)한 결과, (조직의 발전, 성과)를 이뤄낼 수 있었습니다.
답변 예시	네, 저는 타 기업 인턴 당시, 주도적으로 매뉴얼을 구축하여 고객 만족 증대를 이뤄낸 경험이 있습니다. 당시, 정책 상품이 출시되어 많은 고객들이 방문해 주셨으나, 대기 시간이 길어져 불만이 많은 상황이었습니다. 이에, 상사의 동의를 얻어 대기 시간 축소를 위한 매뉴얼을 제작하였고, 그 결과 더 많은 고객 응대와 고객 만족 증대를 이뤄낼 수 있었습니다.
강조하고 싶은 모습/역량	• 매뉴얼을 구축하는 꼼꼼함, 상사의 동의를 받는 체계성 • 고객을 위한 적극적인 자세
답변 다시 만들어보기	
(정리한 답변에서 KEYWORD만 추출해 미니북에 정리한 후, 키워드 중심으로 암기해보세요!)	
답변 1	
답변을 통해 강조하고 싶은 역량	답변에 걸린 시간 ___ 초

	✎		
답변 2			
답변을 통해 강조하고 싶은 역량	✎	답변에 걸린 시간	초
나올 수 있는 꼬리/다른 질문	• 주도적으로 해나가는 과정에서 어려움은 없었는지? • 신입사원, 인턴으로서 성과를 낸 경험은 없는지? • 그렇게 주도적으로 한 이유가 무엇인지? • 당시 주변의 반응은 어떠했는지?		

조직/Q3	본인만의 갈등 해결 방법은?		
혼자 답변해보기		답변에 걸린 시간	초

✏️
_____
_____
_____
_____
_____
_____

이 질문은 주로 언제, 누구에게?	▶ 일반적인 질문 ▶ 갈등 상황에 힘들어할 것 같은 지원자 ▶ 단점 : 거절을 잘 하지 못한다는 지원자	▼ 강의 보러 가기 ▼ [QR 코드]

면접 답변 POINT

공통 POINT	• '조직에서 갈등을 해결했던 경험'을 정리해, '정의'를 내려도 좋다. 　예) 모금 장소에 대한 갈등, 해결하기 위해 역대 자료 검토 및 분석 → 객관적 자료를 공유해 해결 방안을 함께 모색하는 편 • 여러 조직에서 주로 어떤 식으로 갈등을 해결했었는지 생각해 보기 • 입행/입사 후 어떻게 갈등을 해결하는 게 좋은지 생각해 보기 　예) 갈등을 무시한다, 방관한다. X → 적극적으로 해결해서 조직에 도움이 되고자 한다.
은행/공기업 POINT	〈갈등에 접근하는 자세를 중점으로 답변 기획하기〉 • 어느 조직에서든, 일을 하면서 갈등은 없을 수 없음. '현명하게 풀어가는 자세'가 가장 중요 • 대화, 소통, 경청 등 보편적 단어보다 구체적인 방법 제시 　예) 대화와 소통을 통해 문제를 해결하는 편~ → 원인을 파악한 후에, 지금 일단 할 수 있는 일을 모색하며~

	답변 템플릿
두괄식	네, 저는 조직에서 주로 ~게 갈등을 해결하는 편입니다.
답변(경험)	• 대부분 조직 갈등은 (원인) 때문이라고 생각하기 때문에, 이를 해결하기 위해 (방법) 하는 편입니다. • 실제 (경험) 당시에도, ~게 갈등을 해결하여 (성과)를 달성한 경험이 있습니다. 이처럼 저는 주로 ~게 갈등을 해결하는 편입니다.
답변 예시	네, 저는 주로 더 나은 선택을 할 수 있게 도움을 주어 갈등을 해결하는 편입니다. 대부분 조직 갈등은 조직을 위해 더 나은 선택을 하고자 고민하는 과정에서 시작한다고 생각하기 때문에, 이를 해결하고자 역대 데이터를 분석하고 표를 만들어 공유하며 더 나은 선택을 할 수 있도록 도와 갈등을 해결하고 있습니다.
강조하고 싶은 모습/역량	• 데이터를 확보하고 정리해서 공유하는 꼼꼼하고 헌신적인 자세 • 조직을 위해 더 나은 고민을 하는 '조직 중심적 자세'

답변 다시 만들어보기
(정리한 답변에서 KEYWORD만 추출해 미니북에 정리한 후, 키워드 중심으로 암기해보세요!)

답변 1	✎

답변을 통해 강조하고 싶은 역량	✎	답변에 걸린 시간	초

답변 2	
답변을 통해 강조하고 싶은 역량	답변에 걸린 시간　　　초
나올 수 있는 꼬리/다른 질문	• 그 해결 방법이 통하지 않는다면? 통하지 않았던 경험은? • 그 해결 방법으로 조직에 도움을 주었던 경험은? • 왜 그렇게 해결하게 되었는지?

조직/Q4	남을 설득해본 경험은?		
	혼자 답변해보기	답변에 걸린 시간	초

✎

이 질문은 주로 언제, 누구에게?	▶ 고객, 민원인 응대 직무 ▶ 단점 : 거절을 잘 하지 못한다는 지원자 ▶ (행원) 영업 경험 없는 지원자 ▶ (공기업) 수동적, 소극적 이미지	▼ 강의 보러 가기 ▼

면접 답변 POINT	
공통 POINT	• 본인이 지원한 직무에서 '주 고객/주 민원인'이 누구인지 생각하고, 이에 부합한 설득 경험 소재를 발굴한다면 좋음 • 민원인이 없는 공기업이라면, '타 부서, 직원'을 설득했던 경험 찾기 • 설득에 성공할 수 있었던 나만의 '설득 노하우' 발굴하기 • 입행, 입사해서도 '설득 노하우'를 활용할 수 있도록, 실제 조직에서 있었던 '설득 소재' 찾아보기
은행 POINT	〈직무별 고객 발굴, 고객 대상 판매 및 설득했던 경험〉 • 행원 = 금융 상품 영업, 판매를 위해 고객을 설득했던 경험 찾기 예 구매하지 않겠다, 반납하겠다고 요구하거나, 구매 고민하던 상황의 고객을 설득한 경험 • 면접관의 우려와 다르게 '나는 타인을 잘 설득할 수 있다. 영업을 잘 할 수 있다.' 드러낼 것 • '조직 내 설득 경험'은 팀플, 인턴 등 조직에서 타 부서를 설득했던 경험 • 강압적 강요가 아닌 '이해와 동의를 얻는 설득 방식' 보여줄 것

공기업 POINT	〈업무 처리에 대한 민원이나 조직, 팀플 내 설득 경험〉 • 민원 응대 직무 : 특정 업무나 상품에 대한 민원을 처리했던 경험, 민원인의 고집이나 부당한 요구, 강한 주장을 설득했던 경험 　예 서류 없이 업무 처리가 어려운 상황, 한 고객이 서류 없이 업무 처리를 요구 → 설득해서 업무 윤리를 준수한 경험 • 민원 응대 × 직무 : 팀플, 조직 활동 내에서 조직의 성장을 위해 본인이 타인, 타 부서를 설득했던 경험 • 모든 설득 과정은 꼼꼼하게, 근거를 확인해서 진행해야 한다.
답변 템플릿	
두괄식	• 네, 저는 (경험) 다시 타인을 설득한 경험이 있습니다. • 네, 저는 (경험) 당시 (대상/타인)을 설득하여 (목표 달성, 성과, 설득)을 이뤄낸 경험이 있습니다.
답변(경험)	당시 ~한 상황이었으나, 대상이 ~한 (의견을 주장하여, 고민하고 있어) 설득이 필요한 상황이었습니다. 이에, (나만의 노하우, 설득 과정)을 통해 ~게 (대상)을 설득하였고, 그 결과 (성과, 설득)을 이뤄낼 수 있었습니다.
답변 예시	네, 저는 근로 학생으로 근무할 당시, 학생증이 없는 학생을 설득해 업무 원칙을 준수한 경험이 있습니다. 당시, 시설 안전을 위해 반드시 학생증이 있어야만 시설 이용이 가능했으나, 한 학생이 학생증 없이 이용하게 해달라고 요구하였습니다. 이에, 학생증 미확인으로 인한 사고 사례와 학생증을 확인하는 이유에 대해 설명하고, 학생증 없이 이용할 수 있는 비슷한 대안 시설을 안내한 결과, 학생을 설득해 시설 안전을 지킬 수 있었습니다.
강조하고 싶은 모습/역량	• 주어진 자리에서 항상 업무를 준비하는 자세(사고 사례 정리) • 대안을 제시하는 설득 노하우

	답변 다시 만들어보기			
	(정리한 답변에서 KEYWORD만 추출해 미니북에 정리한 후, 키워드 중심으로 암기해보세요!)			
답변 1	✎			
답변을 통해 강조하고 싶은 역량	✎	답변에 걸린 시간		초
답변 2	✎			
답변을 통해 강조하고 싶은 역량	✎	답변에 걸린 시간		초
나올 수 있는 꼬리/다른 질문	• 당시 대상의 반응은 어땠는지? 한 번에 수용했는지? • 융통성 있게 처리할 수는 없었던 문제인지?			

조직/Q5	조직 활동에서 가장 어려웠던 점은?		
	혼자 답변해보기	답변에 걸린 시간	초

✏️

이 질문은 주로 언제, 누구에게?	▶ 조직보다는 혼자 일하기를 좋아할 것 같은 이미지 ▶ 멘탈이 약해 보이는 지원자	▼ 강의 보러 가기 ▼ [QR코드]

면접 답변 POINT

공통 POINT	• '조직에 잘 융화할 수 있는지'를 파악하기 위한 질문 • 직무, 기업별 특성을 분석해서, 그와 반대되는 답변을 어려움으로 선정 • 이전에 속했던 한 조직의 특성을 기준으로, 답변해도 좋음 　예 이전에 인턴으로 근무했던 타 기업의 경우, 조직 특성상 ~한 측면이 있어~ • 전체적으로 인턴, 아르바이트 등을 하며 어려움을 겪었던 사례를 융합 　예 아르바이트로 근무하며, 주로 업무가 뚜렷하게 주어지지 않을 때가~ • 이 안에서, 극복하기 위해 내가 노력했던 부분이 있으면 더욱 좋음 • 답변을 통해 내가 어떤 성향의 사람인지를 파악할 수 있음

은행/공기업
POINT
	〈기업, 직무에 대한 특성 정확히 파악하기〉
	• 지원 기업, 직무가 어떤 인재를 원하는지부터 뚜렷하게 파악
	   예 능동적 인재 선호 : 뚜렷한 업무가 주어지지 않을 때
	   예 계획적 인재 선호 : 계획과 체계 없이 일을 해야 할 때
	• 은행 지원자는 각 은행이 선호하는 이미지 파악해서 반대로
	   예 도전적, 실적 압박이 있는 은행 : 목표가 없이 일해야 할 때
	• 공기업 지원자는 직무 특성 파악 후, '체계와 계획'을 중심으로 잡고 직무 특성에 맞게 답변하기
	   예 현장, 안전 관련 직무 : 기준이 없이 업무를 진행해야 할 때

답변 템플릿	
두괄식	• 네, 저는 조직 활동을 하며, 주로 ~한 점이 가장 힘들었습니다. • 네, 저는 주로 조직에서 ~할 때 가장 힘들었던 것 같습니다.
답변(경험)	(힘들었던 부분)으로 인해 ~한 (문제점, 스스로의 문제점)이 있었습니다. 이에, 항상 조직에서 일할 때에는 (극복하고자 한 일, 내가 한 일)을 겪으며 이를 극복하고자 하였습니다.
답변 예시	네, 저는 주로 뚜렷한 업무가 주어지지 않을 때, 가장 힘들었던 것 같습니다. 뚜렷한 업무가 주어지지 않아 어떤 일을 해야 할지 모르는 상황이면, 조직에 필요하지 않은 인재가 된 것 같아 아쉬웠습니다. 이에, 항상 조직에서 일할 때, 상사의 동의를 얻어 작은 부분이라도 담당 업무를 맡아 발전시키고자 노력하였습니다.
강조하고 싶은 모습/역량	• 내 업무를 찾아서 하는 적극적인 자세 • 의지적인 자세
답변 다시 만들어보기 (정리한 답변에서 KEYWORD만 추출해 미니북에 정리한 후, 키워드 중심으로 암기해보세요!)	
답변 1	✏️

답변을 통해 강조하고 싶은 역량	✎		답변에 걸린 시간		초
답변 2	✎ 					
답변을 통해 강조하고 싶은 역량	✎		답변에 걸린 시간		초
나올 수 있는 꼬리/다른 질문	• 실제 그로 인해 어려웠던 경험이 있는지? • 그 경험에서 어떻게 극복하려고 노력했는지? • 만약 입행/입사해서 동일한 상황이 발생한다면?				

조직/Q6	조직에서 주로 어떤 역할 맡는지?		
혼자 답변해보기		답변에 걸린 시간	초

✎

이 질문은 주로 언제, 누구에게?	▶ 모든 지원자 ▶ 일반적인 '조직형 인재' 파악 질문	▼ 강의 보러 가기 ▼

면접 답변 POINT

공통 POINT	• 조직 내 역할을 '리더, 팔로워'로만 규정하지 말고, 주로 어떤 역할을 맡는지 구체화하여 정리할 것 • 업무, 갈등에 있어서 어떤 역할을 맡아오는지 정리하기 • 이 기업/은행은 어떤 역할을 좋아하는지 생각해 보고, 내가 여태까지 했던 역할과 맞춰보기 • '~한 리더, ~한 팔로워, 주로 ~하는 역할'로 정리하기 　예 중재자의 역할, 협업을 유도하는 역할 등
은행 POINT	〈은행마다 다르지만, 주로 '서포터즈'의 역할을 수행할 것〉 • 은행마다 선호하는 이미지를 확인하되, 맞춰서 역할을 탐색해볼 것 　예 협업 중시 은행 : 협업에서의 내 역할/실적 중심 은행 : 목표 달성을 위한 내 역할 • 어떤 역할이든 '조직이 성장할 수 있도록 서포트하는 역할'이 좋음 • 은행 분류 : 도전적 인재 선호 은행, 융화 인재 선호 은행, 친화력 좋은 역할 선호 은행 등 • 역할 예시 : 갈등 중재 역할, 의견 모으고 정리하는 역할, 동기 부여 역할, 목표의 방향을 잡는 역할 등

공기업 POINT	〈조직이 원활히 업무를 수행할 수 있도록 돕는 역할〉 • 직무 수행 태도 (컨셉 잡기 강의 참고)를 통해 직무별로 선호하는 이미지 확인하기 • 이에 맞춰, '조직이 원활히 목표를 수행하기 위해' 필요한 역할이 뭔지 찾고, 내가 그렇게 도왔던 경험 찾기 • 역할 예시 : 조직의 방향과 계획을 잡는 역할/갈등을 중재하는 역할/관련 정보를 취합하는 역할 등
답변 템플릿	
두괄식	• 네, 저는 주로 조직에서 ~한 역할을 맡고 있습니다. • 네, 저는 주로 조직에서 ~한 역할로서 조직의 ~을 돕고 있습니다.
답변(경험)	(팀의 목표, 성장/원활한 업무 수행 등)을 위해 항상 ~게 업무를 수행해왔습니다. 실제, 여러 (경험, 활동)에서도 항상 ~한 역할을 맡으며, ~한 (조직 발전)에 도움을 주었습니다.
답변 예시	네, 저는 주로 조직에서 갈등을 중재하는 역할을 맡아왔습니다. 팀 내 발생할 수밖에 없는 갈등을 원만히 해결하고 조직 성장을 이뤄내고자, 항상 갈등을 중재하고 화합할 수 있는 역할을 수행해왔습니다. 실제 이러한 역할로서 갈등을 화합하고 더 나은 방안을 모색해 조직의 발전에 도움을 주었습니다.
강조하고 싶은 모습/역량	• 의견을 원만히 조율하는 자세 • 의견 조율을 넘어, 더 좋은 방향도 도출하는 자세
답변 다시 만들어보기	
(정리한 답변에서 KEYWORD만 추출해 미니북에 정리한 후, 키워드 중심으로 암기해보세요!)	

답변 1	
답변을 통해 강조하고 싶은 역량	답변에 걸린 시간 ___ 초

답변 2	
답변을 통해 강조하고 싶은 역량	답변에 걸린 시간 　　　　초
나올 수 있는 꼬리/다른 질문	• 그와 반대되는 경험은 없는지? (예) 팔로워 → 리더십 발휘 경험) • 그 역할로 실제 조직에 도움을 주었던 경험은? • 그 역할을 수행하는 과정에서 어려운 점은 무엇인지? • 그 역할을 잘못하여 조직에 피해를 준 경험은 없는지?

조직/Q7	본인은 리더와 팔로워 중 어디에 가까운지?		
혼자 답변해보기		답변에 걸린 시간	초

✎
_____
_____
_____
_____
_____
_____
_____

이 질문은 주로 언제, 누구에게?	▶ 모든 지원자 ▶ 일반적인 '조직형 인재' 파악 질문	▼ 강의 보러 가기 ▼ [QR코드]

면접 답변 POINT

공통 POINT
- 리더, 팔로워 어떤 답변이든 '조직 성장에 도움이 되는 역할'이어야 함
- 단순히 '리더', '팔로워'로 답하기보다는, ~한 리더, ~한 팔로워로 답하기
  - 예 '조직에서 어떤 역할을 맡는지'에 대한 답변이 '조직이 방향을 잡도록 돕는 역할'이었으면 → '조직이 방향을 잡도록 돕는 팔로워 역할'로 답하기
- 조직에서 어떤 역할을 선호하는지 파악하고 답할 것

은행 POINT
〈서포트 하는 리더, 능동적인 팔로워〉
- 리더는 조직을 서포트하는 방향의 형용사를, 팔로워는 능동적이고 주체적인 형용사를 붙여서 답할 것
- 은행의 이미지에 맞춰 리더와 팔로워 선별하기
  - 예 의견을 모아주는 리더, 방향을 잡을 수 있도록 기반을 마련하는 리더, 계획을 세우는 팔로워, 갈등을 중재하는 팔로워 등

공기업 POINT	〈팀을 서포트하는 능동적인 팔로워〉 • 조직의 성장을 위해 꼼꼼하고 체계적으로, 계획적으로 업무를 서포트하는 팔로워 역할이 가장 좋음 → 답변의 초점을 팔로워에 맞출 것 • 내가 실제 조직에서 맡는 역할을 생각해 보고 형용사 붙여보기 예 팀의 계획을 세우는 팔로워, 데이터를 모아주는 팔로워, 의견을 모으고 정리하는 팔로워 등
답변 템플릿	
두괄식	네, 저는 주로 ~한 (리더/팔로워)의 역할을 맡고 있습니다.
답변(경험)	조직의 (발전/업무 효율 활성화/협업 등)을 위해 주로 ~한 역할을 하며, (리더/팔로워)로서 조직이 ~게 될 수 있도록 이바지하고 있습니다.
답변 예시	네, 저는 주로 팀의 계획을 세우는 팔로워의 역할을 맡고 있습니다. 조직이 목표를 향해 단계적으로 나아갈 수 있도록, 주로 세부적인 계획을 수립하고 조정하며, 팔로워로서 조직이 오류나 누락 없이 업무를 처리할 수 있도록 돕고 있습니다.
강조하고 싶은 모습/역량	• 계획적인 자세 • 조직을 위하는 헌신적 자세
답변 다시 만들어보기	
(정리한 답변에서 KEYWORD만 추출해 미니북에 정리한 후, 키워드 중심으로 암기해보세요!)	

답변 1			
답변을 통해 강조하고 싶은 역량		답변에 걸린 시간	초

답변 2	✏️
답변을 통해 강조하고 싶은 역량	✏️	답변에 걸린 시간	초
나올 수 있는 꼬리/다른 질문	• 그와 반대되는 경험은 없는지?(예 팔로워 → 리더십 발휘 경험) • 그 역할로 실제 조직에 도움을 주었던 경험은? • 그 역할을 수행하는 과정에서 어려운 점은 무엇인지? • 그 역할을 잘못하여 조직에 피해를 준 경험은 없는지?

조직/Q8	동료와 잘 지내기 위해 도와줬던 경험은?		
혼자 답변해보기		답변에 걸린 시간	초

✎

이 질문은 주로 언제, 누구에게?	▶ 개인주의적이거나 수동적인 성향이 보이는 지원자 ▶ 지나치게 MZ같아 보이는 지원자	▼ 강의 보러 가기 ▼ [QR코드]

면접 답변 POINT

공통 POINT	• 최근 기업은 '동료 돕기, 조직'보다 '내 일만 잘하기, MY WAY'의 생각을 가진 MZ세대 직원이 증가하고 있다고 판단하고 있다. • 이에 'MY WAY'가 아니라 협업 & 동료를 돕는 마음을 갖고 있는 사람, '혼자'가 아니라 '같이, 조직'을 생각하는 지원자를 찾기 위해 해당 질문을 하고 있다. • '동료를 도와준다'는 건, '내 일도 잘 한다'는 뜻! • 내 일도 잘 해내며, 동료를 도와 '조직의 발전'을 이뤄냈던 경험을 찾기

은행 POINT	**〈동료를 도와 지점의 실적을 내고, 고객 만족 실천하기!〉** • 은행이 개별 창구로 이뤄져 있지만, 사실 그 안에서 서로 동료를 도우며 '실적'을 내고 '고객 만족을 실천'하고 '전문성'을 함양한다! • 그 과정에서 '내가 동료에게 도움을 주었던 경험'을 찾고, '동료와 잘 지내고 싶었던 이유'를 포함할 것! • 영업 : 무언가 영업을 하는 과정에서 '나의 판매 노하우, 판매 실적, 팁'을 나눠주어서, 조직이 함께 실적을 냈던 경험 • 고객 만족 : 기업 고객, 개인 고객에 대해 공부한 내용을 팀원과 나누면서 고객 만족을 같이 실천한 경험 • 그 외 조직 : 조직원들이 다들 번거로워 하거나 피하고 싶어하는 일을 도맡아 하면서 조직의 화합을 불러온 경험
공기업 POINT	**〈무조건 '조직 융화'가 1순위! 헌신했던 경험 찾기!〉** • 공기업은 '조직과 잘 지내는 것'이 무엇보다 중요함! 특히 MZ는 '자기 업무만 하는 개인주의'라는 편견이 있기 때문에, 조직을 도와줬던 경험이 필수적이다! • 전문성 발휘 : MZ를 '트렌디한 전문성'으로 치환하여…. '영상 편집, 외국어 상담, SNS 홍보' 등의 역량을 발휘해 조직/동료에게 도움을 주었던 경험 가능! • 조직 헌신 : 남들이 다 번거로워 하거나 꺼려하는 일을 도맡아 했던 경험 가능! • 이전 근무 경력/경험 : 남들이 어려워하는 일 or 조직에 머리 아픈 일이 있었는데, 이전 근무 경력/경험의 팁을 벤치마킹하여 도움을 준 경험! • 뭐든, 어려운 일에 있어서 회피하거나 모르는 척하지 않고, 적극적으로 나섰던 경험이면 뭐든 좋다!
답변 템플릿	
두괄식	네, 저는 (경험) 당시, ~한 (동료)를 도와줬던 경험이 있습니다.
답변(경험)	당시 (인턴, 신입 등)으로서 (동료)와 (잘 지내고 싶다고 생각한 이유)하였습니다. 동료가 (어려워하는 것, 꺼려하는 것)이 있어 (내가 도움을 준 과정)하여 도움을 준 결과 (함께의 성과)를 내고 (동료의 반응)을 얻을 수 있었습니다.

답변 예시	네, 저는 타 공단에서 근무하며, 직속 사수님께 도움을 드렸던 경험이 있습니다. 당시 사수님께서는 업무 노하우가 뛰어나셨기에 많은 부분을 배울 수 있다고 생각했습니다. 당시 선배님께서 중국인 고객 응대를 어려워하고 계셨는데, 이에 중국어 역량을 바탕으로 자발적으로 중국어 응대를 도맡고, 자주 나오는 표현과 발음을 매뉴얼로 정리해 조심스레 공유해드린 결과 중국인 고객 만족도도 높이고, 선배님께 따로 업무 멘토링을 받는 성과도 거둘 수 있었습니다.
강조하고 싶은 모습/역량	• 업무를 배우고 싶어하는 자세와 싹싹함 • 중국어가 가능한 글로벌 역량

답변 다시 만들어보기
(정리한 답변에서 KEYWORD만 추출해 미니북에 정리한 후, 키워드 중심으로 암기해보세요!)

답변 1	
답변을 통해 강조하고 싶은 역량	답변에 걸린 시간 ___ 초
답변 2	
답변을 통해 강조하고 싶은 역량	답변에 걸린 시간 ___ 초
나올 수 있는 꼬리/다른 질문	• 그렇게 했을 때 동료의 반응은 어땠는지? • 그렇게 도와줬지만 싫어했던 동료는 없는지?

조직/Q9	조직 활동에서 가장 중요한 것은?		
혼자 답변해보기		답변에 걸린 시간	초
✎				

이 질문은 주로 언제, 누구에게?	▶ 모든 지원자 ▶ 일반적인 '조직형 인재' 파악 질문	▼ 강의 보러 가기 ▼ [QR 코드]

면접 답변 POINT

공통 POINT	• 조직 활동에 대한 '본인 가치관'을 확인하기 위한 질문 • BEST KEYWORD : 협업, 업무, 목표의식, 책임감 • 키워드를 실현했던 경험을 생각해 보고, 그 안에서 내가 중요하게 여겼던 가치 발굴, 이를 단어로 정리해 답할 것 예 인턴 당시, 나는 내 역할이 뭔지 항상 생각하고, 이 회사에서 나를 고용한 이유에 대해 생각하며 책임을 다함 → 자리의 무게를 이해하는 책임감
은행 POINT	〈네 업무 = 내 업무, 목표 의식〉 • 개인, 기업 금융에 관계없이, 팀원이 힘들거나 고객이 많으면 먼저 나서서 도와주는 협업 정신 • 역할을 구분 짓지 않고 벽 없이 소통하는 자세 • 맡은 내 자리에 최선을 다하는 책임감, 목표를 이뤄내는 단합의 자세 • 은행이 선호하는 인재상을 찾고 맞춰서 답하기(예 서로 협업하는 자세)

공기업 POINT	〈호흡, 계획, 체계, 규정, 둥글게 둥글게〉 • 상사를 비롯한 팀원들과 호흡을 맞춰 나가는 자세 • 계획에 맞춰 원활히 업무를 수행해 나가는 자세 • 체계와 규정을 준수하여, 갈등을 최소화하고 협업을 이끌어내는 자세 • 팀원들과 원만한 관계를 유지하고, 자리에 대한 책임감을 갖고 갈등을 줄여 함께 일하는 자세 • 공기업이 원하는 인재 : 계획, 체계, 규정 준수, 원만히 서로 소통
답변 템플릿	
두괄식	• 네, 저는 조직 활동에서 가장 중요한 건 (중요)라고 생각합니다. • 네, 저는 (중요)가 ~한 조직 형성에 가장 중요하다고 생각합니다.
답변(경험)	(조직, 은행, 공기업)은 ~해야 하기 때문에, 항상 ~한 (중요 자세)를 갖출 때, ~한 (성과를 도출할 수/리스크를 예방할 수) 있기 때문입니다(실제, 저 역시 (경험들)에서 ~한 (자세)를 갖춰 조직 활동에 임해, (성과)를 이뤄낼 수 있었습니다).
답변 예시	네, 저는 '자리의 무게에 대해 아는 책임감'이 가장 중요하다고 생각합니다. 은행은 고객의 자산을 맡아 관리해야 하기 때문에, 항상 행원의 역할에 대해 책임을 다해야 신뢰를 얻을 수 있다고 생각하기 때문입니다. 실제, 타 공단 인턴 당시에도 책임을 다하는 자세로 고객을 응대해, 조직 고객 만족 증대를 이뤄내기도 하였습니다.
강조하고 싶은 모습/역량	• 책임을 다하려는 적극적 자세, 전문성을 함양하겠다는 의지 • 고객 자산에 대한 중요성 인지하고 있음
답변 다시 만들어보기 (정리한 답변에서 KEYWORD만 추출해 미니북에 정리한 후, 키워드 중심으로 암기해보세요!)	
답변 1	

답변을 통해 강조하고 싶은 역량	✏️		답변에 걸린 시간	초
답변 2	✏️			
답변을 통해 강조하고 싶은 역량	✏️		답변에 걸린 시간	초
나올 수 있는 꼬리/다른 질문	• 그 가치/자세를 살려 성과를 냈던 경험이 있는지? • 입행, 입사해서 그 가치/자세를 어떻게 발휘할 것인지? • 그 가치/자세를 함양하기 위해 본인이 노력하고 있는 게 있다면?			

조직/Q10	가장 같이 일하고 싶지 않은 유형은?		
혼자 답변해보기		답변에 걸린 시간	초

✎

이 질문은 주로 언제, 누구에게?	▶ 모든 지원자 ▶ 일반적인 '조직 융화형 인재' 파악 질문 ▶ 호불호가 강할 것 같은 지원자	▼ 강의 보러 가기 ▼

면접 답변 POINT

공통 POINT	• 조직 활동에서 어떤 가치를 가장 중요시 여기는지 파악할 수 있음 • 내가 생각하는 조직에 대한 가치관도 같이 정리해보기 • 해당 유형의 사람이 있을 경우, 조직에 어떤 문제가 발생하는지 생각하기 • 상사 중에 일반적으로 있을 것 같은 유형의 사람은 피하기 • 내 경험에 기반해서 찾되, 답변을 순화하기 예 팀 목표를 향해 나아가는데, 계속해서 일을 다른 사람한테 넘기는 사람 → 팀보다는 개인을 우선시하는 사람
은행 POINT	〈영업 아르바이트에서 가장 같이 일하기 힘들었던 사람〉 • 발전적인 모습을 강조하고 싶다면 : 가르쳐주지 않는 상사 • '조직 활동'에서 가장 같이 일하기 힘든 사람 말하기 • '영업 아르바이트'를 하면서, 같이 일하기 힘들었던 사람으로 생각해도 좋음 예 고객보다 개인이 우선인 사람 • 고객 서비스, 고객 만족, 지점 실적, 목표 달성 등에 포인트 맞추기

공기업 POINT	⟨책임감, 체계, 일정, 규정 및 윤리 준수에 초점 맞추기⟩ • 체계를 무시하고 임의대로 처리하는 사람 → 조직의 질서를 존중하지 않는 사람 • 일정대로 움직이지 않거나 이를 고려하지 않는 사람 → 일정에 맞춰 기한 내 목표 달성하지 않는 사람 → 공익, 국민에 피해를 줄 수 있음 • 맡은 바 책임을 이행하지 않아, 업무 누락이나 리스크가 생기는 경우를 고려하지 않는 사람 • 규정이나 윤리를 준수하지 않고, 결과만을 중시하여 부조리한 과정을 만들어 내는 사람 등
답변 템플릿	
두괄식	네, 저는 주로 ~한 사람과 함께 일할 때, 가장 어려웠던 것 같습니다.
답변(경험)	조직은 (내가 생각하는 조직에 대한 가치)해야 한다고 생각하기 때문에, 항상 ~한 (자세)를 갖춰야 한다고 생각합니다. 하지만, (같이 일하기 싫은 사람의 유형)과 함께 일을 하게 된다면, ~한 (리스크)가 발생할 수 있기 때문에, 같이 일하기 가장 어려운 것 같습니다.
답변 예시	네, 저는 '팀보다 개인을 우선시하는' 사람과 함께 일할 때, 가장 어려웠던 것 같습니다. 조직은 개인이 모여 하나의 팀을 이뤄 목표를 향해 나아가야 한다고 생각하기 때문에, 항상 열린 자세로 팀을 위해 서로 협업해야 한다고 생각합니다. 하지만, 개인을 우선시하는 사람과 같이 일하게 된다면, 업무 누락 등이 발생할 수 있기 때문에 같이 일하기 가장 어려운 것 같습니다.
강조하고 싶은 모습/역량	• 협업을 중시하는 자세 • 나는 개인보다 팀을 우선시한다는 역설적 표현
답변 다시 만들어보기 (정리한 답변에서 KEYWORD만 추출해 미니북에 정리한 후, 키워드 중심으로 암기해보세요!)	
답변 1	

답변을 통해 강조하고 싶은 역량	✏️		답변에 걸린 시간		초
답변 2	✏️				
답변을 통해 강조하고 싶은 역량	✏️		답변에 걸린 시간		초
나올 수 있는 꼬리/다른 질문	• 만약 그런 사람과 함께 일하게 된다면 어떻게 하시겠습니까? • 그런 사람과 함께 일했을 때, 본인은 어떻게 대처했습니까?				

조직/Q11	가장 같이 일하기 힘들었던 동료와 성과를 냈던 경험은?		
	혼자 답변해보기	답변에 걸린 시간	초

✏️

이 질문은 주로 언제, 누구에게?	▶ 회피 성향이 있어 보이는 지원자 ▶ '가장 같이 일하기 힘들었던 유형은?'에 대한 꼬리 질문	▼ 강의 보러 가기 ▼ [QR코드]

면접 답변 POINT

공통 POINT	• '가장 같이 일하기 힘들었던 동료는?'에 대한 질문은 이미 많이 나오고 있다! 여기서 더 나아가 '그런 동료와도 같이 일 해야지?', '너 그럴 수 있는 사람이지?'를 확인하려고 한다! • 아무리 같이 일하기 힘든 동료도 '적극적, 주도적 자세'로 협업을 이끌어냈던 경험이 중요하다! 나는 회피하는 사람이 아니라 정면돌파 하는 사람임을 드러내야 한다! • 같이 일하기 힘든 동료의 경우 대부분 '비협조적인 동료'의 모습에 가까울 것. 나만의 '설득 방법'이 답변에 꼭 녹아져 있어야 함! 즉, MZ스럽지 않음을 강조할 것!

은행 POINT	〈소극적 & 뒤로 물러나 있는 동료를 설득했던 경험〉 • 은행은 각 창구에 앉아 고객을 응대함. 이 경우에 '버튼을 누르지 않아 고객 맞기를 미루거나, 진상 고객을 피하거나, 판매를 하지 않거나, 부정적인 의사만 표현하는 상황' 등이 발생할 수 있다! • 은행이 하는 일과 비슷한 일을 하는 경험 속에서, '목표'가 있음에도 '비협조적'이어서 '다른 동료들이 불만을 표하고 사기가 저하되었던 경우', '나의 노력'으로 '설득'을 해 '성과'를 낸 경험을 찾기! • 팁이나 노하우 나눠주기, 퇴근 후에 함께 스터디 및 멘토링 진행하기, 매뉴얼을 만들어서 나눠주기, 옆에서 판매할 수 있게 도와주기 등
공기업 POINT	〈업무를 혼자 하거나, 수동적으로 하거나, 원칙을 어기거나!〉 • 모든 기업이 그렇겠지만, 특히 공기업의 경우 모든 업무가 유기적으로 연결되어 있는 경우가 많다! • 이런 상황에서 업무를 공유하지 않거나, 그 어떤 의견이나 방안도 내지 않거나, 부정적인 의사만 표현하는 경우 업무 진척이 원활하지 않게 된다! • 또, '원칙'이 중요한 조직인데, 원칙보다는 융통성을 주장하는 경우 성과를 내기 어려워질 수도 있다! • '목표'가 있는 상황에서 '업무를 공유하지 않거나, 수동적이거나, 비협조적이거나, 원칙을 어기는 등 같이 일하기 어려웠던 동료'를 '솔선수범, 설득'해서 '성과'를 낸 경험을 찾을 것!
답변 템플릿	
두괄식	네, 저는 (경험) 당시, ~한 (동료)와 (성과)를 낸 경험이 있습니다.
답변(경험)	당시 (목표)가 있는 상황에서, 한 동료가 (같이 일하기 힘들었던 이유)하며 (생긴 문제 - 사기 저하, 업무 실적 저하) 등의 문제가 발생했습니다. 이에 (나의 노력, 적극성, 설득)하여 (성과)를 이뤄낼 수 있었습니다.

답변 예시	네, 저는 공단 인턴 당시, 부정적인 말만 하는 동료와 함께 검진 독려 N만건을 이뤄낸 경험이 있습니다. 당시 일주일 내에 N만건에 검진 독려를 끝내야 하는데, 한 동료가 능률이 나지 않는다며 '안 될 거야.'라는 말로 팀의 사기를 저하시켰습니다. 이에 독려에 성공했던 노하우를 동료에게 나눠주고, 팀원들의 성공 팁을 같이 공유한 것은 물론, 옆에서 같이 쉬운 대상에게 먼저 독려를 하며 사기를 끌어올린 결과, 보다 빠른 시일 내에 N만건 독려를 성공할 수 있었습니다.
강조하고 싶은 모습/역량	• 다른 동료들의 팁을 모으는 적극성, 친화력 • 동료를 포기하지 않는 솔선수범, 협업적 모습

답변 다시 만들어보기
(정리한 답변에서 KEYWORD만 추출해 미니북에 정리한 후, 키워드 중심으로 암기해보세요!)

답변 1			
답변을 통해 강조하고 싶은 역량		답변에 걸린 시간	초
답변 2			
답변을 통해 강조하고 싶은 역량		답변에 걸린 시간	초
나올 수 있는 꼬리/다른 질문	• 그렇게 했을 때 상대의 반응이 어땠는지? • 그렇게까지 한 이유가 무엇인지? • 이 과정에서 가장 어려웠던 점이 있다면 무엇인지?		

조직/Q12	본인만의 업무 적응 노하우는?		
혼자 답변해보기		답변에 걸린 시간	초

✎

이 질문은 주로 언제, 누구에게?	▶ 수동적 이미지의 지원자 ▶ 뭐든 '혼자하기'를 선호하는 듯한 이미지의 지원자	▼ 강의 보러 가기 ▼

면접 답변 POINT

공통 POINT	• 최근 입사/입행 후, 적응에 크게 노력하지 않는 신입들이 증가하고 있다. 이를 방지하고자 '업무 적응 노하우'를 묻는 것! • MZ스러운 신입을 받지 않기 위한 또 다른 질문 중 하나이다! • 선배가 시키는대로 일을 배우는 게 아니라, 적극적으로, 싹싹하게 업무를 배우기 위해 노력하는 모습이 중요하다! • 새로운 조직에서, 무엇을 보고, 어떤 절차로 업무를 배우려고 노력했는지 생각해볼 것! • 웬만하면 입사/입행 후 하게 될 일과 비슷한 일을 한 경험에서 노하우를 찾아, 크게 세 단계로 나눠서 정리하기!

은행 POINT	〈창구에 고립되지 않고 배움을 청했던 경험!〉 • 창구에 앉아서 혼자 모르면 모르는 대로 앉아있는 사람이 아니라, 선배들에게 물어보고 배움을 청하는 자세가 중요한 곳 • 그냥 '노하우'를 정리해도 되지만, 웬만하면 '무언가 공부해서 판매해야 했던 곳' 혹은 '금융 공기업'에서 근무했을 때 '어떻게 노력했는가'를 생각해서 경험에서 답변을 추출해낼 것! • 영업 : 선배들의 판매 방식 벤치마킹, 우수 사례 찾아보기, 무작정 권해보고 실패하며 배워가기, 선배에게 피드백 요청하기 • 그 외, 전문성 : 그간 서류, 예외 사례 등 찾아보기, 자주 들어오는 질문 찾아보기, 매일 신문 및 이슈 요약하기 등
공기업 POINT	〈싹싹한 자세가 무엇보다 중요한 곳! 헌신하며 배우기!〉 • 최근 '수동적 이미지'의 지원자가 늘어나면서, '싹싹한 자세, 건실한 자세'를 가진 지원자가 귀해지는 중이다! • 특히 공기업은 '제가 할게요!'라며 먼저 일어나는 지원자를 선호하는 편이라, 선배/동료를 도와주며 혹은 체계적으로 업무를 배워갔던 과정이 중요하다. • 웬만하면 '공기업 인턴' 했을 때, 업무를 어떻게 배워갔는지 생각해서 '나의 경험'에서 답변을 추출하는 것이 좋다. • 혼자 : 이전 서류들 살펴보기, 매일 발행되는 지표 살펴보기, 관련 이슈 정리해서 공유하기, Q&A 공부하기, 매뉴얼 및 원칙 학습하기 등 • 헌신 : 가장 번거로운 일 도맡아 하면서 업무 배우기, 선배 업무 도와드리고 피드백 요청하기, 다른 부서 업무도 공부해서 업무 연관성 파악하기 등
답변 템플릿	
두괄식	네, 저는 주로 세 단계로 업무에 적응하고자 노력했습니다.
답변(경험)	우선 첫째, ~게 하여 ~을 배우고, 둘째, ~하여 ~을 배웠습니다. 마지막으로 ~게 하여 ~을 배우며 업무에 적응해 갔습니다.

답변 예시	네, 저는 주로 세 단계로 업무에 적응하고자 노력했습니다. 가장 먼저 그간의 자료와 매일 발행되는 지표, 매뉴얼 등을 보며 전반적인 업무를 이해했고, 다음으로 선배님이 가장 번거로워 하시는 업무를 도와드리며 부서의 실무를 익혀갔습니다. 마지막으로 직접 민원인을 응대하며 생긴 궁금한 점이나 예외 사항을 따로 매뉴얼로 정리하며, 빈틈을 채워가고자 했습니다.
강조하고 싶은 모습/역량	• 선배를 도와주는 싹싹한 자세의 지원자 • 업무를 배우고자 노력하려는 모습이 있다.

답변 다시 만들어보기
(정리한 답변에서 KEYWORD만 추출해 미니북에 정리한 후, 키워드 중심으로 암기해보세요!)

답변 1	✎
답변을 통해 강조하고 싶은 역량	✎　　　　　답변에 걸린 시간　　　초
답변 2	✎
답변을 통해 강조하고 싶은 역량	✎　　　　　답변에 걸린 시간　　　초
나올 수 있는 꼬리/다른 질문	• 그 과정에서 어려웠던 점은 없는지? • 그렇게 했을 때, 보통 업무 적응에 걸리는 시간은 어느 정도였는지?

조직/Q13	회사에서 사람이 힘들 때, 어떻게 대처하는지?		
	혼자 답변해보기	답변에 걸린 시간	초

✎

이 질문은 주로 언제, 누구에게?	▶ 사람이 힘들게 하면 퇴사할 것 같은 지원자 ▶ 멘탈이 약해 보이거나 회피형인 지원자	▼ 강의 보러 가기 ▼

면접 답변 POINT

공통 POINT	• 퇴사하는 이유의 대부분은 '일' 때문이기보다는 '사람' 때문인 경우가 많다! → 이 때, 문제에서 회피하고 퇴사하기 보다는, 현명하게 해결할 사람이 필요해서 이와 같은 질문을 함! • 대인관계적으로 사람이 힘들게 할 때, 사람 때문에 힘들 때, 어떻게 해결하려고 하는지 생각해보기 • 아무리 짜증나도, 내가 먼저 다가가서 해결하려고 하는 '적극적이고 싹싹한 자세'의 답변이 필요하다.

은행/공기업 POINT	〈중요한 건 '내가' 노력하는 것이다!〉 • 은행, 공기업 관계없이, 신입이고 후배이고, '조직을 먼저 생각하는' 내가 문제를 해결하기 위해 다가가는 것이 중요하다! • 단순히 '먼저 다가가서 말을 건다. 퇴근 후 술 한 잔 한다.'의 답변보다는, 정말 회사에 '이유 없이 나를 싫어하는 사람'이 있거나 '이유 없이 괴롭히는 사람'이 있는 경우 어떻게 대처할지를 생각해보자(실제 경험 속 나의 대처 방법을 생각하는 게 가장 좋다!) • 공과 사를 분리해서 최대한 일에 대해서 협조를 끌어내고, 별도의 대화 시간을 가져서 마음의 앙금을 푼다든지/먼저 잘못한 부분이 있는지 확인하고 물어보며 고쳐가고, 일을 도와주며 협업해 간다든지/가서 일부러 일을 많이 도와주면서 간격을 좁히고, 사적인 시간으로 관계를 쌓아간다든지 등등
답변 템플릿	
두괄식	네, 저는 그 경우 (답변의 포인트)하게 대처하는 편입니다.
답변(경험)	사람이 힘들게 하는 경우 (중요한 점)이 중요하기 때문에, 우선 (대처 방법)하고 (또 다른 대처 방법)하여 문제를 해결하겠습니다.
답변 예시	네, 저는 그 경우 접촉의 시간을 늘려 벽을 허물면서 대처하는 편입니다. 대부분 사람이 힘들게 하는 경우, 상대에 대한 오해가 있는 경우가 많았습니다. 이에 자발적으로 업무를 도와주면서 대화도 나누고 긍정적인 이미지도 심어주되, 어느 정도 벽이 허물어졌을 때 사적인 질문과 시간도 가지면서 가랑비 젖듯 조금씩 관계를 이어가려고 하는 편입니다.
강조하고 싶은 모습/역량	• 남이 싫다고 해도 싹싹하게 다가가는 사람 • 서두르지 않지만 회피하지도 않는 사람

답변 다시 만들어보기	
(정리한 답변에서 KEYWORD만 추출해 미니북에 정리한 후, 키워드 중심으로 암기해보세요!)	

답변 1	✎		
답변을 통해 강조하고 싶은 역량	✎	답변에 걸린 시간	초
답변 2	✎		
답변을 통해 강조하고 싶은 역량	✎	답변에 걸린 시간	초
나올 수 있는 꼬리/다른 질문	• 그렇게 해서 사람 간 문제를 해결한 경험이 있는지? • 그렇게 해도 통하지 않는다면 어떻게 할 것인지?		

조직/Q14	이상적인 상사는 어떤 유형일까?		
	혼자 답변해보기	답변에 걸린 시간	초

✎

이 질문은 주로 언제, 누구에게?	▶ 주관이 뚜렷하거나, 개인주의적 성향을 갖고 있는 지원자 ▶ 어린 지원자나 신입 지원자	▼ 강의 보러 가기 ▼

면접 답변 POINT

공통 POINT	• 내 업무 처리 방식, 업무를 대하는 자세, 상사와 어떻게 어우러지는지 등을 보기 위한 질문 • '일하기 좋은, 편한 상사'보다는 '내가 클 수 있는 상사, 내 의욕을 고취시키는 상사'의 유형으로 생각해 보기 • 내가 일에서 가장 성과를 냈을 때, 상사는 어떤 유형이었는지 생각해 보기 → 나를 건드리지 않는, 터치하지 않는 상사 등 부정적 표현 지양 • 왜 상사가 나에게 그렇게 대할 때 좋았고, 내가 성과를 낼 수 있었는지 생각해 보기 • 답변 = 상사의 유형 + 내가 생각하는 이유
은행 POINT	〈영업 실적 경험을 기반으로 생각해 보기〉 • 은행 = 영업 실적에 대한 질문이 나오는 곳 • '압박하지 않는 상사' 등 실제 있을 수 있는 상사 유형 제외하기 • 판매 아르바이트하며, 어떤 상사와 일할 때 실적이 잘 나왔는지 생각해 보기 • 도전적 은행의 경우 '영업 경험' 중심으로, 나머지는 전체적인 조직 범위로 생각해서 답하기

공기업 POINT	〈조직에서 직무와 비슷한 일을 했던 경험 찾아보기〉 • 공기업 : 조직이 하나 되어 협업하고 조직적으로 움직이는 곳 • '자유분방하게 풀어두는 상사, 등대 같은 상사, 방치하는 상사' 등은 지양할 것 • 각 직무 경험에서 '네가 가장 업무에 적극적으로, 조직에 융화되어 참여했던 경험' 생각해 보기 → 당시 상사가 어땠는지 생각해 보기 • 융통성보다는 계획, 창의적보다는 현실적, 체계적 상사
답변 템플릿	
두괄식	• 네, 저는 ~한 유형의 상사가 가장 이상적이라고 생각합니다. • 네, 저는 ~한 유형의 상사와 함께 일할 때, 가장 (성과를 냈던 것/조직에 적극적으로 참여했던 것) 같습니다.
답변(경험)	(이유/조직에 대한 가치관 언급)이기 때문에, ~한 상사와 일할 때, 가장 (시너지, 성과)를 낼 수 있기 때문입니다.
답변 예시	네, 저는 피드백과 조언을 아끼지 않는 상사와 일할 때 가장 성과를 낼 수 있었던 것 같습니다. 아직 미흡한 신입이기 때문에, 상사의 많은 가르침으로 성장할 수 있다고 생각했고, 실제로 피드백을 받아 업무 내외적으로 많이 성장할 수 있었기 때문입니다.
강조하고 싶은 모습/역량	조언에도 상처받기보다는 성장하는 적극적 자세

답변 다시 만들어보기
(정리한 답변에서 KEYWORD만 추출해 미니북에 정리한 후, 키워드 중심으로 암기해보세요!)

답변 1	
답변을 통해 강조하고 싶은 역량	답변에 걸린 시간 _____ 초

답변 2	✎
답변을 통해 강조하고 싶은 역량	✎　　　　　　　　　답변에 걸린 시간　　　　초
나올 수 있는 꼬리/다른 질문	• 만약 그런 상사가 없다면 어떻게 할 것인지? • 전혀 반대 유형의 상사가 있다면, 어떻게 할 것인지?

조직/Q15	한정된 자원 속에서 문제를 해결한 경험은?
혼자 답변해보기	답변에 걸린 시간 초

✏️

이 질문은 주로 언제, 누구에게?	▶ 주어진 일만 할 것 같은 수동적 이미지의 지원자 ▶ 위기 극복 대처 능력을 확인하고 싶은 경우	▼ 강의 보러 가기 ▼ [QR코드]

면접 답변 POINT

공통 POINT
- 항상 모든 자원이 풍족한 상태에서 일을 할 수는 없다! 어떤 어려운 상황, 자원이 부족한 상황에서도 성과를 낼 수 있는 사람을 선호한다.
- '예산, 인력, 도구' 등이 부족한 상황에서도 '목표'를 달성하기 위해 적극적으로 움직였던 인재가 필요하다.
- 위기에도 포기하거나 회피하지 않고, 어떻게든 해내는 적극성과 주도성을 파악하기 위한 질문이다.
- 입사/입행 후 요구되는 '목표'와 같은 목표를 향해 노력했던 경험 중 자원이 부족했지만 이겨냈던 경험 찾기!

은행 POINT	〈자원이 부족한 상황에서 영업을 해냈던 경험!〉 • 금융 공부나 전문성은 자원이 부족해도 할 수 있다! 하지만 '영업'은 자원이 부족한 상태에서 목표를 달성하는 것이 쉽지 않다! • 영업을 위한 예산이나 자원, 도구, 인력, 시간 등이 부족한 상황에서 어떻게든 영업 목표를 달성했던 경험을 찾아볼 것! • 부족한 자원을 채울 수 있는 방법은 '나의 노력' 뿐이다! 밖으로 나가서 영업을 한다든가, 대형 고객을 끌고 온다든가, 자발적으로 SNS 홍보를 한다든가 등 • 단순히 '배달 어플에 입점했다.' 정도의 방안으로는 '나의 적극성'을 드러낼 수 없다! 이 질문은 '나의 위기 극복 능력'을 보는 질문임을 잊지 말 것!
공기업 POINT	〈예산, 인력 부족의 상황에서도 강점을 발휘하는 나!〉 • 공기업 업무에서 자원이 부족한 경우는 대다수 정해져 있다. 예산이 부족하거나 인력이 부족하거나! • 이 경우에도 문제를 해결하기 위해서는 '나만의 노하우'나 '나만의 강점'이 중요하다! 특히 '남들은 생각하지 못 했던 방법(= 창의적인 방법)'을 도입해 문제를 해결한 경험이면 더욱욱 좋다! • 예산이 부족한 상황에서 SNS 홍보를 통해 사업을 알린다든가, 나의 강점으로 문제를 해결했다든가, 기존의 것들을 활용해 목표를 달성했다든가 등 • 인력이 부족한 상황에서 '적은 인력'으로 문제를 해결할 노하우를 찾아냈다든가, 디지털로 인력의 필요를 줄였다든가 등
답변 템플릿	
두괄식	네, 저는 (경험) 당시, ~한 (자원)이 부족한 상황에서 (성과)를 낸 경험이 있습니다.
답변(경험)	당시 (목표)가 있는 과정에서 (자원)이 부족한 상황이었습니다. 이에 (자원의 부족을 해결하기 위한 나의 노력)한 결과 (성과)를 거둘 수 있었습니다.

답변 예시	네, 저는 카페 근무 당시에, 예산이 부족한 상황에서 단체 계약이라는 성과를 끌어낸 경험이 있습니다. 당시 카페 폐점을 막아야 하는 상황이었는데, 본사에서 예산이 적게 내려와 자원이 부족한 상황이었습니다. 이에 자발적으로 SNS에 할인 단체 이벤트를 알리는 콘텐츠를 올리고, 시식 음료를 들고 회사 로비를 돌아다니며 영업을 진행한 결과, 기업 단체 계약을 따내 폐점을 막을 수 있었습니다.
강조하고 싶은 모습/역량	• SNS를 활용해 홍보를 하고 매출을 낼 줄 아는 사람 • 직접 기업들을 다닐 정도로 적극적인 지원자

답변 다시 만들어보기
(정리한 답변에서 KEYWORD만 추출해 미니북에 정리한 후, 키워드 중심으로 암기해보세요!)

답변 1	✏️
답변을 통해 강조하고 싶은 역량	✏️　　　　　답변에 걸린 시간　　　초
답변 2	✏️
답변을 통해 강조하고 싶은 역량	✏️　　　　　답변에 걸린 시간　　　초
나올 수 있는 꼬리/다른 질문	• 그 과정에서 가장 어려웠던 점은 무엇인지? • 당시 동료들의 반응은 어땠는지?

조직/Q16	MZ세대로서 조직을 위해 발휘할 수 있는 것은?		
	혼자 답변해보기	답변에 걸린 시간	초

✏️

이 질문은 주로 언제, 누구에게?	▶ MZ 연령대의 지원자	▼ 강의 보러 가기 ▼

면접 답변 POINT

공통 POINT
- MZ에 대한 부정적인 편견이 많지만, MZ(젊은 직원)이기 때문에 분명 긍정적으로 기여할 수 있는 것도 있다.
- '트렌드에 맞춰 자기개발 하고 있는 것은?'과 비슷한 맥락의 질문이다. MZ이기 때문에 기존 직원들보다 빠르게 배워서 도움이 될 수 있는 게 무엇인지 확인하는 질문! MZ라고 다 나쁜 게 아니다.
- 조직을 대하는 태도는 'NON-MZ' 같고, 신기술을 배우고 적용하는 것은 MZ 같기를 바라는 마음에서 물어보는 질문!

은행/공기업 POINT	⟨MZ가 할 수 있는 내용들은 정해져 있다!⟩ • 기존 직원들이 어려워하는 것 : 능숙한 디지털 역량, 외국어 역량, SNS 홍보 역량, 영상 편집 역량 등 • 능숙한 디지털 : 데이터 분석을 통한 업무 효율 증대, 판매 전략 도출 → 실제 이전 근무 경력에서 데이터 분석이나 코딩 등을 통해 업무에 도움을 준 경험 찾기 • 외국어 역량 : 외국어 능숙한 기존 직원이 있을 수 있지만, 영어 외에 다른 외국어를 바탕으로 원활하게 상담 가능 → 기존 직원이 어려워하던 상담 능숙히 처리 • SNS 홍보 역량, 영상 편집 역량 : 상품 홍보, 공단 사업 홍보, 지점 홍보 등에 사용 가능 → 이전 조직에서 SNS 및 영상을 통해 홍보 성공했던 경험
답변 템플릿	
두괄식	네, 저는 (역량)으로 조직에 보탬이 될 수 있습니다.
답변(경험)	실제 (다른 경험)에서도 (역량)을 발휘해 (~한 도움을) 주었던 것처럼, 입사/입행 후 ~한 분야에서 보탬이 될 수 있습니다.
답변 예시	네, 저는 디자인이나 콘텐츠 제작 능력으로 조직에 도움이 되고 싶습니다. 실제 타 공단에서 근무하면서도 가장 어린 직원으로서 사업 포스터를 제작하거나 영상을 편집해서 업로드하며 사업을 홍보했기 때문에, 입사 후에도 공단의 사업이나 안내 사항을 홍보하는 데 기여하겠습니다.
강조하고 싶은 모습/역량	• 디자인, 콘텐츠 제작, 영상 편집 등을 능숙히 할 수 있다 • 실제로 도움을 준 적이 있다(주도적으로 움직이는 사람).
답변 다시 만들어보기 (정리한 답변에서 KEYWORD만 추출해 미니북에 정리한 후, 키워드 중심으로 암기해보세요!)	
답변 1	

답변을 통해 강조하고 싶은 역량	✎		답변에 걸린 시간	초
답변 2	✎			
답변을 통해 강조하고 싶은 역량	✎		답변에 걸린 시간	초
나올 수 있는 꼬리/다른 질문	• 그 역량을 발휘하면서 어려웠던 점은 없는지? • 주변 동료들의 반응은? • 입사/입행 후 그 역량으로 가장 해보고 싶은 것은?			

조직/Q17	직장 생활에서 가장 중요한 덕목은?		
	혼자 답변해보기	답변에 걸린 시간	초

✏️

이 질문은 주로 언제, 누구에게?	▶ 모든 지원자 ▶ 직장 생활을 해 본 지원자	▼ 강의 보러 가기 ▼ [QR]

면접 답변 POINT

공통 POINT
- 덕목 : 희생정신, 책임감, 협업 정신, 전문성, 주인 의식 등 '자세, 정신, 역량'으로 우리가 부르는 것들
- 지원한 기업이 원할 것 같은 이미지 → 덕목
- 중요한 덕목+이유(이유가 중요)
- 입사해서 하는 일의 특징과 덕목을 연결
- '나는 이 덕목을 우선시 하겠다.' or '나는 이 덕목을 갖추고 있으니, 입사해서 이바지하겠다.'

은행 POINT

〈덕목의 이유, 방향 → 고객, 지점〉
- 은행원은 고객을 응대해야 하기 때문에 '고객을 위한 덕목' 생각해 보기
- 지점에서 사람들과 함께 협업해야 하기 때문에, 협업에 대한 덕목도 좋음
- '지점에서 다수의 사람과 지점 목표, 고객 만족, 성장을 위해 일하는 직장인'에게 필요할 덕목
  예) 업무를 구분하지 않는 자세, 주인 의식, 책임감 등

공기업 POINT	〈덕목의 이유, 방향 → 국민의 신뢰, 조직 우선〉 • 공기업은 국민의 신뢰로 이루어지는 곳, 국민에게 ~한 기업이기 때문에, '국민의 신뢰'에 초점을 맞춘 덕목 찾기 • 함께 기업의 목표를 향해 나아가야 하기 때문에 '조직 우선'에 초점 맞춘 덕목 찾기 • '국민을 위해/공동의 목표를 위해, 공익 창출을 위해 여러 사람과 함께 일하는 직장인'에게 필요한 덕목은 무엇인지? 예 책임감, 희생정신, 능동적으로 행동하는 자세 등
답변 템플릿	
두괄식	네, 저는 (직장/은행/공단 등) 생활에서 가장 중요한 덕목은 (덕목)이라고 생각합니다.
답변(경험)	실제 (비슷한 기업)에서 근무해보며/지원한 (은행/기업)은 ~하기 때문에, (덕목)이 없는 회사 생활은 ~한 문제가 생긴다는 점을 알게 되었습니다. 이에 (지원한 기업, 기업의 지향점 등)을 위해서는, ~한 (덕목)을 추구해야 한다고 생각합니다.
답변 예시	네, 저는 업무에 구분을 짓지 않는 자세가 가장 중요하다고 생각합니다. 실제 타 기업 인턴에서 근무하며, 업무를 구분 짓고 서로 돕지 않을 때 모든 불편은 고객에게 간다는 점을 알게 되었습니다. 이에, 고객의 편의와 만족을 위해서 OO인은, 업무를 구분 짓지 않는 열린 마음의 덕목을 추구해야 한다고 생각합니다.
강조하고 싶은 모습/역량	• 업무를 구분 짓지 않는 적극적 자세 • 협업적 자세
답변 다시 만들어보기	
(정리한 답변에서 KEYWORD만 추출해 미니북에 정리한 후, 키워드 중심으로 암기해보세요!)	
답변 1	✎

답변을 통해 강조하고 싶은 역량	✎	답변에 걸린 시간	초
답변 2	✎		
답변을 통해 강조하고 싶은 역량	✎	답변에 걸린 시간	초
나올 수 있는 꼬리/다른 질문	• 그 덕목을 발휘해 도움을 준 경험이 있는지? • 그 덕목이 통하지 않으면 어떻게 할 것인지? • 그 덕목을 지키기 위해 어떤 노력을 해왔는지? • 신입사원에게 필요한 덕목은 무엇인지?		

조직/Q18	조직 활동에 적응하는 나만의 노하우는?		
	혼자 답변해보기	답변에 걸린 시간	초

✎

이 질문은 주로 언제, 누구에게?	▶ 자기 주관이 강해 보이는 지원자 ▶ '조직'보다는 '개인'이 우선일 것 같은 지원자	▼ 강의 보러 가기 ▼

면접 답변 POINT

공통 POINT	• 최근 조직 부적응으로 인한 퇴사 증가 • 상사, 동료와 어울려 조직에 잘 적응할 수 있는지를 보는 문항 • 조직에 잘 적응하려고 '노력'할 '의지'가 있는 사람인지를 확인 • 결론적으로, 조직에 잘 적응하며 전문성 있는 사람을 뽑기 위한 질문
은행 POINT	〈지점 생활, 영업 환경에 적응하는 방법과 노하우〉 • 은행은 한 지점에서 여러 사람과 생활해야 함, 서로 도와주며 생활하기 위해 나는 어떤 사람인지 생각해 보기 • 영업 아르바이트 당시, 조직에 어떻게 적응하려고 노력했는지 • 지점에 적응해야 하는 이유는 무엇인지 생각해 보기

공기업 POINT	**〈조직에 융화하려는 적극적인 자세〉** • 공기업은 최근 자기소개서 문항으로도 자주 물음 • 기존에 있는 사람들, 그룹 안에서 자연스럽게 융화되려는 적극적이고 자발적인 자세 • 조직에서 사용하는 용어 연구, 관련 자료 탐색 등 • 조직 = 업무 방식으로 접근, 보수적인 집단에서 '막내'가 가져야 할 자세 생각해 보기
답변 템플릿	
두괄식	네, 저는 ~한 방식으로 조직에 적응하고자 노력하는 편입니다.
답변(경험)	조직 생활에서는 ~이 중요하다고 생각하기 때문에/(노하우)대로 한다면 ~한 효과가 있기 때문에, 항상 (노하우)처럼 생활하며 조직에 적응하고자 노력하고 있습니다.
답변 예시	네, 저는 조직의 작은 일부터 도맡아 하며 적응하는 편입니다. 선배님들이 하시는 작은 업무를 배우며 일을 배우기도 하고, 업무를 여쭤보며 가까워지는 편이기 때문에, 이러한 방법으로 조직에 적응하고자 노력하고 있습니다.
강조하고 싶은 모습/역량	• 궂은일, 작은 일도 배우려는 적극적인 자세 • 선배들에게 먼저 다가가는 막내의 자세
답변 다시 만들어보기 (정리한 답변에서 KEYWORD만 추출해 미니북에 정리한 후, 키워드 중심으로 암기해보세요!)	
답변 1	
답변을 통해 강조하고 싶은 역량	답변에 걸린 시간 : 초

답변 2	✎			
답변을 통해 강조하고 싶은 역량	✎		답변에 걸린 시간	초
나올 수 있는 꼬리/다른 질문	• 그 방식을 갖게 된 계기는 무엇인지? • 그렇게 했을 때, 상사나 조직은 어떤 반응을 보였는지? • 그 방식을 했을 때, 부정적이었던 경험이 있는지?			

조직/Q19	조직에서 끈기를 발휘한 경험이 있는지?		
혼자 답변해보기		답변에 걸린 시간	초

✎

이 질문은 주로 언제, 누구에게?	▶ 끈기보다는 회피할 것 같은 이미지의 지원자 ▶ 수동적인 이미지의 지원자	▼ 강의 보러 가기 ▼

면접 답변 POINT	
공통 POINT	• 요즘 '위기' 앞에서 '끈기'를 갖고 무언가 끝까지 하는 사람들이 많지 않다! 특히 어린 직원들이 그런 경우가 많기 때문에, '끈기'를 가진 열정적인 인재인지 파악하기 위해 하는 질문이다. • 무언가 목표를 두고, 포기할만한 수많은 위기와 어려움이 있었음에도 불구하고 계속해서 노력하고 어떻게든 달성한 경험! • '이 답변의 경험'과 '입사/입행 후 직무로서 하게 될 목표'가 일치하는 것이 좋다. • 듣고서 '아, 입사/입행 후에도 저렇게 끈기 있게 하겠구나.'라고 느껴지도록!

은행 POINT	〈영업을 위해, 혹은 금융적 목표를 위해 끈기 발휘한 경험〉 • 사실 은행에서는 끈기를 발휘해야 할 일이 많다. 그 중 '거절을 당해도 계속해서 상품을 권해서 영업 목표를 달성해야 하는 끈기'가 가장 중요하고 필요하다. • 만약 앞에서 영업적 역량을 많이 어필했다면, 투자 대회나 금융 관련 공모전에서 어려운 상황에서도 위기를 이겨내기 위해 집념을 갖고 분석했던 경험을 찾자! • '끈기'는 '나의 열정과 행동'이다! - 여러 기업들에 전화를 돌리며 영업을 끌어낸 경험, 거절을 당해도 밖으로 나가서 계속해서 영업한 경험, 방법을 바꿔 가면서 영업을 해낸 경험, 각종 뉴스 레터나 해외 기사 등을 분석해서 기업 분석이나 투자 분석을 성공적으로 해낸 경험 등
공기업 POINT	〈위기 상황에서도 공익, 조직 목표를 위해 나아간 경험!〉 • 공기업 업무 속 다양한 위기의 상황들이 있다. 자원이 부족할 때, 모든 팀원들의 사기가 저하되었을 때, 과중한 업무가 들어왔을 때, 처음 해보는 업무를 할 때, 타 부서 및 거래처와의 협력이 어려울 때 등 • 직무에서 가장 우려되는 '위기 상황'을 생각하고, 그와 비슷한 위기 상황을 이겨냈던 경험을 찾을 것! • '끈기'는 '나의 열정, 행동'이다! - 타 기관에 연락해서 방안 모색하기, 다른 기관의 사례 찾아서 대안 제시하기, 자발적으로 공부해서 부족한 자원 채우기, 솔선수범과 지속 확인으로 끈기 있게 협력 끌어내기 등
답변 템플릿	
두괄식	네, 저는 (경험) 당시 ~한 (끈기)를 발휘해 (성과)를 낸 경험이 있습니다.
답변(경험)	당시 (목표)가 있는 상황에서 (끈기를 발휘해야 할 어려움이 있는 상황)이었습니다. 이에 (나의 끈기 발휘)한 결과 (성과)를 끌어낼 수 있었습니다.
답변 예시	네, 저는 기술 분석 공기업에서 근무하며 끈기를 발휘해 컨설팅 계약을 끌어낸 경험이 있습니다. 당시 기업 컨설팅 계약을 유지해야 하는 상황이었으나, 기업 고객이 컨설팅의 필요성을 인지하지 못하는 상황이었습니다. 이에 문과생이지만 반도체 뉴스레터나 관련 홈페이지를 통해 기본 용어 및 트렌드를 숙지하고, 기업과 산업 분석을 한 기업별 보고서를 만들어 공유하고 이를 바탕으로 설득을 진행한 결과, N개 기업의 컨설팅 계약을 끌어낼 수 있었습니다.

강조하고 싶은 모습/역량	• 문과생이지만 기술까지 공부하려는 적극성, 자발적으로 보고서를 만듦 • 어려운 상황에서도 어떻게든 달성하려는 의지, 능동성		
답변 다시 만들어보기 (정리한 답변에서 KEYWORD만 추출해 미니북에 정리한 후, 키워드 중심으로 암기해보세요!)			
답변 1			
답변을 통해 강조하고 싶은 역량		답변에 걸린 시간	초
답변 2			
답변을 통해 강조하고 싶은 역량		답변에 걸린 시간	초
나올 수 있는 꼬리/다른 질문	• 목표를 달성하는 데 시간이 얼마나 걸렸는지? • 이 과정에서 가장 어려웠던 점은 무엇인지? • 이 때 동료들의 반응은 어땠는지?		

조직/Q20	신입 사원이 갖춰야 할 덕목은?		
	혼자 답변해보기	답변에 걸린 시간	초

이 질문은 주로 언제, 누구에게?

- 전 신입 지원자
- '조직'보다는 '개인'이 우선일 것 같은 지원자

▼ 강의 보러 가기 ▼

면접 답변 POINT

공통 POINT

- 최근 '90년대생이 온다.'라는 책이 있을 정도로, '개인주의가 강한' 젊은 신입 지원자에 대한 걱정이 큰 상황
- 조직의 막내로서 배우려는 자세, 조직에 융화되려는 자세 등을 보여주기 위한 답변 구성하기
- 개인주의가 아닌, '조직을 위해 항상 노력한다. 항상 배우겠다. 먼저 다가가겠다.'의 내용을 담은 덕목 선정하기

은행 POINT

〈신입 행원으로서 처하게 될 상황 생각해 보기〉

- 업무를 다 알지 못해 창구에서 어려움을 겪는 상황, 조직에 적응하지 못하는 상황 등
- 이러한 상황 극복하기 위해 어떤 노력을 해야 하는지
- 신입 행원의 덕목은 '지점(은행/조직)' or '고객'을 향한 덕목이어야 함
- 고객의 자산에 대해 책임감 갖고 배우려는 덕목, 지점 분위기에 적응하려는 덕목, 신입 행원으로서 고객 or 조직에 피해를 주지 않으려는 덕목

공기업 POINT	〈보수적 집단에서 적응하기 위한 신입의 자세 생각해 보기〉 • 조직과 업무에 적응하려는 적극적인 자세를 보여주는 덕목 • 조직에 먼저 다가가려는 자세, 배우기 위해 갖춰진 자세 강조하기 • 공기업은 보수적이고 체계가 중요한 곳, 신입으로서 '낮은 자세를 유지하겠다.' 보여주기 • '나'보다는 '조직'을 생각하는 자세 보여주기
답변 템플릿	
두괄식	네, 신입 사원(행원)으로서 갖춰야 할 덕목은 (덕목)이라고 생각합니다.
답변(경험)	신입 사원(행원)은 ~하기 때문에, ~을 위해 항상 (덕목)에 따라 ~게 (조직/업무)에 적응해야 한다고 생각하기 때문입니다.
답변 예시	네, 신입 사원으로서 갖춰야 할 덕목은 '낮은 자세의 덕목'이라고 생각합니다. 신입 사원은 업무와 조직에 대해 잘 파악하지 못하고 있기 때문에, 하나라도 더 빠르게 배우고 적응하기 위해 낮은 자세로 먼저 선배님들께 다가가 조직에 적응하고, 업무를 이해해야 한다고 생각하기 때문입니다.
강조하고 싶은 모습/역량	• 조직에 순응하는 겸손한 자세 • 항상 먼저 다가가는 적극적 자세
답변 다시 만들어보기	
(정리한 답변에서 KEYWORD만 추출해 미니북에 정리한 후, 키워드 중심으로 암기해보세요!)	

답변 1	✏️
답변을 통해 강조하고 싶은 역량	✏️ 답변에 걸린 시간 초

답변 2	✎		
답변을 통해 강조하고 싶은 역량	✎	답변에 걸린 시간	초
나올 수 있는 꼬리/다른 질문	• 실제 이러한 덕목을 살려 조직에 적응한 경험이 있었는지? • 신입 사원으로서 성과를 냈던 경험이 있는지?		

조직/Q21		리더십을 발휘해본 경험은?	
	혼자 답변해보기	답변에 걸린 시간	초

✏️

이 질문은 주로 언제, 누구에게?	▶ '팔로워'적인 성향이 강해 보이는 지원자 ▶ 업무에서 어느 정도의 리더십이 필요한 직무	▼ 강의 보러 가기 ▼

면접 답변 POINT

공통 POINT
- 대부분이 '팔로워십'을 이야기하기 때문에, 종종 '리더십'을 발휘한 경험을 묻기도 함
- 리더십에서 강조할 내용 : 조직을 위한 자발적인 움직임, 적극적인 협업 유도, 능동적 자세와 적극적 지원
- '조직에 임하는 나의 자세'를 중점적으로 드러낼 것
- 나만 잘 먹고 잘 살자 X → 다른 사람과 함께 성장하자

은행 POINT

〈'영업 환경'에서의 리더십 생각해 보기〉
- 은행에서는 '어떤 리더십, 어떤 협업'이 필요할지 생각해 보기
- 실적이 나지 않는 상황에서의 리더십, 동료가 어려움을 겪고 있을 때 발휘할 수 있는 리더십
- 영업 환경이 아니더라도, 인턴 근무 등 리더십을 발휘할 수 없는 시기에서도, '다른 구성원의 어려움'을 주도적으로 함께 나누며 '작은 리더십'이라도 발휘한 경험
- 행원은 '지점'에서 근무하기 때문에, 지점 생활에서 필요한 '리더십', 함께 어울리는 '리더십' 경험 생각해 보기

공기업 POINT	**〈서포터형 리더십, 뒤에서 팀을 돕는 리더〉** • '서포터형 리더십' : 팀의 성장을 위해 뒤에서 묵묵히 조력했던 경험, 리더로서 책임감 있게 문제를 처리했던 경험 • 서포터형 리더십을 통해, 입사 후에도 리더를 따라 업무를 서포트하며 주도적으로 끌고 나갈 것임을 드러낼 수 있음 • 팀을 위해 책임감 있게 주어진 일 이상을 해내다 = 공기업의 리더십
답변 템플릿	
두괄식	네, 저는 (경험) 당시, ~한 리더십을 발휘하여 (조직 성과)를 낸 경험이 있습니다. / ~에 도움을 준 경험이 있습니다.
답변(경험)	당시 (조직/다른 팀원)이 ~한 상황이었기에, ~게 (리더십을 발휘)하여 ~게 도움을 주며 ~한 (성과)를 끌어낼 수 있었습니다.
답변 예시	네, 저는 디지털 프로젝트 당시, '함께 가는 리더십'을 발휘해 프로젝트를 성공적으로 마무리한 경험이 있습니다. 당시 일부 팀원이 디지털 관련 지식이 없어 팀 참여에 소극적인 상황이었습니다. 이에, 팀원이 어려워하는 점을 듣고, 관련 교육을 이수할 수 있는 방법을 찾아주고 함께 강의를 들으며 참여를 독려한 결과, 팀원의 역량 향상은 물론 프로젝트 1위의 성과를 거둘 수 있었습니다.
강조하고 싶은 모습/역량	• 다른 팀원을 챙기는 자세 • 강압적 리더가 아닌 '챙기는 리더'의 모습
답변 다시 만들어보기 (정리한 답변에서 KEYWORD만 추출해 미니북에 정리한 후, 키워드 중심으로 암기해보세요!)	
답변 1	

답변을 통해 강조하고 싶은 역량	✎	답변에 걸린 시간	초
답변 2	✎		
답변을 통해 강조하고 싶은 역량	✎	답변에 걸린 시간	초
나올 수 있는 꼬리/다른 질문	• 리더로서 중요한 덕목이 뭐라고 생각하는지? • 본인은 리더, 팔로워 중 어디에 더 가까운지? • 본인은 '리드하는 리더'인지 '서포트하는 리더'인지?		

조직/Q22	선배에게 어떤 신입사원으로 보이고 싶은지?		
	혼자 답변해보기	답변에 걸린 시간	초

이 질문은 주로 언제, 누구에게?
- ▶ 열의가 없어 보이는 지원자
- ▶ 오히려 경력이 많은 지원자

▼ 강의 보러 가기 ▼

면접 답변 POINT

공통 POINT
- 너무 쉬운 질문이라고 생각하겠지만, '어떤 신입사원이 되어야 겠다.'는 목표도 없이 들어오는 신입이 많아서 나오는 질문이다.
- 나의 '어떤 측면'을 강조하고 싶은지 생각 할 것 : 업무 역량/배우려는 자세/적극성/조직 화합 역량 등
- 이 회사는 어떤 신입을 원하는지 생각할 것 : 말 잘 듣는 신입/적극적으로 뭐라도 해보려는 신입 등
- 각 현직자, 지점 방문 시 충분히 파악할 수 있는 내용
- 인터뷰 내용을 답변에 덧붙인다면 금상첨화

은행/공기업 POINT	〈뭐든 가만히 있는 후배보다 움직이는 후배가 예쁘다!〉 • 둘을 따로 구분 짓지는 않는다. 어디서든 막무가내이거나 가만히 앉아있는 후배보다는 뭐든 배우려고 움직이는 후배가 더욱 예뻐 보이는 법이다. • 은행 : 각 은행마다 선호하는 이미지가 다르다. 지점 방문을 통해 원하는 신입 상을 물어보자! • 공기업 : 수동적인 사람을 더 이상 원하지 않는다. 조직에서 둥글둥글 적응하고 업무를 잘 도와주고, 배우려는 후배가 좋다. • 하나라도 더 배우려는/1을 알려주는 10을 해내는/엉덩이 가볍게 싹싹한/센스 있는/같이 데리고 일 하고 싶은/일 가르쳐 보고 싶은/일단 뭐든 믿고 맡길 수 있는 등
답변 템플릿	
두괄식	네, 저는 선배님들께 ~한 신입사원으로 보이고 싶습니다.
답변(경험)	특히 (은행/공기업/공단)은 (특성)하기 때문에, ~한 (신입)으로서 ~게 도움이 되고 싶습니다.
답변 예시	네, 저는 선배님들께 1을 알려주면 10을 해내려는 신입사원으로 보이고 싶습니다. 특히 면접을 준비하며 지점 인터뷰를 진행했을 때, 1을 알려줬을 때, 10을 다 해내지 못해도 10을 해내려고 노력하는 신입이 많이 배우고 예뻐 보인다는 OO지점 지점장님의 말씀을 들을 수 있었습니다. 이처럼 하나라도 더 배우려는 신입이 되어, 1을 배워도 10을 향해 달려가며 지점 성장에 도움이 되고 싶습니다.
강조하고 싶은 모습/역량	• 직접 지점 인터뷰를 해보았다. 적극성이 있다! • 1을 알려주면 10을 해내려고 노력하는 사람
답변 다시 만들어보기	
(정리한 답변에서 KEYWORD만 추출해 미니북에 정리한 후, 키워드 중심으로 암기해보세요!)	
답변 1	

답변을 통해 강조하고 싶은 역량	✏️		답변에 걸린 시간	초
답변 2	✏️			
답변을 통해 강조하고 싶은 역량	✏️		답변에 걸린 시간	초
나올 수 있는 꼬리/다른 질문	• 실제로 그런 신입사원으로 보였던 경험이 있는지? • 그렇게 하는 과정에서 걱정되는 점이 있는지?			

조직/Q23	조직에서 본인만의 강점으로 문제를 해결한 경험은?		
혼자 답변해보기		답변에 걸린 시간	초

✏️

이 질문은 주로 언제, 누구에게?	▶ 대다수 지원자 ▶ 강점 질문에 대한 답변이 모호한 지원자	▼ 강의 보러 가기 ▼

	면접 답변 POINT
공통 POINT	• '강점'에 대한 질문들을 미리 하고 왔다면, '직무로서 나의 강점'이 뭔지 이미 파악했을 것이다(앞선 '자신 카테고리' 질문&답변 확인). • 다른 사람들은 해결하지 못 해서 어려워한 문제를, 기존 직원들은 어려워한 문제를 '자신만의 강점'으로 해결한 경험 찾기 • '자신만의 차별화 된 강점은?', 'MZ세대로서 조직을 위해 발휘할 수 있는 것은?'과 동일한 질문으로 생각하면 된다! • 본인의 강점이 입사/입행 후 어떻게 활용될 수 있을지 같이 생각해보기

은행 POINT	⟨영업, 금융 문제를 다루면서 강점을 발휘한 경험 찾기⟩ • 다른 팀원들은 갖고 있지 않은 강점을 발휘해서, '영업 속 위기'와 '금융 문제 해결의 위기', '조직의 위기'를 해결한 경험 찾아보기 • 영업 속 위기 : 외국어 실력을 발휘해서 외국인 고객에게 영업하기, SNS 홍보 역량으로 온라인 홍보하기, 영업력으로 매출 OOO% 증대 시켜서 폐점 위기 탈출 등 • 금융 문제 해결 위기 : 투자 공모전에서 외국어 실력으로 외국 현황 읽어서 방안 도출하기, 부동산 서류에 대한 이해로 서류 확인 속도 높이기 등 • 조직의 위기 : 다들 '기술 기업'이 생소할 때, 공대 지식을 발휘해 기술 분석을 도운 경험, 디지털 역량으로 데이터 분석 속도 높인 경험 등
공기업 POINT	⟨직무로서 갖고 있는 나의 강점으로 문제를 해결한 경험⟩ • 공기업은 직무별로 갖고 있는 성격의 특성이 뚜렷하다! '1인분의 월급만 줘도 2인분을 해낼 수 있는 사람'이 '강점'을 갖고 있는 사람이고, '1인분의 월급으로 2인분의 몫을 해낸 경험'이 이 질문의 답이 될 수 있다. • 행정(개인의 강점이나 이전 근무 경력에 입각한 전문성) : 외국어 실력으로 원활한 고객 응대, 병원 행정 인턴 경험으로 의료 매뉴얼 만들어 배부, 디지털 역량으로 각종 데이터 분석 지원 등 • 그 외 직무(다른 직무에서 요구되는 역량을 기른 사례) : 간호사이지만 운동학 배워서 환자 회복률 높이기, 전기직이지만 건축 배워서 위기 해결하기 등
답변 템플릿	
두괄식	네, 저는 (경험) 당시, (강점)을 발휘해 (문제)를 해결한 경험이 있습니다.
답변(경험)	당시 (목표)가 있는 상황에서 (남들은 해결하지 못하는 ~한 문제)가 발생했습니다. 이에 (~게 쌓은, ~한 강점)을 기반으로 (나의 노력)한 결과 (성과)를 달성할 수 있었습니다.
답변 예시	네, 저는 타 공단 인턴 당시, 중국어 실력을 발휘해 중국인 단체 민원을 해결한 경험이 있습니다. 당시 근무 지점에 산업 단지가 들어오며 중국인 민원인이 많아졌으나, 중국어를 능숙히 하는 직원이 없어 고객 만족도가 낮아졌습니다. 이에 중국어 역량을 기반으로 자주 묻는 질문과 표현을 발음까지 적어 매뉴얼로 만들어 배부하고, 기본적인 안내서 제작과 응대를 도맡아 한 결과 고객 만족도와 업무 효율을 크게 높일 수 있었습니다.

강조하고 싶은 모습/역량	• 중국어를 할 줄 아는 능력자, 글로벌 역량 보유자 • 매뉴얼로 만들어서 배부하며 동료를 도울 줄 아는 사람		
답변 다시 만들어보기 (정리한 답변에서 KEYWORD만 추출해 미니북에 정리한 후, 키워드 중심으로 암기해보세요!)			
답변 1			
답변을 통해 강조하고 싶은 역량		답변에 걸린 시간	초
답변 2			
답변을 통해 강조하고 싶은 역량		답변에 걸린 시간	초
나올 수 있는 꼬리/다른 질문	• 그 강점을 발휘하며 가장 어려웠던 점은? • 주변 사람들의 반응은? • 입사/입행 후 그 강점을 어떻게 발휘할지?		

조직/Q24	협업 시 나의 강점과 약점은?		
혼자 답변해보기		답변에 걸린 시간	초

✎

이 질문은 주로 언제, 누구에게?	▶ 모든 지원자 ▶ '조직'보다는 '개인'이 우선일 것 같은 지원자	▼ 강의 보러 가기 ▼ [QR코드]

면접 답변 POINT

공통 POINT
- 내 장·단점을 협업 시 강점과 약점으로 승화해도 됨
  - 예) 장·단점 : 친화력/창의성 → 강·약점 : 조직 분위기 형성/아이디어 제시보다는 근거 제시에 능함
- 실제 협업 시, 나는 어떤 역할을 맡는지 생각해 보기
- '조직에서 주로 어떤 평가를 받았는지' → 협업에 임하는 내 강점이 될 수 있음
- 협업 시 내가 주로 기피했던 역할 중 리스크가 적은 답변 → 약점
  - 예) 리더의 역할 → (강점)이 있지만 잘 추진하지는 못한다. 서포터의 역할을 맡는다.

은행 POINT

〈지점 생활, 영업 생활 시 나의 강약점 생각해 보기〉
- 구체적으로 준비할 경우, '지점 및 영업 생활 내 나의 강·약점'으로 생각해 보기
- 강점 : 남들이 기피하는 일을 맡아서 함(청소), 긍정적 분위기를 형성함, 친화력 등
- 약점 : 큰 전략 구축 어려움(대신 적극적 수행), 신중히 아이디어를 제시하느라 시간이 더 디다 등

공기업 POINT	〈인턴, 실습 등 단체 생활 내 나의 강약점 생각해 보기〉 • 체계적으로 업무를 처리하는 조직에서 있었던 경험으로 생각해 보기 • 강점 : 자료 정리에 능함, 세부 계획 수립에 능함, 긍정적 분위기를 형성함, 협업에 능함 등 • 약점 : 리더십이 부족함, 창의적 전략 구축의 어려움 등
답변 템플릿	
두괄식	네, 협업 시 저의 가장 큰 강점은 (강점)이라고 생각합니다.
답변(경험)	실제 ~한 (조직)에서도 (강점)을 발휘해, ~게 기여했었기 때문입니다. 반면 (약점)한다는 약점이 있지만, 대신 ~게 하여 조직에 도움을 주고자 하였습니다.
답변 예시	네, 협업 시 저의 가장 큰 강점은 업무에 구분을 짓지 않는 자세라고 생각합니다. 실제 인턴으로 프로젝트에 참여할 당시에도, 업무 구분 없이 도움이 되는 업무를 도맡아 하며 완수 속도를 높였습니다. 반면, 창의적 아이디어 제시는 어려워, 조직 목표에 맞는 근거를 찾고 계획을 수립해 주며 이를 서포트하고 있습니다.
강조하고 싶은 모습/역량	• 업무를 적극적으로 수행하는 자세, 일을 구분 짓지 않는 협업적 자세 • 꼼꼼한 자세
답변 다시 만들어보기	
(정리한 답변에서 KEYWORD만 추출해 미니북에 정리한 후, 키워드 중심으로 암기해보세요!)	

답변 1			
답변을 통해 강조하고 싶은 역량		답변에 걸린 시간	초

답변 2	
답변을 통해 강조하고 싶은 역량	답변에 걸린 시간 　　　　초
나올 수 있는 꼬리/다른 질문	• 강점을 발휘해 문제를 해결했던 경험? 조직에 도움을 주었던 경험이 있는지? • 약점으로 조직에 피해를 주었던 경험이 있는지? • 약점을 어떻게 극복하려고 노력하고 있는지?

조직/Q25	세대 차이를 극복하는 나만의 방법은?		
	혼자 답변해보기	답변에 걸린 시간	초

✏️

이 질문은 주로 언제, 누구에게?	▶ 모든 지원자 ▶ 개인주의가 강한 90년대 생으로 보이는 지원자	▼ 강의 보러 가기 ▼

면접 답변 POINT

공통 POINT
- 세대가 차이 나는 상사와 잘 어울릴 수 있는 사람인지를 묻는 질문
- 조직과 상사에 먼저 적극적으로 다가가는 사람인지를 파악하기 위함
- 아르바이트, 인턴 등에서 상사와 잘 어울리기 위해 했던 나의 노력
- 포기하지 않고, 조직과 어울리기 위해 노력하는 사람
- 우려하는 세대 차이 : 세대 차이를 극복하려는 의지 X
- 조직 융화에 대한 의지 X, 개인주의적 성향

은행/공기업 POINT

〈상사와의 관계 개선을 위한 나의 노력〉
- 은행/민원인 응대 공기업의 경우, 멀리 봐서 '고령 고객을 잘 응대할 수 있는 방법'으로 답변해도 좋음
- 상사가 세대 차이를 느끼는 이유는 무엇인지 생각해 보고, 극복하려는 나의 노력
- 세대 차이는 전혀 문제가 되지 않을 수준의 '능동적으로 다가가는 자세'
- 조직을 우선적으로 생각하는 자세 드러내기
- 여태껏 연락하고 있는 이전 경험의 상사가 있다면, 이 이야기를 보태도 좋다.

답변 템플릿	
두괄식	네, 저는 세대 차이를 극복하기 위해 ~게 했습니다.
답변(경험)	보통 상사분들이 세대 차이를 느끼시는 이유는 ~때문이라고 생각하여, ~게 하며 (조직 적응, 상사에게 다가가) 세대 차이를 극복하려고/조직에 어울리고자 노력하였습니다.
답변 예시	네, 저는 세대 차이를 극복하기 위해 상사의 관심사를 공유하고 업무에 구분을 두지 않았습니다. 대부분 상사 분들의 경우 '요즘 애들'에 대한 생각과 관심사가 공유되지 않은 아쉬움을 많이 느끼신다고 생각하여, 상사 연령대의 관심사를 찾아 조사하고, 업무 시간, 역할 구분 없이 책임을 다해서 임한 결과, '요즘 애들 같지 않다.'라는 이야기를 많이 듣기도 하였습니다.
강조하고 싶은 모습/역량	• 상사와 관계를 유지하려는 자세 • 업무에서 역할 이상을 해내려는 적극적 자세

답변 다시 만들어보기
(정리한 답변에서 KEYWORD만 추출해 미니북에 정리한 후, 키워드 중심으로 암기해보세요!)

답변 1	
답변을 통해 강조하고 싶은 역량		답변에 걸린 시간	초
답변 2	

답변을 통해 강조하고 싶은 역량	✏️		답변에 걸린 시간	초
나올 수 있는 꼬리/다른 질문	• 실제 아직도 연락하고 있는 상사가 있는지? • 그렇게 다가갈 경우, 상사의 반응은 어떠했는지? • 주변 동료들의 반응은 어땠는지?			

조직/Q26	조직을 위해 헌신한 경험과 주변 반응은?		
	혼자 답변해보기	답변에 걸린 시간	초

✎

이 질문은 주로 언제, 누구에게?	▶ '조직'보다는 '개인'이 우선일 것 같은 지원자 ▶ '친화력'을 장점으로 내세우기 어려운 지원자	▼ 강의 보러 가기 ▼

면접 답변 POINT

공통 POINT
- '남을 위해 헌신했던 경험' 질문에서 '조직을 위해 헌신했던 경험'의 답변을 갖고 오면 되는 질문
- 남들은 하지 않는데 내가 헌신함 → 주변의 부정적 반응, 어떻게 이겨냈나?
- 조직 우선 가치 + 조직 내 소통 역량 강조 → 조직 적응, 융화력 강조
- '현실 경험 + 반응 + 대처'까지 답변해야 하는 질문
- 혼자 조직을 위하는 사람이 아니라, '조직과 함께 조직을 위해 나아가는 사람'임을 보여줘야 함

은행 POINT
〈나 혼자 실적 내는 사람이 아니라, 조직과 함께 실적을 만들어가는 사람임을 강조하기〉
- 실적 증대를 위해 헌신했던 경험, 그 노하우를 주변과 공유하는 사람
- 판매 경험 중심으로 생각해 보기
  - 예 경험 : 실적 관련 경험/반응 : 부정적, 노하우 알려달라, 대단하다./대처 : 다른 영업 전략 안내, 노하우 공유 등

공기업 POINT	⟨항상 조직이 우선인 사람, 겸손하게 대처⟩ • 조직을 위해 남들이 꺼리는 일을 한 경험, 조직을 위해 희생한 경험 • '헌신'을 알리기보다는 묵묵히 해내는 사람 • '굳이 뭐 하러 그렇게까지 해'라고 생각하는 수동적 동료의 협업 유도, 긍정적 반응 유도 　예 경험 : 조직 위해 희생한 경험 　　　반응 : 부정적, 뭐 하러 그렇게까지, 고맙다. 　　　대처 : 겸손히, 편하게 일할 수 있도록 돕기, 지속적으로 내가 헌신을 맡아서 하며 조직의 성장을 유도 등
답변 템플릿	
두괄식	네, (경험) 당시 ~을 위해 ~게 헌신한 경험이 있습니다.
답변(경험)	당시 ~한 (헌신이 필요한, 다들 꺼리거나 굳이 하지 않는) 상황이었지만, ~을 위해 (업무 처리, 실적 증대) 등이 필요하다고 생각하였습니다. 이에 ,~게 (헌신)한 결과, 동료들은 ~한 반응을 보였고, ~게 대처한 결과 (성과, 해결)을 이뤄낼 수 있었습니다.
답변 예시	네, 타 기업 인턴 당시, 조직의 주요 보고서를 위해 헌신한 경험이 있습니다. 당시 보고서를 위한 서류 정리가 필요했으나, 자료가 방대해 다들 꺼리는 상황이었습니다. 하지만 이는 필요하다고 생각하여, 점심시간 등 자투리 시간에 자료를 구분하여 정리한 결과, 동료들은 고맙다라는 반응을 보였고, 자료에 대한 내용을 공유해드리며 더 빠르게 보고서를 완수할 수 있었습니다.
강조하고 싶은 모습/역량	• 조직을 위한 헌신적 자세 • 동료들의 시기보다는 감사함을 받음, 조직과 잘 융화되는 사람

답변 다시 만들어보기				
(정리한 답변에서 KEYWORD만 추출해 미니북에 정리한 후, 키워드 중심으로 암기해보세요!)				
답변 1	✎			
답변을 통해 강조하고 싶은 역량	✎		답변에 걸린 시간	초
답변 2	✎			
답변을 통해 강조하고 싶은 역량	✎		답변에 걸린 시간	초
나올 수 있는 꼬리/다른 질문	• 왜 그렇게까지 했었는지? • 주변에 시기, 질투 하는 사람은 없었는지? • 상사의 반응은 어땠는지?			

조직/Q27	가장 같이 일하고 싶은 동료의 유형은?
혼자 답변해보기	답변에 걸린 시간　　　초

✎

이 질문은 주로 언제, 누구에게?	▶ 모든 지원자 ▶ 조직이 선호하는 이미지와 잘 맞지 않아 보이는 지원자	▼ 강의 보러 가기 ▼

면접 답변 POINT

공통 POINT	• 동료 : 동등한 입장, 지시를 따라야 하는 상사와는 다름 • 답변을 통해, 협업 시 지원자 자체가 어떤 사람인지를 파악하기 위한 질문 • 개인이 중요시 여기는 가치를 파악할 수 있음 • 성향적 강점을 드러낼 수 있는 질문이기도 함(예 저의 경우 ~한 강점이 있기 때문에, ~한 사람과 함께 일하고 싶습니다) • '가장 같이 일하고 싶지 않은 유형'의 반대 → 나는 그런 사람이다.
은행 POINT	〈영업 환경, 일반적인 협업 환경〉 • 은행 선호 분위기에 따른 답변(협업 환경, 영업 환경, 협업하기 위한 환경, 더 나은 목표 달성을 위한 환경 등) 　예 영업 환경 → 함께 실적 달성의 시너지를 낼 수 있는/독려하는 유형 • 은행의 '협업' : 각자의 창구가 모여 하나의 지점을 만든다. • 영업 환경에서 가장 같이 일하기 좋았던 사람, 롤모델이었던 사람

공기업 POINT	〈일반적인 환경, 원칙, 질서, 기본의 중요성, 책임〉 • '조직'이 가장 중요하다. / '조직'을 위해 움직이는 사람이다. • '조직'을 위한 사람, '체계가 명확한 곳에서 같이 일하기 좋았던 사람' 생각해 보기 　예 업무 기한을 맞추는 사람, 업무의 질서를 아는 사람, 책임을 다하는 사람 등
답변 템플릿	
두괄식	네, 저는 ~한 동료와의 협업을 가장 선호하는 편입니다.
답변(경험)	• (은행, 공기업, 직무 등)에서 ~한 (역량, 역할, 요소) 등이 가장 중요하기 때문에, • 실제 ~한 경험을 통해, ~한 (사람, 동료, 협업)의 중요성을 알게 되어, ~한 동료와 가장 함께 일하고 싶습니다.
답변 예시	네, 저는 서로의 동기를 부여해 줄 수 있는 동료와 함께 일하고 싶습니다. 실제 타기업 인턴 당시, 인턴으로서 어려운 과제를 받았으나, 서로 독려하며 성공적으로 마무리하고 서로 성장할 수 있었습니다. 이후, '각자'보다는 '함께' 서로 동기를 부여하는 동료와 함께 일하고 싶다고 생각하였습니다.
강조하고 싶은 모습/역량	• 어려운 과제도 이겨내는 자세 • 동료와 우호적 관계로 서로 독려하는 협업적 자세
답변 다시 만들어보기 (정리한 답변에서 KEYWORD만 추출해 미니북에 정리한 후, 키워드 중심으로 암기해보세요!)	
답변 1	
답변을 통해 강조하고 싶은 역량	답변에 걸린 시간　　　　초

답변 2	✏️		
답변을 통해 강조하고 싶은 역량	✏️	답변에 걸린 시간	초
나올 수 있는 꼬리/다른 질문	• 만약 입사했는데 그런 동료가 없다면 어떻게 할 것인가? • 그럼, 가장 같이 일하고 싶지 않은 동료는? • 가장 같이 일하고 싶은 상사의 유형은?		

조직/Q28	상사에게 받았던 부정적 피드백은?		
혼자 답변해보기		답변에 걸린 시간	초

✏️

이 질문은 주로 언제, 누구에게?	▶ 경험, 경력 등이 있는 지원자 ▶ 지원자 특성이 잘 파악되지 않는 경우	▼ 강의 보러 가기 ▼ [QR코드]

면접 답변 POINT

공통 POINT	• '조직에서 주로 어떤 평가를 받았는지'는 '긍정적 평가'를 묻는 질문이라면, 이 질문은 '부정적 평가'를 묻는 질문 • 간접적인 레퍼런스 체크로, 지원자의 업무적 단점을 파악하는 질문 • 업무 수행에 있어서 치명적인 단점은 X • 내가 커버할 수 있는 수준의 피드백으로 언급하기 • 내 성격의 단점과 같은 맥락으로 답변해도 좋음
은행 POINT	〈많게는 3가지 정리해두기, 고객 응대나 계산 문제의 단점 지양〉 • 상사에게 받았던 부정적 피드백 세 가지를 묻기도 함(실제 기출) • 고객 응대, 돈 계산, 꼼꼼함 등의 부족을 언급하지는 말 것 • 은행에서 사용해도 무리 없는 단점 사용하기 • 아무리 생각해도 없다면, 상사가 '~한 내용을 더 가르치려고 했었다.' 부분으로 생각해 보기 • 이후에 내가 어떻게 노력했고, 어떻게 변했는지도 언급할 것

공기업 POINT	〈직무와 관련 없는 업무에서의 피드백도 좋음, 직무에 치명적인 답변 지양〉
	• 직무기술서 내 '직무 수행 태도'와 관련 없는 업무에서 피드백 찾기
	  예 무언가 새로운 분야를 생각해내는 부분이 부족
	• '사기업' 근무 경험에서 받았던 피드백이 있다면, 그때 받았던 피드백을 활용해 '공기업 맞춤형 인재'임을 드러낼 것
	  예 새로운 분야에 대한 도전을 더 했으면 좋겠다.
	• '꼼꼼하지 못하다'는 치명적인 단점

답변 템플릿	
두괄식	네, 저는 상사에게 ~한 피드백을 받았습니다.
답변(경험)	대체적으로 (내 업무 자세)가 ~했기 때문에, 상사로부터 (초반에, ~할 때) ~라는 피드백을 받았습니다. 하지만 이후 ~게 하며 이를 해결하려고 노력했습니다.
답변 예시	네, 저는 상사에게 '큰 그림을 기획해보아라.'라는 이야기를 들었습니다. 대체적으로 조직 목표에 따라 계획을 세우고 세세한 업무는 진행했지만, 큰 기획을 해야 할 때 데이터가 없으면 소극적인 면이 있어 이러한 피드백을 받았습니다. 하지만 이후 일상 업무에서도 작은 장표부터 기획해보며 기획력을 기르고자 하였습니다.
강조하고 싶은 모습/역량	• 기획은 어렵지만, 세세한 계획이나 꼼꼼한 업무는 잘 처리함 • 주어진 업무에서는 기획하려고 노력함
답변 다시 만들어보기 (정리한 답변에서 KEYWORD만 추출해 미니북에 정리한 후, 키워드 중심으로 암기해보세요!)	
답변 1	
답변을 통해 강조하고 싶은 역량		답변에 걸린 시간	초

답변 2	✏️		
답변을 통해 강조하고 싶은 역량	✏️	답변에 걸린 시간	초
나올 수 있는 꼬리/다른 질문	• 그러한 피드백으로 인해 조직에 피해를 주었던 경험은? • 그 피드백을 극복해 성과를 냈던 경험은?		

조직/Q29	조직 내 대인 관계에서 가장 중요한 것은?
혼자 답변해보기	답변에 걸린 시간 초

✏️

이 질문은 주로 언제, 누구에게?	▶ '대인 관계'보다는 '혼자 하는 업무'에 더 능해 보이는 지원자 ▶ '조직'보다는 '개인'일 것 같은 지원자	▼ 강의 보러 가기 ▼

면접 답변 POINT

공통 POINT	• 조직에 잘 적응하고 어울려서 '오래 다닐 수 있는 사람'을 찾기 위한 질문 • '친구끼리'의 대인관계보다 '직급이 있고, 업무로 엮인 조직 내 대인 관계' 경험으로 답하기 • 화합, 협업의 준비가 된 지원자, 조직을 위해 헌신하고 배려하는 자세의 중요성을 인지하고 있는 지원자 • 실제 조직 내 대인 관계 구축과 회복을 위해 노력해본 사람
은행 POINT	〈나이, 직급에 관계없이 함께 목표를 향해 나아가는 자세〉 • 조직 내 대인 관계 적응 → 영업 노하우 공유 → 함께 영업 목표 달성 • 조직 내 대인 관계 적응 → 원활히 협업, 서로 어려울 때 도와줌 → 퇴사자 감소 • 서로 업무를 알려주고 영업 노하우를 공유하기 위해 어떤 자세가 필요한지 생각해 보기 • 선 긋지 않고, 열린 마음으로 다가가는 자세 • 영업 환경에서 나이, 직급에 관계없이 함께 친해지고, 영업 노하우를 공유하여 조직 발전을 만들었던 경험 • 그 경험 안에서 '내가 한 노력' 찾고, 이 노력을 단어로 만들기(예 배우려는 자세 등)

공기업 POINT	〈희생과 배려, 세대 차이 극복, 열린 마음〉 • 수많은 상사, 다양한 나이와 직급이 함께 '오랫동안 근무하는' 곳이 공기업 • 희생과 배려가 기반으로 갖춰져 있는 지원자 • 상사 및 나이가 많은 사람과의 대인 관계에서 도움을 주고 적극적인 사람 • '맞춰 나가는 자세'와 '이해의 자세'가 가장 중요함 • 여러 상사들과 일했던 경험 속에서, '내가 상사에 맞추고, 원활한 대인 관계를 구축하고자' 노력했던 경험 찾기 → 단어로 만들기(예 항상 낮은 자세로 있는 것)
답변 템플릿	
두괄식	네, 저는 조직 내 대인 관계에서 ~이 가장 중요하다고 생각합니다.
답변(경험)	조직 내 대인 관계는 조직의 (성장, 화합 등 가치)를 위해 가장 중요하기 때문에, ~한 자세로 ~해야, 함께 (목표, 조직을 위해) 나아갈 수 있기 때문입니다.
답변 예시	네, 저는 조직 내 대인 관계에서 '먼저 다가가는 자세'가 가장 중요하다고 생각합니다. 공기업에서 관계를 구축할 때, 원활히 협업을 이뤄내 국민의 편의를 도울 수 있다고 생각합니다. 이에, 선 긋지 않고, 모든 직원에게 먼저 다가가 업무를 나누는 적극적 자세로 함께 공익을 위해 나아가야 한다고 생각합니다.
강조하고 싶은 모습/역량	• 상사, 동료 등에게 먼저 다가가는 적극적 자세 • 업무를 나누지 않는 열린 자세
답변 다시 만들어보기	
(정리한 답변에서 KEYWORD만 추출해 미니북에 정리한 후, 키워드 중심으로 암기해보세요!)	
답변 1	
답변을 통해 강조하고 싶은 역량	답변에 걸린 시간 초

답변 2	✏️		
답변을 통해 강조하고 싶은 역량	✏️	답변에 걸린 시간	초
나올 수 있는 꼬리/다른 질문	• 그러한 대인 관계로 조직에 도움을 주었던 경험? • 그 (자세, 역량)이 통하지 않았던 경우는? • 만약에 그 (자세, 역량)이 통하지 않는다면, 어떻게 하겠는가?		

조직/Q30	대인 관계에서 가장 어려운 점은?		
혼자 답변해보기		답변에 걸린 시간	초

✏️

이 질문은 주로 언제, 누구에게?	▶ '대인 관계'보다는 '혼자 하는 업무'에 더 능해 보이는 지원자 ▶ '조직'보다는 '개인'일 것 같은 지원자	▼ 강의 보러 가기 ▼ [QR 코드]

면접 답변 POINT

공통 POINT	• 대인 관계에서 가장 어려운 점 = 조직 내 대인 관계 구축에서 어떤 어려움을 겪을지 알 수 있음 • 어려운 점 = 나에게 약한 점, 대인관계 구축에서 어려워하는 점 • 사람을 어떻게 대하는지, 어떤 성향의 사람인지 파악할 수 있는 질문 　예 농담과 진담의 구분이 어렵다. → 진지한 사람, 조직에 잘 어울릴지 걱정되는 사람 • '조직 내 대인 관계에서 가장 중요한 점'에 대한 반대 상황을 찾아봐도 좋음 　예 열린 자세가 가장 중요 → 아예 닫힌 마음으로 소통하지 않으려는 사람과 소통할 때 • 어려운 이유 + 관계 구축 시 중요시 여기는 가치 + 극복 노력 찾기
은행/공기업 POINT	〈특정한 사람을 대할 때 or '가장 중요한 것'의 반대〉 • '공감이 어렵다, 선을 지키는 게 어렵다' 등 기본적으로 조직에서 갖춰야 할 것은 답변으로 사용하지 말 것 • 입행, 입사해서 실제 어려울 수 있는 상황은 제외할 것(예 텃세 : 누군가 텃세 부리는 상황이 어렵다 와 비슷한 의미의 답변 지양) • 친구들과 있을 때 가장 어려운 상황에서 생각해 보기 • 은행, 공기업 별 '중요한 것'부터 찾고 반대되는 상황 찾기

답변 템플릿	
두괄식	네, 저는 조직 내 대인 관계에서 ~이 가장 중요하다고 생각합니다.
답변(경험)	대인관계에서 (중요한 점)이 가장 중요하다고 생각하기 때문에, ~한 상황이 어렵지만, 이를 ~게 극복하고자 노력하고 있습니다.
답변 예시	네, 저는 대인 관계에서 이유 없이 벽을 칠 때, 가장 어려운 것 같습니다. 대인 관계의 시작은 서로 알아가려는 노력에서 시작된다고 생각하지만, 먼저 이유 없이 벽을 치고 거리를 둘 경우 어려움을 느꼈습니다. 이에, 상대가 불편해하지 않을 수준에서 다가가 조금씩 도움을 나누며 벽을 허물고자 노력하였습니다.
강조하고 싶은 모습/역량	• 항상 사람에게 먼저 다가가는 사람 • 무리하게 친해지려 하지 않고, 천천히 다가가는 사람

답변 다시 만들어보기
(정리한 답변에서 KEYWORD만 추출해 미니북에 정리한 후, 키워드 중심으로 암기해보세요!)

답변 1	
답변을 통해 강조하고 싶은 역량	답변에 걸린 시간 ___ 초
답변 2	

답변을 통해 강조하고 싶은 역량	✏️	답변에 걸린 시간	초
나올 수 있는 꼬리/다른 질문	• 만약 입사/입행 했는데 그런 사람이 있다면 어떻게 하겠는가? • 어려운 사람과 관계를 회복했던 경험이 있는가?		

조직/Q31	소외된 동료와 협력한 경험은?		
	혼자 답변해보기	답변에 걸린 시간	초

이 질문은 주로 언제, 누구에게?	▶ '조직'보다는 '개인'일 것 같은 지원자 ▶ '협업'보다는 '혼자 일을 잘 할 것 같은' 지원자	▼ 강의 보러 가기 ▼

면접 답변 POINT

공통 POINT	• 최근 동료와 '협력'하기 보다는 '혼자'하려는 신입들이 증가하고 있다. • '혼자, MY WAY'로 무언가 하기보다는, 소외된 동료까지 흡수하는 '리더십, 주도성, 따뜻한 마음'이 있는 지원자인지 파악하기 위한 질문이다. • 지원한 직무와 같은 목표를 갖고 있던 경험에서(영업 매출 증대, 업무 효율 증대 등) 성향상, 역량상 소외되었던 동료를 포용해서 함께 조직의 목표를 달성했던 경험 찾기!
은행 POINT	〈소극적이거나 상품 전문성이 낮은 동료를 포용하다!〉 • 은행과 같이 '영업'을 하는 곳에서 소외되는 동료는 크게 두 가지다. '영업을 할 수 없는 소극적인 성격'이거나 '상품에 대한 전문성이 낮은 경우' • 만약 '금융 경험'으로 풀고 싶다면, '금융 전문성이 낮은 동료'를 포용했던 경험을 찾으면 된다. • 영업 : 영업 노하우를 알려주고, 같이 영업 해보고 등 • 금융/상품 전문성 : 상품 공부한 내용 멘토링, 롤플레잉 등 • 동료를 적극적으로 포용했던 이야기면 다 OK!

공기업 POINT	⟨소극적, 수동적, 전문성 부족, 조직 부적응!⟩ • 공기업에서는 소극적이거나 업무에 수동적이어서, 혹은 전문 지식이 부족해서, 혹은 조직에 적응하지 못 해서 소외되는 경우가 있다. • 이 경우, '조직의 목표를 달성하고, 업무 효율을 높이고, 조직이 화합하기 위해' 동료를 포용했던 경험을 찾으면 된다. • 같이 업무를 한다든가, 업무를 가르쳐준다든가, TF 및 다같이 해야 하는 업무에 동료를 포함시키든가, 퇴근 후 멘토링을 하는 등 • '혼자' 가는 게 아니라, 동료를 위해 따로 시간과 마음을 내서 동료가 조직에 들어오게 도와줬던 경험이면 모두 OK!
답변 템플릿	
두괄식	네, 저는 (경험) 당시 (~한 이유로) 소외되었던 동료와 함께 (성과)를 낸 경험이 있습니다.
답변(경험)	당시 ~한 (조직의 목표/업무)가 있는 상황에서, 한 동료가 (~한 이유)로 소외됐습니다. 이에 (포용한 모습, 동료와 협업한 모습)한 결과 (성과)를 달성할 수 있었습니다.
답변 예시	네, 저는 공기업 인턴 당시에, 연이은 실패로 소외되었던 동료와 함께 성과를 낸 경험이 있습니다. 당시 검진 독려 업무를 하는 과정에서, 동료가 계속해서 독려에 실패하자 주눅들어 업무와 조직에서 소외된 상황이었습니다. 이에 독려 성공 팁을 정리해서 나눠주고 옆에서 같이 통화를 도와주며, 퇴근 후 노하우를 나누는 멘토링도 진행한 결과, 독려 목표 100%를 달성할 수 있었습니다.
강조하고 싶은 모습/역량	• 자신의 노하우를 나눠주는 모습 • 혼자보다는 함께의 가치를 아는 지원자

답변 다시 만들어보기 (정리한 답변에서 KEYWORD만 추출해 미니북에 정리한 후, 키워드 중심으로 암기해보세요!)			
답변 1	✎		
답변을 통해 강조하고 싶은 역량	✎	답변에 걸린 시간	초
답변 2	✎		
답변을 통해 강조하고 싶은 역량	✎	답변에 걸린 시간	초
나올 수 있는 꼬리/다른 질문	• 그 때 동료의 반응은 어땠는지? • 그렇게까지 한 이유는 무엇인지? • 반대로 타인의 도움을 받았던 경험은?		

조직/Q32	남에게 피해를 끼쳤던 경험은?		
혼자 답변해보기		답변에 걸린 시간	초

🖉

이 질문은 주로 언제, 누구에게?	▶ 모든 지원자 ▶ 일반적인 인성 파악 질문	▼ 강의 보러 가기 ▼ [QR 코드]

면접 답변 POINT	
공통 POINT	• 다들 '헌신한 경험, 희생한 경험'만 말하기 때문에, '이 사람이 어떤 사람인지를 파악하기 위한 질문' • 어쩔 수 없이 조직에서는 피해 끼치는 일이 일어남, 이때 어떻게 해결해 나가는지 보기 위한 질문 • 가볍게 일상의 경험을 말해도 좋지만, '조직에서 피해를 끼쳤던'이라고 물을 경우도 대비하기 • 정말 피해를 줬던 경험보다는, '조직을 위해 어떤 일을 하는 과정에서 불가피하게 피해를 주었던 경험'으로 답해도 좋음 • 피해를 주고 이를 해결, 극복하려고 노력했던 내 자세도 필요함

은행/공기업 POINT	〈직무 연관성 높으면 좋지만, 크게 상관없다.〉 • 공격성 질문에는 최대한 안전하게 돌아가는 것이 좋음 　예 나에게 주어진 일을 하는 과정에서 미처 살피지 못한 부분 발생 → 다른 사람이 이를 대신 처리 → 방관하지 않고 같이 해결하기 위해 노력함 　예 신입 혹은 인턴 근무 당시, 누가 와도 처리가 어려운 경우 발생 → 본래 내 담당 업무이나, 내가 처리하면 문제가 커질 것 같다고 판단 → 상사나 동료들에게 SOS → 해결과 배움의 자세 • 반드시 들어가야 할 내용 : 조직 발전을 위한 불가피한 상황, 해결하고자 했던 나의 노력
답변 템플릿	
두괄식	네, 저는 (경험) 당시, ~한 (상황)에서 (대상)에게 피해를 끼쳤던 경험이 있습니다.
답변(경험)	당시 (불가피한 상황)이었습니다. 이로 인해 (다른 동료, 대상)에게 (피해)를 끼치게 되어, (극복을 위한 노력)을 하여 ~게 노력하였습니다.
답변 예시	네, 저는 대외활동 당시, 업무가 주어진 상황에서 팀원들에게 피해를 끼쳤던 경험이 있습니다. 당시 제가 모금 행사를 담당하게 되었으나, 주최 기관에서 급작스럽게 추가 업무를 부여하여 모금 행사에 빠지게 되었습니다. 이에 일단 주어진 업무를 수행하되, 온라인과 주말에는 모금 행사를 자발적으로 운영하여 모금 목표 달성에 이바지하였습니다.
강조하고 싶은 모습/역량	• 내 업무를 하지 못했을 때, 조직에 피해를 주었다고 생각함 • 조직 목표를 위해 개인 시간도 할애하는 자세
답변 다시 만들어보기 (정리한 답변에서 KEYWORD만 추출해 미니북에 정리한 후, 키워드 중심으로 암기해보세요!)	
답변 1	

답변을 통해 강조하고 싶은 역량	✎		답변에 걸린 시간	초
답변 2	✎			
답변을 통해 강조하고 싶은 역량	✎		답변에 걸린 시간	초
나올 수 있는 꼬리/다른 질문	• 피해를 끼쳤을 때 조직의 반응이 어땠는지? • 혼자서 처리할 수는 없었는지?			

조직/Q33	회사에서 좋은 대인 관계를 유지하기 위한 본인만의 노하우는?		
혼자 답변해보기		답변에 걸린 시간	초

✎

이 질문은 주로 언제, 누구에게?	▶ '회사'와 '나'를 철저히 분리할 것 같은 지원자 ▶ 수동적으로 회사생활 할 것 같은 지원자	▼ 강의 보러 가기 ▼

면접 답변 POINT

공통 POINT	• '회사는 회사', '나는 나'라고 생각하는 어린 직원들이 많아지면서, 대인관계에 공을 들이지 않는 직원들도 생겨나는 중이다. • 하지만 회사 내 대인관계도 굉장히 중요하다. 대인관계를 위해 노력하는 사람임을 드러낼 것! • '나만의 노하우' 정도는 정리되어 있어야 '사람들과 잘 지내기 위해 힘쓰는 사람'처럼 보일 수 있다. 내가 새로운 조직에 들어가서 사람들과 잘 지내기 위해, 적응하기 위해 어떤 노력을 하는지 곱씹고 '노하우'로 만들어 볼 것! • '대인 관계 유지 방법'을 물었어도, '적응 방법'으로 답할 수 있다. 중요한 건 '사람과 가까이 지내기 위해 노력하는 적극적 자세'이다.

은행/공기업 POINT	〈멀뚱히 있는 것보다는 다가가는 게 낫다!〉 • 처음 조직에 들어갔을 때, 처음 인턴을 시작했을 때, 선배/동료들과 잘 지내기 위해 어떤 노력을 했었는지 곱씹어 볼 것! • 단순히 '인사 잘 하기, 먼저 다가가기, 말 걸기'보다는 '나만의 노하우, 나만의 친해지는 방법, 좋은 관계를 유지하는 방법'이 있어야 한다. • 싹싹해 보이기 : 일찍 출근해서 번거로운 일 하면서 대화 나누기/선배님 업무에 감탄하며 궁금한 점 여쭤보기/혼자 하시는 업무는 꼭 거들면서 가까워지기 등 • 인간적으로 가까워지기 : 출근 전, 점심, 퇴근 시간마다 같이 식사 or 산책하기/베이킹 등 취미 생활 or 음식 나누면서 대화 시작하기/대화하며 개개인 일정, 행사 기억해서 챙겨주고 축하해주기 등
답변 템플릿	
두괄식	네, 저는 (노하우)가 제 가장 큰 노하우인 것 같습니다.
답변(경험)	(내가 그 노하우를 갖게 된 이유)하기 때문에, (노하우를 실천)하며 ~게 가까워지는 (대인관계를 이어 나가는) 편입니다.
답변 예시	네, 저는 선배님의 업무에 감탄하면서 여쭤보는 게 저의 가장 큰 노하우인 것 같습니다. 사실 회사 생활이라는 게, 누군가 크게 칭찬하거나 감탄하는 일이 잘 없어 금방 사기가 저하될 수 있다고 생각합니다. 그래서 더더욱 선배님의 능숙한 업무를 보며 느낀대로 감탄을 표하고 존경을 표하면서도, 또 업무를 여쭤보면서 조직의 분위기를 풀고 대화를 이어 나가는 게 저의 가장 큰 노하우라고 생각합니다.
강조하고 싶은 모습/역량	• 조직에서 감탄, 칭찬, 존경을 표하는 밝은 성격 • 회사 생활에 대한 고찰, 노하우를 갖고 있는 사람

	답변 다시 만들어보기 (정리한 답변에서 KEYWORD만 추출해 미니북에 정리한 후, 키워드 중심으로 암기해보세요!)		
답변 1	✎		
답변을 통해 강조하고 싶은 역량	✎	답변에 걸린 시간	초
답변 2	✎		
답변을 통해 강조하고 싶은 역량	✎	답변에 걸린 시간	초
나올 수 있는 꼬리/다른 질문	• 그렇게 했을 때 통하지 않았던 경험은? • 가장 기억에 남는 선배는? • 회사 내 대인관계에서 가장 어려운 점은?		

조직/Q34	조직 적응에 실패한 경험은?		
	혼자 답변해보기	답변에 걸린 시간	초

이 질문은 주로 언제, 누구에게?	▶ 대다수 지원자에게 질문 ▶ 조직 적응이 어려워 보이는 지원자	▼ 강의 보러 가기 ▼

면접 답변 POINT

공통 POINT
- '조직 적응'이 '업무 역량'만큼 중요해졌다. 일만 잘하는 사람이 아니라, MZ 같지 않게 조직에서 잘 적응할 사람이 필요하다는 뜻이다!
- 다들 '조직 적응을 잘 했다!'라고 하니까 '조직 적응에 실패했던 경험은 없는지?' 질문이 같이 나가게 된다.
- 지원하는 기업과 반대되는 유형의 조직에서, 그러한 조직에서도 적응하기 위해 노력했지만, 기대한 만큼 적응하지는 못했다는 흐름으로 갖고 가야 한다.

은행/공기업 POINT

〈특성과 반대되는 경험을 먼저 찾자!〉
- 은행과 공기업은 각각 특성이 뚜렷한 곳이다.
- 은행 : 목표 지향적, 협업, 영업, 적극성 등 ↔ 이와 반대된 곳, 목표가 없고, 따분하고, 사람을 안 만나고, 수동적으로 시키는 일만 해야하는 등 그런 곳에서 노력해서 '적극성'으로 성과를 냈지만, 기대만큼은 적응하지 못 한 경험!
- 공기업 : 체계, 원칙, 수직, 매뉴얼, 친절함 등 ↔ 체계 없고, 원칙보다는 융통성이고, 매뉴얼도 없고... 하는 곳에서 조직을 위해 '원칙 세우고 헌신'했지만 기대만큼은 적응하지 못 한 경험!

답변 템플릿	
두괄식	네, 저는 (조직) 당시에, 적응하기 어려웠던 경험이 있습니다.
답변(경험)	당시 조직이 (분위기)였기 때문에, ~한 제 성향과 달라 적응이 어려웠습니다. 이에 (적응하기 위한 노력)을 해서 (성과, 업무 기반 세우기) 등을 했지만, ~한 적응은 어려웠던 것 같습니다.
답변 예시	네, 저는 건강 상품을 판매하는 과정에서, 적응하기 어려웠던 경험이 있습니다. 당시 조직에는 체계도 매뉴얼도 없고, 일단 맨 땅에 헤딩하며 어르신 고객에게 속여서라도 물건을 판매해야 했습니다. 이에 최대한 많은 고객을 만나되 사실만을 전달해 판매하려고 노력했고 컴플레인 0건으로 목표 판매 건수를 달성했지만, 누군가를 속여야 한다는 게 제게 잘 안 맞아 적응이 어려웠던 것 같습니다.
강조하고 싶은 모습/역량	• 어르신들 많이 만나 설득이 가능한 사람 • 원칙을 지키면서도 목표 달성이 가능한 사람

답변 다시 만들어보기
(정리한 답변에서 KEYWORD만 추출해 미니북에 정리한 후, 키워드 중심으로 암기해보세요!)

답변 1	
답변을 통해 강조하고 싶은 역량	답변에 걸린 시간　　　초
답변 2	

답변을 통해 강조하고 싶은 역량	✏️	답변에 걸린 시간	초
나올 수 있는 꼬리/다른 질문	• 어떤 조직이 본인에게 잘 안 맞는다고 생각하는지? • 어떤 조직이 본인에게 잘 맞는지? • 이 때 가장 어려웠던 점은 무엇인지?		

CHAPTER 04 '원칙'에 대한 질문

I. '원칙' 질문에 대한 답변 만들기

은행, 공기업 모두 '신뢰'를 기반으로 운영되기 때문에, 신뢰의 기준인 '원칙'과 관련된 질문이 자주 출제된다. 모든 신입 지원자 역시, '원칙'이 중요하다는 사실을 인지하고 있기 때문에, '원칙을 지켰던 경험'을 중점적으로 찾으려고 한다. 이제는 '원칙을 지키지 않았던 경험, 개선하는 경험'까지 물으니, '원칙'과 관련된 경험을 최대한 다양하게 정리해 두어야 한다. 이에, 원칙과 관련된 내용을 정리할 수 있도록 하였다. 다소 생소할 수 있는 '원칙'과 관련된 경험을 다음과 같이 정리해보자.

예시

구분	내용		
원칙, 왜 중요할까?	▶ 원칙은 오랜 기간 선배들의 업무 노하우이기 때문에 ▶ 원칙 업무의 기반이기 때문에		
구분	경험 1	경험 2	경험 3
원칙이 있었던 단체	• 해외 봉사 활동	• OO 인턴	• 학원 아르바이트
그 안에서 내가 한 일	• 기획 팀장 • 예산 기획	• 데이터 정리 • 민원인 응대	• 학부모 상담 • 원생 배치
일 안에 적용된 원칙	• 예산은 전체 모금액의 80% 못넘음 • 반드시 투명하게 관리되어야 함	• 서류 발급은 신분증 있어야만 가능 • 정리한 데이터는 시간별로 업로드 해야 함	• 학부모 상담은 반드시 반배치 고사 이후 진행 • 원생은 학년별로 배치

원칙이 흔들렸던 상황	• 봉사 활동 추가, 예산 더 필요했음	• 고령 어르신이 신분증 없이 서류 발급 요청한 상황(버스 타고 댁까지 두 시간) • 급작스러운 상황 발생으로 업로드가 어려웠던 상황	• 학부모가 당장 시험을 앞두고, 배치고사 없이 입학을 요구 • 아이 수준이 월등히 뛰어나니, 고학년 반으로 넘어 달라고 요청

연습해보기

구분	내용		
원칙, 왜 중요할까?			
구분	경험 1	경험 2	경험 3
원칙이 있었던 단체			
그 안에서 내가 한 일			
일 안에 적용된 원칙			
원칙이 흔들렸던 상황			

II 답변 정리하기

원칙/Q1	규칙을 어기지 않고 지켰던 경험은?		
	혼자 답변해보기	답변에 걸린 시간	초

✎

이 질문은 주로 언제, 누구에게?	▶ 모든 지원자 ▶ 원칙보다는 융통이 앞설 것 같은 지원자	▼ 강의 보러 가기 ▼

면접 답변 POINT

공통 POINT	• 남들은 어기지만, 나는 규칙을 준수했던 경험 • 부정적 관습을 깨고 규칙을 지켜냈던 경험 • 규칙을 지키지 않음으로써 이득이 있음에도 불구하고 규칙을 지켜낸 사례 • 규칙을 특히 지키기 어려운 상황이었는데도 규칙을 지켜냈던 사례 • '나는 어떤 일을 하더라도 규칙을 잘 지킨다.'라는 걸 보여주기
은행 POINT	〈공통 POINT + 판매 규칙, 이익을 포기한 규칙 준수〉 • 판매 규칙을 준수했던 경험 • 규칙을 어기고 판매한다면 실적 등의 이익이 있었음에도 불구하고, 규칙을 준수한 경험 • '불완전 판매'를 하지 않을 자세 보여주기 예 A 상품을 판다면 오래된 재고를 처리할 수 있지만, 원칙상 판매가 불가한 상품, 이익을 포기하고 판매하지 않고 다른 상품을 판매해 실적 달성

공기업 POINT	〈공통 POINT + 정보보안, 남을 위한 규칙 준수〉 • 정보 보안, 업무 내 예산 아끼기 등 규칙을 준수한 경험 • 규칙을 준수해서 '신뢰 확보, 정보 보안, 조직 유지' 등을 이뤄냄 • 공기업은 특히 '원칙'이 중요한 곳, 원칙은 반드시 지킨다는 자세 보여주기 　예 빠른 업무 처리를 위해 고객 정보 조회가 필요했으나, 이는 사내 정보보안 원칙에 어긋남, 필요한 정보를 정리해서 관련 부서에 협업 요청해서 정식으로 원칙을 지켜냄
답변 템플릿	
두괄식	네, 저는 (경험) 당시 ~한 규칙을 준수한 경험이 있습니다.
답변(경험)	당시, 대부분 (규칙 위반)을 하고 있었습니다(규칙을 어길 시 이익이 있을 수 있지만). ~한 이유로 규칙을 지켜야 한다고 생각하여, ~게 규칙을 준수해 (성과)를 이뤄냈습니다.
답변 예시	네, 저는 교육 봉사 활동 당시, 봉사 시간 인정에 대한 규칙을 준수한 경험이 있습니다. 당시, 온라인으로 봉사 시간을 입력하여, 다들 시간을 거짓으로 입력하였습니다. 규칙을 어기고 봉사 시간을 길게 입력할 수 있었지만, 이는 봉사 기관과의 신뢰를 망칠 수 있다고 생각하여, 정직하게 입력한 것은 물론, 이를 방지하는 시스템도 구축하였습니다.
강조하고 싶은 모습/역량	• 정직하게 규칙을 지켜내는 자세 • 혼자만 지키지 않고, 모두가 규칙을 지킬 수 있도록 개선하는 적극성
답변 다시 만들어보기 (정리한 답변에서 KEYWORD만 추출해 미니북에 정리한 후, 키워드 중심으로 암기해보세요!)	
답변 1	
답변을 통해 강조하고 싶은 역량		답변에 걸린 시간	초

답변 2	✏️		
답변을 통해 강조하고 싶은 역량	✏️	답변에 걸린 시간	초
나올 수 있는 꼬리/다른 질문	• 혼자서만 규칙을 지킨다면 주변의 반발이 심했을 텐데, 어땠는지? • 왜 혼자서만 규칙을 지켰는지? • 만약 입사/입행해서 원칙을 어긴다면 좋은 평가 받을 수 있는 기회가 있어도, 이를 포기하고 원칙을 따를 것인지?		

원칙/Q2	공정을 실천했던 경험은?		
	혼자 답변해보기	답변에 걸린 시간	초

✏️

이 질문은 주로 언제, 누구에게?	▶ 공익이 중요한 기업에 면접을 보러 간 경우 ▶ '공정'보다는 '융통성'이 중요할 것 같은 자유로운 이미지의 지원자	▼ 강의 보러 가기 ▼

면접 답변 POINT	
공통 POINT	• 원칙, 체계, 공익성이 중요한 기업일수록 '공정을 실천했던 경험'을 묻기도 한다('○○인으로서 가장 중요한 가치는?' 이라고 물었을 때, '공정'이라고 답한 경우, 꼬리 질문으로 잘 물리기도 함). • 공정의 사전적인 의미 : 공평하고 올바름 • 고객/상대가 과하게 요구하는 과정에서 원칙을 준수해 공정하게 배분한 경험 or 심사를 하거나 업무를 하는 과정에서 한 쪽에 치우침 없이 공정하게 원칙에 따른 경험 등 • 입사/입행 후 요구될 상황과 비슷한 상황을 언급하면 좋다.

은행/공기업 POINT	⟨고객/고객사/부서의 요청에 공정할 수 있어야 한다!⟩ • 은행의 경우 '기업은행, 농협은행'처럼 공익을 중시하는 은행에서 주로 이 질문을 묻는다 (타행의 경우 물을 가능성이 적다). • 개인 및 기업 고객이 무언가 추가로 요청했는데, 고객을 잘 설득해서 공정하게 제공한 경험을 사례로 언급하면 된다. • 공기업의 경우 이 질문을 자주 묻는다. 타 부서나 고객, 혹은 거래처에서 무리한 요구를 했을 경우, 정중히 거절하고 공정하게 자원을 배분한 경험을 사례로 언급하자. • 공정을 실천하는 과정은 쉽지 않다. 나의 설득 노하우, 설득 방법, 대처 방법 등이 중요하니 답변에 포함하여 언급할 것!
답변 템플릿	
두괄식	네, 저는 (경험) 당시, (상대)에 대해 공정을 실천한 경험이 있습니다.
답변(경험)	당시 (~한 공정한 배분)이 이뤄져야 하는데, (대상, 상대)가 (불공정을 요구)하였습니다. 하지만 이는 (공정해야 하는 이유)이기 때문에 (나의 설득 노하우, 방법)하여 공정하게 업무를 마무리해 (성과)를 달성할 수 있었습니다.
답변 예시	네, 저는 금융 공기업 인턴 당시, 추가 대출을 요구하는 기업 고객에게 공정을 실천한 경험이 있습니다. 당시 기업 규모에 관계없이 모든 신청 기업에게 같은 금액의 대출이 진행되었으나, 지역에 큰 기업을 운영하는 사장님께서 규모가 큰 기업이니 추가로 대출해달라고 요청하셨습니다. 하지만 추가 대출이 될 경우 다른 소규모 기업이 대출을 받을 수 없기 때문에, 정중히 불가능함을 말씀드리되 타 공단에서 진행 중인 보증 및 대출 사업에 대해 함께 안내해드리며 민원을 처리할 수 있었습니다.
강조하고 싶은 모습/역량	• 다른 기관의 사례도 알아두는 철두철미함 • 무리한 요구에 대처할 수 있는 침착함, 응대 능력

답변 다시 만들어보기		
(정리한 답변에서 KEYWORD만 추출해 미니북에 정리한 후, 키워드 중심으로 암기해보세요!)		
답변 1		
답변을 통해 강조하고 싶은 역량		답변에 걸린 시간 　　초
답변 2		
답변을 통해 강조하고 싶은 역량		답변에 걸린 시간 　　초
나올 수 있는 꼬리/다른 질문	• 공정을 실천하지 못 했던 경험은? • 공정을 실천하면서 가장 어려웠던 점은?	

원칙/Q3	원칙을 어겼던 경험은?		
	혼자 답변해보기	답변에 걸린 시간	초

✏️

이 질문은 주로 언제, 누구에게?	▶ 지나치게 FM 같아 보이는 지원자 ▶ 원칙보다는 융통성을 우선시할 것 같은 지원자	▼ 강의 보러 가기 ▼

	면접 답변 POINT
공통 POINT	• 다들 '원칙을 지켰다.'라고 이야기하기 때문에, '원칙을 지키지 않았던 경험'을 대신 물어본다. • '원칙을 지킬 수 없었던 상황, 원칙을 지키면 누군가가 피해를 볼 수 있는 상황'이기 때문에 원칙 대신 대안을 택한 경험 • '융통성을 발휘한 경험?'과 동일한 질문이라고 생각하면 된다. • 무조건 '원칙을 어긴' 것이 아니라, 다른 방안으로 원칙을 지키려고 노력했던 경험이 같이 나오면 좋다(예 원래 서면 보고인데 구두 보고로 대체했다 등). • 상사의 동의나 이전 사례를 참고했다는 내용 필요!

은행 POINT	⟨원칙을 지켰다가는 고객 불만이 커질 수 있는 상황!⟩ • 원칙을 영업하고 잘못 연결 지으면 '불완전 판매'가 될 수 있다. • 객장 대기 순서, 사은품 등 가벼운 소재로 이어가거나, '고객 만족도' 혹은 '진상 고객 응대'와 연결된 융통성 경험이 가장 안전하다. • '어플 서비스'를 통해 간접적으로 원칙을 지킨 것도 괜찮다. 예 교통편이 불편한 어르신, 버스 시간 때문에 순서를 앞당겨 해달라고 요구 → 원칙상 번호표 뽑은 순서대로 → 일단 버스가 잘 안 와서 뒤 고객님께 양해를 구해 먼저 처리 → 다음부터는 어플로 예약할 수 있는 방법 알려드림 예 기업 고객이 추가 금융 서비스 희망 → 원칙상 모두에게 동등한 서비스 제공 → 안 해줄 경우 VOC를 넣거나 돈을 빼겠다고 함 → 대신 타 기관의 서비스를 제공하거나 매일 산업 일지를 정리해 제공해드리며 신뢰 회복
공기업 POINT	⟨원칙을 지켰다가는 누군가 피해를 보거나 위험한 상황!⟩ • 보통 민원 응대와 민원 응대를 하지 않는 직무로 나눠 답변을 정리한다. • 민원 응대를 하는 직무 : 원칙을 지켰다가는 고객이 피해를 보거나 불편할 수 있어서 융통성을 발휘한 경우! 예 본래 고객님과 외부 외출이 불가함 → 어르신이 오늘까지 신청서를 내셔야 하는데 거동도 불편하고 교통편도 없음 → 상사의 동의를 얻어(or 이전 사례를 참고하여) 가까운 행정복지센터까지 모시고 가서 서류 발급 • 민원 응대를 하지 않는 직무 : 원칙을 지켰다가는 업무 효율, 속도, 정확도가 느려지는 상황 → 국민에게 피해가 되는 상황 예 원래 보고 절차를 모두 밟아 처리해야 함 → 이대로 진행할 경우 국민이 어려운 상황에 도움을 받지 못함 → 이전 사례 참고, 상사의 동의 하에 선처리 후보고
답변 템플릿	
두괄식	• 네, 저는 (경험) 당시, ~한 원칙을 지키지 못 했던 경험이 있습니다. • 네, 저는 (경험) 당시, (대상)을 위해 융통성을 발휘한 경험이 있습니다.
답변(경험)	당시 (~한 원칙)이 있는 상황에서, (원칙을 지키지 못할 상황)이 발생했습니다. 하지만 (원칙을 지켜야 하는 이유)이기 때문에 (원칙을 지킨 방법)하여 (성과)를 달성할 수 있었습니다.

답변 예시	네, 저는 병원 원무과에서 근무하며, 환자 분을 대상으로 융통성을 발휘한 경험이 있습니다. 당시 개인 정보 유출의 문제 때문에 모든 서류는 원본으로 환자 본인이 직접 발급해야 했지만, 환자께서 보호자도 부재중이고 거동도 불편해 서류를 발급하기 어려운 상황이었습니다. 이에 이전에는 비슷한 경우에 팩스로 사본을 수령하고 보호자에게 추후 원본을 받았던 사례가 있어, 상사의 동의를 받아 사본으로 받은 후, 보호자를 통해 원본을 받았던 경험이 있습니다.
강조하고 싶은 모습/역량	이전 사례를 찾아 고객을 우선시하는 고객 중심적 자세

답변 다시 만들어보기
(정리한 답변에서 KEYWORD만 추출해 미니북에 정리한 후, 키워드 중심으로 암기해보세요!)

답변 1			
답변을 통해 강조하고 싶은 역량		답변에 걸린 시간	초
답변 2			
답변을 통해 강조하고 싶은 역량		답변에 걸린 시간	초
나올 수 있는 꼬리/다른 질문	• 그 후, 비슷한 요청이 또 다시 반복되지는 않았는지? • 원칙을 지키지 못 할 때, 가장 중요한 것은 무엇인지?		

원칙/Q4	타인의 실수를 바로 잡고 원칙대로 처리한 경험은?		
혼자 답변해보기		답변에 걸린 시간	초

✎

이 질문은 주로 언제, 누구에게?	▶ '내 일'만 할 것 같은 지원자 ▶ '원칙'을 너무 지킬 것 같은 지원자(너무 FM이라 동료들에게 피해를 줄까봐)	▼ 강의 보러 가기 ▼

면접 답변 POINT

공통 POINT	• 보통 내 업무는 원칙대로 처리하지만, 타인의 실수나 잘못은 못 본 척 지나가는 경우가 많다. • '원칙' 질문을 한다는 건 '원칙'을 중요시하는 기업이라는 뜻! → 타인의 실수도 바로잡고 원칙을 지킬 줄 아는 사람을 원함! • 동료가 실수로 원칙을 지키지 못해서, 혹은 동료가 업무를 편하게 하려고 원칙을 지키지 않았는데, 본인이 그 부분을 수정하고 동료와의 우호적 관계도 유지한 경험이 필요!
은행 POINT	〈동료의 잘못된 안내, 업무 처리를 바로잡은 경험!〉 • 동료가 상품 판매 규정에 대해, 은행의 원칙에 대해 잘못 설명한 경우 or 영업 실적을 높이고 싶어서 불완전 판매를 한 경우 → 이를 바로 잡을 수 있어야 한다. • 비슷한 인턴 경험에서 or 영업 경험에서 '불완전 판매'나 '동료로 인한 고객의 컴플레인'을 대신 처리한 경험이 필요! • 처리한 경험 : 일단 고객에게 사과하거나 동료에게 사실 확인하는 것이 중요. 이후 고객의 불만을 잠재우고 원칙을 지킬 수 있는 방법을 제시, 동료가 원칙을 지킬 수 있도록 하는 방법도 제안(3단계 정리)

공기업 POINT	**〈민원인/고객사에 잘못 안내 or 업무 처리 실수!〉** • 민원 응대를 하는 직무의 경우 '민원인/고객사/협력업체' 등에 정보를 잘못 제공한 경우, 이를 바로잡고 원칙대로, 모든 업무를 '원상태로' 돌려 놓은 경험이 필요하다! 　📝 동료가 업무를 제대로 숙지하지 못해 서류를 잘못 안내 → 바로 죄송하다고 사과, 정확한 서류와 최대한 빠르게 서류를 발급할 수 있는 방법을 안내 → 하나하나 적어드리며 같은 실수 예방 → 동료가 헷갈리지 않도록 정리해서 전달 • 민원 응대를 하지 않는 직무의 경우 '업무, 데이터 처리' 등을 빨리 하기 위해 노력하다가 실수한 경험 or 조직 목표에 맞추기 위해 원칙을 어겼던 경험을 찾자! 　📝 IT 홈페이지 유지보수 과정에서 동료가 일시적인 수습을 위해 코드를 잘못 입력 → 현장에서 불만 제기 → 바로 사과 후 수리 일정 공지 → 동료에게 이를 공유, 해결 → 재발 방지를 위한 매뉴얼 제작
답변 템플릿	
두괄식	네, 저는 (경험) 당시 (타인)의 실수를 바로잡고 원칙대로 처리해 (성과)를 낸 경험이 있습니다.
답변(경험)	당시 (타인)이 ~한 이유로 실수를 해, (원칙에 어긋난, 문제가 발생한) 상황이었습니다. 이에 (내가 해결한 방법, 2~3단계로) 처리한 결과 (성과)를 낼 수 있었습니다
답변 예시	네, 저는 건강 상품 영업을 하며, 동료의 실수를 바로잡고 원칙대로 처리해 노인정 단체 판매라는 성과를 이뤄낸 경험이 있습니다. 당시 동료가 실적을 내고 싶어서, 건강 상품에 대해 제대로 설명하지 않고 무작정 판매해 부작용이 발생한 고객들의 불만이 발생했습니다. 이에 부작용을 해결할 수 있는 방법을 찾아서 안내해드리고, 주기적으로 노인정에 가 운동 방법, 식이 방법 등을 동료와 함께 봐 드렸고, 부족한 부분은 작은 영양제를 권한 결과, 어르신들의 마음을 얻어 단체 계약까지 끌어낼 수 있었습니다.
강조하고 싶은 모습/역량	• 어떻게든 문제를 해결하고 수습하려는 자세 • 일을 일로만 보지 않고 진심으로 대하는 자세 • 실수를 성과로 이어낼 수 있는 사람

답변 다시 만들어보기			
(정리한 답변에서 KEYWORD만 추출해 미니북에 정리한 후, 키워드 중심으로 암기해보세요!)			
답변 1	✎		
답변을 통해 강조하고 싶은 역량	✎	답변에 걸린 시간	초
답변 2	✎		
답변을 통해 강조하고 싶은 역량	✎	답변에 걸린 시간	초
나올 수 있는 꼬리/다른 질문	• 당시 타인의 반응은 어땠는지? • 그렇게까지 한 이유는 무엇이었는지?		

원칙/Q5	청렴을 실천했던 경험은?		
	혼자 답변해보기	답변에 걸린 시간	초

✎

이 질문은 주로 언제, 누구에게?	▶ 대다수 지원자 ▶ '청렴'이 중요하다고 답한 지원자	▼ 강의 보러 가기 ▼

면접 답변 POINT

공통 POINT	• 은행은 고객의 돈을 받기 때문에, 공기업은 국민의 세금으로 이뤄지는 곳이기 때문에 '청렴'이 무엇보다 중요하다. • 청렴의 사전적 의미 : 성품과 행실이 높고 맑으며, 탐욕이 없음 • 다른 사람의 돈이나 이익을 욕심내지 않고, 원칙과 청렴 가치에 따라 행동한 경험 모색하기 • 유일하게 학부 시절 경험으로 내려가도 되는 소재!
은행/공기업 POINT	〈'돈'에 있어서는 투명해야 한다!〉 • 누군가 돈을 더 주고 무언가 요청하거나, 유혹적인 조건을 제시하고 이득을 요구할 수 있다. 그럴 때 청렴을 지키는 자세가 중요하다. • 학부 시절 : 동아리, 학회, 학생회 등을 하며, 다른 사람들은 다 예산이나 돈을 사적으로 이용했는데, 나는 투명하게 공개, 사용한 경험 • 아르바이트, 인턴 : 고객/고객사가 돈을 더 주고 추가 이득을 요구했지만 거절한 경험, 다른 동료들은 작은 돈은 그냥 넘어갔지만, 나는 영수증까지 꼼꼼하게 처리한 경험, 이득을 주면 돈이나 가점 등을 주겠다고 했지만, 거절하고 대안을 제시한 경험 등

답변 템플릿	
두괄식	네, 저는 (경험) 당시 청렴을 지킨 경험이 있습니다.
답변(경험)	당시 (누군가가 청렴을 어길 것을 요구)한 상황이었습니다. 하지만 (청렴이 중요한 이유)하기 때문에, (청렴을 지킨 방법, 자세)하여 청렴을 지키고 (성과)를 거둘 수 있었습니다.
답변 예시	네, 저는 병원에서 근무하며 청렴을 지킨 경험이 있습니다. 당시 건강검진 예약을 담당하던 중, 승진 평가 기간에 상사께서 지인의 검진 순서를 앞당겨 줄 것을 요청하셨습니다. 하지만 그 경우 다른 환자들의 검진이 밀릴 수 있기 때문에 불가능하다고 정중히 말씀드리고, 대신 검진 인원이 가장 적은 시간을 안내해드리며 청렴을 지키고자 했습니다.
강조하고 싶은 모습/역량	• 어떤 상황에서도 청렴을 지키는 자세 • 상사의 요구에 현명하게 대처하는 자세

답변 다시 만들어보기
(정리한 답변에서 KEYWORD만 추출해 미니북에 정리한 후, 키워드 중심으로 암기해보세요!)

답변 1	✎
답변을 통해 강조하고 싶은 역량	✎ 　　　　　　　　　　　　　　답변에 걸린 시간　　　　　　　초
답변 2	✎

답변을 통해 강조하고 싶은 역량	✏️	답변에 걸린 시간	초
나올 수 있는 꼬리/다른 질문	• 청렴을 지키지 못했던 경험은? • (직무)에게 청렴이란 뭐라고 생각하는지?		

원칙/Q6	갈등 속에서 내 의견을 관철시킨 경험은?		
	혼자 답변해보기	답변에 걸린 시간	초

✏️

이 질문은 주로 언제, 누구에게?	▶ 갈등이나 원칙 준수의 상황에서 수동적으로 대처할 것 같은 지원자 ▶ 너무 자신의 의견만 고집할 것 같은 지원자	▼ 강의 보러 가기 ▼ [QR]

면접 답변 POINT

공통 POINT
- '상사와 갈등을 해결한 경험'과 같은 맥락의 질문이다.
- 질문의 의도 자체는 '원칙 파악'하고 거리가 있을 수 있지만, 답변은 '원칙을 관철시킨 경험'의 방향으로 가야 안전하다.
- 내 의견을 관철시켰다는 건, 자칫 '고집스럽다'로 보일 수 있기 때문에, '고집스러울 정도로 의견을 끌고 간다.'는 건 '원칙을 끌고 간다.'는 것과 동일하다고 생각할 것!
- 상사/동료가 원칙을 어기자고 했지만, 본인은 대안을 제시해서라도 원칙을 지키기 위해 노력한 경험 찾기!

은행/공기업 POINT

〈원칙을 어기자 vs 원칙을 지키자!〉
- 은행, 공기업 관계없이, 원칙을 어기자고 주장하는 동료와 갈등을 해결한 경험을 찾으면 된다.
- 동료의 의견 : 관습대로 원칙을 어기자/업무의 속도를 위해 절차를 생략하자/부정 이득을 취하자/공정하지 않게 업무를 처리하자!
- 나의 의견 : 원칙을 지켜야 고객, 국민, 조직이 피해를 보지 않을 수 있다! 원칙을 어기자고 하는 뜻도 이해하니, 새로운 방법으로 원칙을 준수하자!
- 상대의 우려를 해소하거나 근거를 제시해서 원칙 준수의 의견을 관철시킨 경험

	답변 템플릿
두괄식	네, 저는 (경험) 당시 ~한 (갈등) 속에서 의견을 관철시킨 경험이 있습니다.
답변(경험)	당시 (목표, 문제)에 대해서 (타인)이 (원칙을 어기자는 의견)을 제시하였으나, 이는 자칫 (원칙을 어길 경우 생길 수 있는 문제)가 발생할 수 있었습니다. 이에 (원칙을 지키기 위해 노력, 의견 관철을 위한 노력)을 한 결과 원칙을 지키고 (성과)를 낼 수 있었습니다.
답변 예시	네, 저는 공단 인턴으로 근무하며, 정보보안에 대한 제 의견을 관철시킨 경험이 있습니다. 당시 개인 정보 보호 서류를 모두 즉각 폐기해야 했지만, 동료들은 즉각 폐기를 하면 오히려 고객 대기 시간이 오래 걸린다며 일주일에 한 번만 몰아 폐기하자고 주장했습니다. 하지만 이는 자칫 고객 개인 정보 유출의 위험이 있을 수 있어, 당번을 정해 한 시간에 한 번씩 돌아가며 서류를 모아 폐기할 것을 권했고, 제가 먼저 솔선수범하여 이를 진행한 결과 정보 보안 위반 사례 0건을 기록하며 우수 지사 선정을 이뤄낼 수 있었습니다.
강조하고 싶은 모습/역량	• 정보보안에 대한 중요성을 인지하고 있다. • 문제 해결과 협업 유도가 가능한 사람, 솔선수범 하는 사람!

답변 다시 만들어보기
(정리한 답변에서 KEYWORD만 추출해 미니북에 정리한 후, 키워드 중심으로 암기해보세요!)

답변 1	
답변을 통해 강조하고 싶은 역량	답변에 걸린 시간 초

답변 2	✏️		
답변을 통해 강조하고 싶은 역량	✏️	답변에 걸린 시간	초
나올 수 있는 꼬리/다른 질문	• 그 과정에서 어려웠던 점은 없는지? • 의견을 관철시키는 본인만의 노하우는? • 당시 동료들의 반응은 어땠는지?		

원칙/Q7	관습적인 문화를 해결한 경험은?		
	혼자 답변해보기	답변에 걸린 시간	초

✏️

이 질문은 주로 언제, 누구에게?	▶ 대다수 지원자 ▶ 원칙보다는 관습에 순응할 것 같은 지원자	▼ 강의 보러 가기 ▼

면접 답변 POINT	
공통 POINT	• 관습의 사전적 의미 : 어떤 사회에서 오랫동안 지켜 내려와 그 사회 구성원들이 널리 인정하는 질서나 풍습 • 보통 조직 내에는 이 정도의 원칙은 어겨도 되는 관습이 존재하는 경우가 많다. • 그런 관습적인 문화를 조금씩 바꿔서 원칙을 지키는 조직을 만들기 위해 노력했던 경험이면 좋음! • 보통 정보보안이나 서류 원본/사본, 절차 생략 및 추가 등의 관습이 존재한다.

은행/공기업 POINT	〈관습을 따르는 이유는 뭘까? 해결할 방법은 없을까?〉 • 은행, 공기업 관계없이, 보통 관습을 따르는 이유는 업무에 편리해서, 고객들의 불만이 적어서, 귀찮아서 등 편의에 초점이 맞춰진 경우가 많다. • 그 불편한 문제를 해결한다면, 다들 관습을 버리고 원칙을 지키려고 할 것 → 내가 주도적으로 불편을 해결하고 편의를 끌어낸 경험을 찾으면 된다. 예 서류를 서랍에 넣어놓고 퇴근하기 귀찮아서 모두 위에 올려놓고 한다. → 당번제를 만들어서 한 명이 도맡아 서랍에 넣어주자/서류 원본을 받으면 고객들의 불만이 커져서 사본을 받기도 한다. → 미리 객장에 원본의 필요성을 알리고, 원본을 받을 수 있는 위치와 지도를 게시함 등

답변 템플릿	
두괄식	네, 저는 (경험) 당시 ~한 (관습)을 해결한 경험이 있습니다.
답변(경험)	당시 (관습이 생긴 이유)로 (~한 관습)이 (조직)에 존재하였습니다. 하지만 (관습이 위험한 이유)하다고 판단하여, (해결하기 위해 한 노력)한 결과 (관습 타파)하고 (성과도 이뤄낼 수 있었습니다.
답변 예시	네, 저는 공단 인턴 당시, 서류 사본을 받는 관습을 해결한 경험이 있습니다. 당시 OO 업무를 위해서는 반드시 서류 원본이 필요했으나, 고객님들이 고령이시고 업무가 번거롭다는 이유로 사본으로 대체하는 관습이 존재했습니다. 하지만 이는 자칫 추후 신청 처리 과정에 문제를 만들 수 있다고 판단하여, 홈페이지로 서류 발급 가능한 방법을 찾아 객장 외부망 컴퓨터에 매뉴얼을 만들어두고, 직접 나서서 지사 내에서 서류 발급을 도우며 사본 발급의 관습을 해결했습니다.
강조하고 싶은 모습/역량	• 매뉴얼을 만드는 적극적인 사람 • 관습을 해결하고 원칙을 지키려는 사람

답변 다시 만들어보기 (정리한 답변에서 KEYWORD만 추출해 미니북에 정리한 후, 키워드 중심으로 암기해보세요!)			
답변 1	✎		
답변을 통해 강조하고 싶은 역량	✎	답변에 걸린 시간	초
답변 2	✎		
답변을 통해 강조하고 싶은 역량	✎	답변에 걸린 시간	초
나올 수 있는 꼬리/다른 질문	• 동료들의 불만이 컸을텐데, 어떻게 설득했는지? • 이 과정에서 어려웠던 점은 없었는지?		

원칙/Q8	원칙과 상사의 의견이 어긋난다면?		
	혼자 답변해보기	답변에 걸린 시간	초

이 질문은 주로 언제, 누구에게?	▶ 모든 지원자 ▶ 상황 면접이 있는 곳	▼ 강의 보러 가기 ▼

면접 답변 POINT

공통 POINT	• 원칙대로 일을 해야 하나, 상사가 그와 다르게 문제를 처리하라고 하는 경우, 어떻게 할 것인지 묻는 질문 • '어떻게 상사를 설득하고, 의견을 조율해나가는지'가 중요 • 직무에서 이와 비슷하게 발생할 수 있는 상황 생각해 보고, 상황에 맞춰 답변 구성해보기 예 원칙상 서류를 작성해야 하지만, 상사가 여태까지 서류 작성한 적 없다면 그냥 진행하라고 한다면? • 일반적인 대처 방법을 미리 만들어두면(단계별 해결 방법 예 첫째, 상사에게 보고하고, 둘째 매뉴얼을 검토하고 등) 상황형 질문에 대입 가능 • 원칙이 중요한 이유 + 상사 의견에 대한 존중 표하기(원칙 따르기 전에 상사의 의사 묻기 등)

은행 POINT	〈원칙 vs 실적, 원칙 vs 조직으로 생각해 보기〉 • 고객이 원칙에 어긋나는 사항을 요청, 원칙상 이는 불가하지만 지점장님 or 상사가 '조직 실적'을 위해 그냥 진행하라고 하는 경우에 어떻게 할 것인가 • 원칙상 어긋나는 일을, 상사가 '크게 중요하지 않다며 or 조직 행사가 더 중요하다며' 그냥 원칙을 무시하라고 한다면 어떻게 할 것인가 • 원칙을 따르는 이유 : 은행은 고객이 소중한 자산을 맡기는 곳, 고객의 신뢰가 중요한 곳, 은행은 고객의 신뢰가 기반이 되는 곳이기 때문에~ • 상사 의견 주장의 이유는 '실적, 조직'이기 때문에, 이 경우 '실적과 조직을 위해 내가 ~한 일도 하겠다.'라는 부분을 같이 언급해주기

공기업 POINT	〈보수적(상사 존중) + 공기업 가치(국민을 위해)〉
	• 직무상 원칙과 상사의 의견이 충돌할 수 있는 경우를 생각해 보기
	  예 현장 : 원칙상 관련 부품을 교체해야 하나, 상사가 이 정도는 사용해도 된다며 교체하지 말자고 한다면?
	  예 사무 : 원칙대로 처리해야 하는 업무가 있으나, 상사가 여태까지 굳이 그렇게 하지 않았다며 하지 말자고 한다면?
	• 원칙을 따라야 함, 단, 그전에 상사 의견에 대한 존중 표하기(예 상사가 그렇게 한 이유 먼저 물어보기, 상사와 대화해보기 등)
	• 원칙을 지켜야 하는 이유 : 국민의 세금/국민의 신뢰/국민을 위해
	• 원칙을 따르는 단계 설정하기(예 상사에게 의견 묻고, 원칙 기반하여 대안을 마련하고)
	• BEST : 상사가 주장하는 이유(예 업무의 귀찮음, 불편함, 예산 소요) 등을 파악해 장기적인 해결책 마련하기

답변 템플릿	
두괄식	네, 저는 원칙과 상사의 의견이 어긋난다면, ~게 하겠습니다.
답변(경험)	(두괄식처럼 행동하는 이유 예 상사와 대화를 먼저 해보는 이유)이지만, 반대의 경우 (예 원칙을 따르는 이유) 이기 때문에, (대처 방법)하여 ~게 처리하겠습니다.

답변 예시	네, 저는 원칙과 상사의 의견이 어긋날 경우, 원칙을 따르겠습니다. 원칙은 오랜 업무 노하우가 쌓여, 안전한 업무를 위해 최소한으로 지켜져야 할 기준이라고 생각합니다. 하지만, 상사 역시 오랜 업무 노하우가 있기 때문에, 매뉴얼을 검토한 후 상사의 의견의 이유에 대해 듣고 난 후, 활용 가능한 자원을 파악해 최대한 원칙을 준수하도록 하겠습니다.
강조하고 싶은 모습/역량	• 원칙을 중요시 여김 • 상사에 대한 존중 표현

답변 다시 만들어보기
(정리한 답변에서 KEYWORD만 추출해 미니북에 정리한 후, 키워드 중심으로 암기해보세요!)

답변 1	
답변을 통해 강조하고 싶은 역량	답변에 걸린 시간 　　　　초
답변 2	
답변을 통해 강조하고 싶은 역량	답변에 걸린 시간 　　　　초
나올 수 있는 꼬리/다른 질문	• 실제 원칙과 상사의 의견이 충돌했었던 경험이 있는지? 어떻게 대처했는지? • (원칙을 택할 경우) 상사의 의견이 ~한 면에서 더욱 옳다면, 어떻게 할 것인가? • (상사를 택할 경우) 원칙은 사내에서 기본적으로 지켜져야 할 룰인데, 어기겠다는 의미인지?

CHAPTER 05 '상황'에 대한 질문

I. '상황' 질문에 대한 답변 만들기

사내에서는 수많은 상황이 발생한다. 그리고 이 수많은 상황에 대처할 수 있는 사람인지를 확인하기 위해 '상황형 질문'들을 던지게 된다. 이 상황형 질문 안에서, '이 사람이 조직에 대해 어떤 생각을 갖고 있는 사람인지', '이 사람이 상사와 어떤 관계를 쌓아가는 사람인지', '이 사람의 문제 대처 역량은 어느정도 인지' 등을 파악한다. 즉, 실제 업무 현장에서 발생할 수 있는 상황을 신입 지원자에게 묻고, 어느 정도의 역량을 갖고 있는지를 파악하는 것이다. 최근 질문의 유형이 다양해지며, 어떤 상황이 제시될지 가늠할 수 없다. 이에, 나의 업무 자세와 우선순위를 먼저 정리한 후, 출제되는 질문에 맞춰 답변을 구성해보자.

예시

구분	내용
업무 처리 시 우선순위	원칙 > (급박할 경우) 상황 > 상사 > 내 실적
업무 내 문제 해결 순서	1. 매뉴얼 검토 2. 처리해야 할 상황 파악하기 3. 상사에게 의견 묻기 4. 해야 할 일 정리한 후 시행

연습해보기

구분	내용
업무 처리 시 우선순위	✎
업무 내 문제 해결 순서	✎

Ⅱ 답변 정리하기

상황/Q1	상사와 일하면서 상사의 방식대로 일하라고 압박 받은 경험은?		
혼자 답변해보기		답변에 걸린 시간	초

✎

이 질문은 주로 언제, 누구에게?	▶ 상사와 갈등이 있을 것 같은 시니컬하거나 강해 보이는 지원자 ▶ 너무 여려 상사의 지시를 그대로 따를 것 같은 지원자	▼ 강의 보러 가기 ▼

면접 답변 POINT	
공통 POINT	• '상사와 갈등을 해결한 경험은?'을 구체화한 질문이다. • '압박'이라는 키워드가 들어갔기 때문에, 부정적 뉘앙스의 지시가 나오는 경우가 많다. • 상사에게 더 나은 방향을 제시해도 좋고, 상사의 뜻이 맞다고 생각했기 때문에 따른 것도 좋음, 뭐든 업무에 있어서 상사와 원활히 소통이 되는 인재임을 드러내면 된다. • MZ로서 더 나은 방법으로 도움을 준 경험도 OK(디지털, SNS홍보, 코딩 등)

은행 POINT	〈무언가 판매하거나 금융 서류를 보는 과정에서 찾기!〉 • 영업 방식에 있어서 상사가 특정 영업 방식을 고집하거나, 서류 검토, 금융 관련 업무를 처리하는 과정에서 상사가 무언가를 고집한 경험 찾아보기 • 상사가 압박한 것 : 오래된 방식, 원칙에 어긋난 관습, 이전에 성공했던 방식, 시간이 오래 걸리는 방식, 비효율적인 방식 등 • 상사가 압박하는 이유 : 그게 효과적이었으니까(잘 팔렸었으니까), 도움을 주고 싶어서, 더 나은 방법이 있을 것이라고 생각하지 못 해서 등 • 나의 생각은? : 지금 고객들에게는 작용되지 않는 방식, 추후 컴플레인이 들어올 가능성이 있음, 연륜에서 온 선배의 지혜가 맞음, 더 효율적인 방식 있을 수도! 등
공기업 POINT	〈보통은 '원칙'이나 '효율'에 연결된 경우가 많다!〉 • 공기업의 업무는 대부분 '원칙'이나 '효율'에 초점을 맞춘 답변이 많다. • 상사가 원칙을 어기는 업무 지시를 하거나 비효율적인 업무 지시를 한 경우, 정중하게 다른 방안을 제안한 경험을 생각해보는 것이 가장 좋다. • 혹은 비효율적인 지시라고 생각했는데, 그 부분이 너무 옳다고 생각하여, 상사의 방식을 따르되 다른 방법을 제안한 경험도 좋다. • (대다수 기업이 그렇겠지만) 특히 공기업은 수직 체계가 확실한 곳이다. 상사에게 강하게 의견을 표출한다든가 갈등을 일으킨 것보다는, 현명하게 대처하고 대안을 제시하는 편이 낫다.
답변 템플릿	
두괄식	네, 저는 (경험) 당시 상사의 (~한 방식)을 압박 받은 경험이 있습니다.
답변(경험)	당시 ~한 (목표/업무)가 있는 상황에서, 상사가 (~한 이유)로 (상사의 방식)을 (강요, 권하다, 압박)하셨습니다. 이는 (상사의 지시에 대한 나의 생각)하다고 생각하여, (나의 방식, 해결 방법)한 결과 (성과)를 이뤄낼 수 있었습니다.

답변 예시	네, 저는 공단 인턴 당시, 어플로 사업을 홍보하라는 상사의 지시를 받은 경험이 있습니다. 당시 어르신 대상 복지 사업을 홍보해야 했는데, 상사는 제가 디지털에 가까운 직원이기도 하고, 어플의 활용도를 높이기 위해 어플로 사업 홍보를 하라고 권하셨습니다. 처음에는 '어르신의 어플 이용도가 낮을텐데.'라는 걱정이 있었지만, 사업을 신청하는 보호자들은 어플을 충분히 이용할 수 있다고 생각해 상사의 지시에 감탄하며, 어플 홍보를 진행하고 나중에 노인정에 가서 오프라인 홍보도 같이 진행해 사업 신청 100%를 이뤄낼 수 있었습니다.
강조하고 싶은 모습/역량	• 상사의 지시를 이해하는 싹싹한 자세 • 상사가 1을 시키면 10을 해내는 적극적인 자세

답변 다시 만들어보기
(정리한 답변에서 KEYWORD만 추출해 미니북에 정리한 후, 키워드 중심으로 암기해보세요!)

답변 1			
답변을 통해 강조하고 싶은 역량		답변에 걸린 시간	초
답변 2			
답변을 통해 강조하고 싶은 역량		답변에 걸린 시간	초
나올 수 있는 꼬리/다른 질문	• 당시 상사의 반응은 어땠는지? • 상사의 방식으로 했지만 실패했던 경험은?		

상황/Q2	상사와 갈등을 해결해본 경험이 있는지?		
	혼자 답변해보기	답변에 걸린 시간	초

✏️

이 질문은 주로 언제, 누구에게?	▶ 대다수 지원자 ▶ 지나치게 강해 보이거나 여려 보이는 지원자	▼ 강의 보러 가기 ▼

면접 답변 POINT

공통 POINT	• 늘 상사의 지시에 따르면 좋지만, 일을 하다보면 상사와 의견 차이가 충분히 발생할 수 있다. • '상사와 일하면서 상사의 방식대로 일하라고 압박 받은 경험'과 '나의 의견을 관철시킨 경험', '상사의 지시와 원칙이 다른 경우' 등의 질문과 동일한 질문이라고 생각하면 된다 (이 질문의 답변들을 여기에서 사용해도 된다). • 중요한 건 '어떤 갈등이냐.'도 중요하지만 '어떻게 해결했는지.'가 더 중요하다. 상사와 갈등에 대처하는 나의 자세 보여주기!

은행 POINT	⟨영업 방식, 원칙, 서류 처리 등에서의 갈등 해결!⟩ • 은행에서 발생할 수 있는 갈등은 크게 세 가지다. '영업 방식'에 대한 의견 차이, '원칙 처리'에 대한 의견 차이, '서류 처리'에 대한 의견 차이다. • 웬만하면 답이 '고객 만족, 매출 증대, 원칙 준수'에 초점이 맞춰져 있는 것이 좋다. • 상사의 지시를 그대로 수용해도 좋고, 상사의 지시가 불합리하다면 다른 방법을 제시해 문제를 해결해도 좋다. 다만, 다른 방법을 제시한다면 그 방법은 '조직, 고객, 원칙, 매출'을 향해 있어야 한다. 예 상사가 고객 서류 하나를 받지 말고 진행하라고 함 → 자칫 불완전 판매의 위험, 컴플레인의 위험이 있음 → 상사 입장에서는 고객에게 서류를 다시 받기 어렵기 때문에 배려해서 말한 것 → 내가 퇴근 길에 고객에게 가서 받아오고 안면을 틈
공기업 POINT	⟨원칙, 효율, 자원에 대한 갈등!⟩ • 공기업에서는 '원칙을 지키는 것', '업무를 효율적으로 처리하는 것', '자원 안에서 업무를 효과적으로 처리하는 것' 등이 매우 중요하다. • 따라서 상사가 원칙을 어기는 지시를 하거나, 자원을 초과적으로 사용해야 하는 지시, 비효율적인 지시를 내릴 경우, 그에 대처한 경험이 좋다. • 상사의 지시가 옳다고 판단할 경우 그대로 수용해도 좋고, '일부'를 수용하고 또 다른 해결책을 제시하는 것도 좋다. 모든 해결책의 방향은 '공익, 국민을 위해, 효율적인 업무 처리를 위해'로 이어져 있어야 한다. 예 상사가 신청 서류 접수를 일찍 마감하자고 함 → 서류 검토 기간이 필요해서 그렇게 얘기한 것 → 추후 컴플레인 제기 가능 → 미리 객장에 필요 서류와 서류 구비의 필요성을 기재한 안내판 부착하여 서류 검토 기간을 줄임
답변 템플릿	
두괄식	네, 저는 (경험) 당시 상사와 갈등을 해결한 경험이 있습니다.
답변(경험)	당시 ~한 (목표/업무)가 있는 상황에서, 상사는 (의견)을 제시했으나, 이는 자칫 (문제)가 될 수 있다고 판단하였습니다. (하지만 ~는 옳다고 생각하여) 이에, (방법)으로 갈등을 해결해 (성과)를 이뤄낼 수 있었습니다.

답변 예시	네, 저는 은행 서포터즈로 근무하며 상사와의 의견 차이를 좁힌 경험이 있습니다. 당시 마이데이터 서비스를 영업해야 하는 상황에서, 상사는 객장이 혼잡하니 마이데이터 실적을 포기하자고 하셨습니다. 하지만 고객이 많은 시간대를 이용한다면 분명 마이데이터 실적도 낼 수 있다고 판단해, 상사의 피드백을 받아 마이데이터 설명서를 만들고, 번호표를 확인해드리며, 객장에 들어가 고객 틈에 앉아 설명서를 드리고 영업한 결과 마이데이터 실적 1위 지점을 달성할 수 있었습니다.
강조하고 싶은 모습/역량	• 지점 실적에 대한 사명감, 책임의식, 적극성 • 고객을 설득하여 실적을 끌어내는 영업력

답변 다시 만들어보기
(정리한 답변에서 KEYWORD만 추출해 미니북에 정리한 후, 키워드 중심으로 암기해보세요!)

답변 1			
답변을 통해 강조하고 싶은 역량		답변에 걸린 시간	초
답변 2			
답변을 통해 강조하고 싶은 역량		답변에 걸린 시간	초
나올 수 있는 꼬리/다른 질문	• 그 때 상사의 반응은 어땠는지? • 상사를 설득하는 본인만의 노하우는 무엇인지?		

상황/Q3	가치관이 맞지 않는 사람과 일한다면 어떻게 대처할지?		
혼자 답변해보기		답변에 걸린 시간	초

✏️

이 질문은 주로 언제, 누구에게?	▶ 대다수 지원자 ▶ 의견이 다르면 회피하거나 화를 낼 것 같은 지원자	▼ 강의 보러 가기 ▼

	면접 답변 POINT
공통 POINT	• 조직 생활에서 모두와 잘 맞을 수는 없다. 가치관이나 생각이 다른 사람과도 충분히 일할 수 있다. • 그 때, '저런 사람하고 일 못해!' 하고 회피하는 사람이 아닌, '저런 사람하고도 현명하게 일할 줄 아는' 사람이 필요한 것이다. • 나는 업무에 있어서 어떤 가치관을 갖고 있는 사람인가? • 일을 하면서 업무 방향과 스타일, 생각이 다른 사람과 합을 맞춰갔던 경험부터 생각하기! • 정 생각이 나지 않는다면, '가장 맞지 않는 유형과 일했던 경험'을 생각하면 된다.

은행 POINT	〈나의 업무 가치관은 '목표 지향적, 고객 중심적'이어야 한다!〉 • 은행원이 갖춰야 할 업무적 가치관은 '실적을 달성하려는 목표 지향적 가치관', '고객 만족을 우선으로 생각하는 고객 중심적 성향', '계속해서 공부하려는 자기계발적 의지'이다. • 가장 안전하게 답하는 방법은, 이와 반대되는 사람들과 일을 할 경우 어떻게 대처할지, 어떻게 '목표, 고객, 공부'를 할 수 있게 끌어낼지를 생각하면 된다. • 아니라면, '영업 조직'에서 근무하며 정말 '가치관이 달랐던 경험'을 생각해보자! 단, '내가 너무 내향적이라 나대는 사람이 힘들었다.', '계속해서 발전하자는 사람이 힘들었다.', '고객한테 너무 을이 되는 동료가 힘들었다.'등 은행원에 반하는 가치관을 드러내는 것은 안 된다. 예 사은품보다는 설명 ↔ 설명보다는 사은품
공기업 POINT	〈나의 업무 가치관은 '원칙, 효율, 민원인 만족, 공익'이다!〉 • 공기업은 원칙을 준수하고, 효율을 극대화하고, 민원인의 만족을 추구하고, 공익을 위해 청렴하게 일하는 것이 중요한 곳이다. • 가장 안전하게 답하는 방법은, '원칙, 효율, 민원인 만족, 공익'과 반하는 가치관을 가진 사람을 설득했던 방안을 찾는 것이다. • 아니라면, '공조직'에서 근무하며, 정말 가치관이 달랐던 사람을 대처했던 경험을 찾으면 된다. 단, '너무 FM으로 일하는 사람과 일할 때 힘들었다.', '너무 빨리 처리하는 사람과 안 맞았다.', '너무 민원인한테 휘둘리는 동료가 안 맞았다.' 등의 답변은 위험하다. 예 근거 없이 너무 아이디어만 내세우는 사람하고 힘들었다.
답변 템플릿	
두괄식	네, 저는 가치관이 맞지 않는 사람과 일한다면 (~게 / n단계로) 대처하겠습니다.
답변(경험)	대체적으로 (내가 맞지 않다고 생각하는 유형)과 일할 경우 가치관의 차이가 있을 수 있는데, 이 경우 (나의 대처 방법)하여 업무를 달성해 나가겠습니다.
답변 예시	네, 저는 가치관이 맞지 않는 사람과 일한다면, A or B를 물어보며 대처할 것 같습니다. 비슷한 공단에서 근무하며, 대체적으로 부정적인 말만 내뱉는 동료와 일할 경우 가치관의 차이가 있었는데, 이 경우 부정적인 의견을 반영하고 객관적으로 자료를 만들어 A와 B중에 선택하도록 하여 '불만' 보다는 '결정'을 하게 한 것이 저의 노하우였기 때문입니다.

강조하고 싶은 모습/역량	• 회피하거나 싸우지 않고 현명하게 갈등을 해결하는 모습 • 실제로 가치관이 맞지 않는 사람과 일했던 경험이 있다.
\multicolumn{2}{c}{**답변 다시 만들어보기** (정리한 답변에서 KEYWORD만 추출해 미니북에 정리한 후, 키워드 중심으로 암기해보세요!)}	

답변 1	✎
답변을 통해 강조하고 싶은 역량	✎	답변에 걸린 시간	초
답변 2	✎
답변을 통해 강조하고 싶은 역량	✎	답변에 걸린 시간	초
나올 수 있는 꼬리/다른 질문	• 주로 어떤 사람과 가치관이 맞지 않고, 그 이유는 무엇인지? • 업무를 대하는 본인의 가치관은 무엇인지?

상황/Q4	실수를 인정하고 대처한 경험은?		
	혼자 답변해보기	답변에 걸린 시간	초

이 질문은 주로 언제, 누구에게?	▶ 대다수 지원자 ▶ MZ나 회피형 느낌의 지원자	▼ 강의 보러 가기 ▼

	면접 답변 POINT
공통 POINT	• 사람은 누구나 실수할 수 있다. 특히 신입 때는 더더욱! • 하지만 실수를 하고 '수습, 대처'까지 하는 사람은 많지 않을 수 있다. 특히 신입, 어린 직원들은 실수에서 회피를 하거나 조용히 묻는 경우들이 많다. • 회사에서는 '회피하거나, 묻고' 지나가는 신입이 아니라, '보고하고 해결하는 책임감 있는 신입'이 필요하기 때문에 이 질문을 한다. 즉, '어떻게 수습했는지'가 더욱 중요한 질문이다. • 단, 큰 실수는 금지! 실수에는 이유가 있어야 한다.

은행 POINT	〈돈 실수는 금지! 영업이나 서류 등의 과정에서 한 작은 실수!〉 • '돈' 실수는 추후에 또 할 위험이 있다고 판단되기 때문에, 피하는 것이 좋다. • 누군가에게 상품을 판매하거나 설명하는 과정에서, 혹은 서류를 받는 과정에서 생긴 정책 변화 등의 문제 때문에 생긴 실수 등을 답하는 것이 가장 좋다. • 수습 과정이 무엇보다 중요하다! 단순히 '죄송하다고 하고 실수를 수습했다.'에서 끝나는 것이 아닌, 고객의 마음을 더 움직이거나 영업을 더 해낸 '적극적인 수습 대처 방안'이 있다면 더욱 좋다. • 상사에게 실수했음을 인정하고, 바로 원상태로 돌린 후, 추가적인 노력을 했던 경험을 찾아볼 것!(영업 실수 추가 판매/서류 실수 매뉴얼 작성 등)
공기업 POINT	〈원칙 어긴 건 금지! 외부 환경으로 인해 한 실수 생각하기!〉 • 공기업은 원칙이 중요한 곳이다. 아무리 실수여도 원칙을 어기거나 청렴을 위반한 실수는 언급하지 않는 편이 좋다. • 공기업은 외부 환경의 변화가 많은 곳이다(정부의 정책 변화, 지원 자격의 변화). • 신입, 인턴이어서 미처 변화를 인지하지 못 했고, 바로 실수를 확인하고 수습했다는 내용이 가장 좋다. • 아니라면 신입 때 고객이 너무 많아서, 업무가 많아서, 인수인계를 받지 못해서 등 • 대처 방법 : 공기업은 '재발 방지'가 무엇보다 중요하다. 실수 수습을 한 후, 다시는 이런 문제가 발생하지 않도록 매뉴얼을 만들거나 동료들에게 사례를 공유하는 등의 대처 방안이 포함되어야 한다.
답변 템플릿	
두괄식	네, 저는 (경험) 당시, ~한 실수를 한 후 대처한 경험이 있습니다.
답변(경험)	당시 ~한 (목표/업무)가 있는 상황에서 (실수한 이유) 때문에 ~한 실수를 한 경험이 있습니다. 이에 바로 (실수 수습, 대처)한 후, (이후 재발 방지, 추가 실적 등)하여 대처할 수 있었습니다.

답변 예시	네, 저는 의료 기기 영업 당시, 상품 설명에 대한 실수를 하고 대처한 경험이 있습니다. 당시 신입으로서 어깨 통증에 사용하는 의료 기기를 판매했으나, 매뉴얼을 잘못 받아 바뀐 기능이 아니라 이전 버전의 기능을 설명하였습니다. 이에 바로 고객에게 전화를 드려 사과와 함께 다시 설명드리고, 고객님이 머무시는 노인정으로 주기적으로 찾아가 어깨 통증 완화 운동을 알려드리며 기기 사용을 독려한 결과 추가 판매까지 이뤄낼 수 있었습니다.
강조하고 싶은 모습/역량	• 실수를 인정하고 대처할 줄 아는 사람, 회피하지 않는 사람 • 추가 영업까지 끌어내는 사람

답변 다시 만들어보기
(정리한 답변에서 KEYWORD만 추출해 미니북에 정리한 후, 키워드 중심으로 암기해보세요!)

답변 1	
답변을 통해 강조하고 싶은 역량	답변에 걸린 시간 ___ 초
답변 2	
답변을 통해 강조하고 싶은 역량	답변에 걸린 시간 ___ 초
나올 수 있는 꼬리/다른 질문	• 실수에 대처하는 방법을 세 단계로 말해보아라. • 크고 작은 실수 중 가장 기억에 남는 실수는?

상황/Q5	상사가 부당한 지시를 내린다면?		
	혼자 답변해보기	답변에 걸린 시간	초

✎

이 질문은 주로 언제, 누구에게?	▶ 모든 지원자 ▶ 일반적인 '대처 능력, 조직 역량' 파악하기 위한 질문	▼ 강의 보러 가기 ▼

면접 답변 POINT

공통 POINT

- '부당한 지시'에 대한 기준 세워보기

  예) 개인적, 업무적 vs 규정 or 법에 어긋나는 경우

  = 조직, 고객에게 부당한 지시는 따르면 안 됨 → 왜 따르면 안 되는지에 대한 생각 정리하기

- '조직 > 규정 > 상사와의 관계 > 나' 순으로 우선순위 세우기
- 리스크를 미치는 일이 아닐 경우 → 상사와 대화
- 리스크를 미치는 일의 경우 → 조직, 고객을 위해 보고하고 해결하기

은행 POINT	〈은행 = 고객이 소중한 자산을 믿고 맡기는 곳〉 • 은행에서 '조직에 피해를 끼치는 부당한 지시'는 왜 따르면 안 되는지 생각해 보기(예: 고객이 자산을 맡기는 곳이라, 신뢰가 중요하기 때문 등) • '신한은행 RS직 상황 면접' 예시로 생각해 보기 : 규정상 가입시켜주면 안 되지만, 지점장님이 가입시켜주라고 한다면 어떻게 할 것인가? = 가입시켜주면 안 된다. 규정을 어기게 되면 고객과의 신뢰가 무너질 수 있다. 하지만 지점장님이 지점을 위하는 마음을 이해하기 때문에, 다른 방법으로 고객을 설득하겠다. • 적극적인 자세로 추가 영업을 이끌어내는 등의 모습을 보여줘도 좋음
공기업 POINT	〈공기업 = 고객/국민의 신뢰로 이뤄지는 기업〉 • 공기업에서 '조직에 부당한 지시'가 갖고 올 파급력 생각해 볼 것 • 공기업은 국민의 신뢰로 운영되는 곳이기 때문에, 한 번의 규정 위반이 기관의 신뢰 저하로 이어질 수 있음 • 보수적인 집단이기 때문에, 개인적으로 부당한 부분은 어쩔 수 없다고 생각하고 인정하는 편을 권장 • 조직, 신뢰에 영향을 미치는 일 → 해결하고자 노력하는 적극적 자세 보이기
답변 템플릿	
두괄식	네, 저는 상사가 부당한 지시를 내린다면, (기준)으로 먼저 (살펴보겠/판단하겠)습니다.
답변(경험)	(은행, 공기업)은 ~한 곳이기 때문에, 가장 먼저 (기준)에 따라 살펴본 후, A 한 경우에는 ~게 하고, B 한 경우에는 ~게 하겠습니다.
답변 예시	네, 저는 상사가 부당한 지시를 내린다면, 개인과 조직 중 영향을 미치는 부분부터 살펴보겠습니다. OO은 고객의 신뢰로 이뤄지는 곳이기 때문에, 개인적으로 부당할 경우에는 후배이기 때문에 일단 따르나, 조직이나 고객 신뢰에 리스크를 주는 지시라면, 이를 문제로 인식하고 상부에 보고해 해결할 수 있도록 하겠습니다.
강조하고 싶은 모습/역량	• 조직을 위해 헌신하고 상사와 융화될 준비가 되어 있음 • 조직의 중요성 인지

	답변 다시 만들어보기
	(정리한 답변에서 KEYWORD만 추출해 미니북에 정리한 후, 키워드 중심으로 암기해보세요!)

답변 1	✎

답변을 통해 강조하고 싶은 역량	✎	답변에 걸린 시간	초

답변 2	✎

답변을 통해 강조하고 싶은 역량	✎	답변에 걸린 시간	초

나올 수 있는 꼬리/다른 질문	• 그럼에도 상사가 지속해서 부당한 지시를 요구한다면? • 상사의 부당한 지시에 대처한 경험은? • 그렇다면, 만약 상사가 지원자의 성과를 빼앗으려고 할 경우에는 어떻게 할 것인지?

상황/Q6	입사 후, 조직 문화가 맞지 않으면 어떻게 대처할지?		
혼자 답변해보기		답변에 걸린 시간	초

✎

이 질문은 주로 언제, 누구에게?
- ▶ 대다수 지원자
- ▶ 조직 문화가 안 맞아 보이는 지원자

▼ 강의 보러 가기 ▼

면접 답변 POINT

공통 POINT

- 조직 문화가 모두에게 맞을 수는 없다! 조직 문화가 안 맞는다고 도망가는 사람이 아닌, 그럼에도 그 안에서 적응하며 일할 사람이 필요하다.
- 늘 이야기하지만, 회사에서 가장 두려워하는 신입은 '다 가르쳐 놨더니 빨리 퇴사하는 신입'이다.
- '나에게 안 맞는 조직 문화'는 '내가 근무할 은행/공기업과 분위기가 상반된 곳'이어야 한다. 그런 곳에서도 노력해서 조직을 위해 기여한 경험 찾아서 '그 때 어떻게 했었지?' 생각할 것!
- 일단 '나는 이 문화에 맞는데~'가 기본으로 깔려 있는 것이 좋다.

은행 POINT	**〈다소 단조롭거나, 수동적인 조직에서 대처한 경험!〉** • 은행은 대체적으로 '목표 지향적, 친화력 있는, 적극적인' 사람들을 필요로 하는 곳이다. 미래 행원에게 안 맞는 조직은 '사무 업무만 하고, 목표 없이 쳇바퀴처럼 일만하고, 수동적인 조직'이어야 한다. • 이런 조직에서도 적극적으로 일해서, 동료들의 사기를 올리고 성과를 냈던 경험이 필요하다. • 만약 입행 후 조직 문화가 맞지 않는다면 '내가 이만큼 더 적극적일 것이다!'를 세 단계로 나눠서 보여줄 것!
공기업 POINT	**〈융통성보다는 체계가 앞서는 조직임을 잊지 말 것!〉** • 공기업은 '행동이 앞서고, 원칙이 다소 덜 중요한' 사기업과 달리 굉장히 체계와 기준이 중요한 곳이다. 또, 이런 곳일지라도 '충분히 헌신하고 조직을 위해 기여할 수 있는 사람'이 필요하다. • 사기업과 비슷한 환경의 조직에서도 '조직의 체계와 기준을 세우기 위해, 조직원들과 잘 지내기 위해' 어떻게 대처했는지를 생각하고, 그 내용을 답변으로 가져와도 된다. • 입사 후 조직 문화가 맞지 않는다면…. 내가 얼마나 묵묵히 솔선수범할 것인지를 보여주면 된다. 또, 막내 직원에게 바라는 밝고 싹싹한 이미지를 더해, 조직 분위기에 어떻게 녹아들지를 같이 명시하자!
답변 템플릿	
두괄식	네, 저는 만약 조직 문화가 맞지 않는다면 (~게/N단계로) 대처하겠습니다.
답변(경험)	이미 (지원하는 곳과 비슷한 경험/경력)을 통해 (은행/공기업)의 조직 문화가 제게 맞다고 판단하였지만, 만약 맞지 않더라도 (내가 할 방법)을 통해 조직 문화에 적응해 가겠습니다.
답변 예시	네, 저는 만약 입사 후 조직 문화가 맞지 않는다면, 크게 두 가지 방법으로 대처할 것 같습니다. 사기업과 공기업에서 모두 근무해보며, 체계적인 공기업 문화가 제게 잘 맞다고 생각하여 지원했지만, 만약 맞지 않더라도 업무적으로는 기존 서류와 선배님들의 방식을 보며 저만의 업무 체계를 세워가며 일의 보람을 찾고, 조직적으로는 SNS 역량으로 계정 관리도 해보고 선배님들과 따로 식사 시간이나 대화 시간도 가지며 사람에 정을 붙이며 다닐 수 있도록 하겠습니다.

강조하고 싶은 모습/역량	• 이미 공기업의 문화가 맞다는 걸 확인한 사람이다. • 선배에게 먼저 다가갈 수 있는 밝은 성격의 지원자
답변 다시 만들어보기 (정리한 답변에서 KEYWORD만 추출해 미니북에 정리한 후, 키워드 중심으로 암기해보세요!)	
답변 1	✎
답변을 통해 강조하고 싶은 역량	✎	답변에 걸린 시간	초
답변 2	✎
답변을 통해 강조하고 싶은 역량	✎	답변에 걸린 시간	초
나올 수 있는 꼬리/다른 질문	• 그럼에도 조직 문화가 맞지 않는다면 어떻게 할 것인지? • 조직 문화가 맞지 않는 곳에서 적응한 경험이 있는지?

상황/Q7	회사생활을 하며 인간관계에 스트레스 받은 경험은?		
혼자 답변해보기		답변에 걸린 시간	초

이 질문은 주로 언제, 누구에게?	▶ 인간관계에 스트레스를 많이 받을 것 같은 지원자 ▶ 회피형 지원자, 멘탈이 여려 보이는 지원자 등	▼ 강의 보러 가기 ▼

면접 답변 POINT

공통 POINT
- 사실 대다수의 사람이 '일'보다는 '사람'이 안 맞아서 퇴사한다. 인간관계가 어려워도, 회피하지 않고 견디고 어울릴 사람이 필요해 이와 같은 질문을 한다.
- '어떤 인간관계에 스트레스를 받는가?'가 정립이 되어야 한다. 이 답변에 따라 개개인의 성향이 드러난다.
- '어떻게 대처하는가?'도 중요하다. 상사에게 이르거나 부서를 피하는 것이 아닌, 정면돌파해서 문제를 해결한 경험이 좋다.

은행/공기업 POINT	〈모두가 '안 맞는 사람'으로 답해야 한다!〉 • 은행, 공기업 모두 '업무 스타일이 안 맞는 사람'이 아닌 '인간관계' 자체에 스트레스 받은 경험을 묻는다면…. '누가 들어도 스트레스 받을 것 같은 사람'의 이야기가 나와야 한다. • 다만 '나대는 사람', '상사에게 잘 보이려는 사람', '말이 너무 많은 사람' 등 '조직에 필요한 or 밝은 사람'때문에 스트레스를 받았다고 하면 내 이미지가 나빠 보인다. 　예 '부정적인 말만 하는 사람', '아무 말도 안 하는 사람', '누구에게도 마음의 벽을 열지 않는 사람', '핑계만 대는 사람' 등 • 스트레스 받은 후 대처 방안은 크게 두 가지다. 적극적으로 풀려고 노력을 하거나, 억지로 풀려고 하기보다는 업무적으로는 우호적 관계를 유지하려고 한다든가!
답변 템플릿	
두괄식	네, 저는 (경험) 당시 ~한 인간관계에 스트레스를 받은 경험이 있습니다.
답변(경험)	당시 (대상, 상대)가 너무 (스트레스 받는 이유)하여 ~한 이유로 스트레스 받았지만, (나의 대처 방법, 그렇게 대처한 이유)하여 (잘 해결될) 수 있었습니다.
답변 예시	네, 저는 은행 서포터즈 당시에, 너무 부정적인 말만 하는 동료 사이에서 스트레스를 받은 경험이 있습니다. 당시 서포터즈 인턴과 아르바이트생 대부분이 '하지 말자. 해도 우리한테 돌아오는 거 없잖아.'라며 계속해서 제 행동을 저지했을 때, 전 경험을 쌓고 있었기 때문에 그 관계에 다소 스트레스를 받았었습니다. 그래서 '너희들 몫까지 내가 해줄게!'라는 말을 하며 제가 먼저 나서서 움직였고, 동료들하고 퇴근 후에 이 얘기들을 나누면서 관계가 가까워져 스트레스도 풀렸고, 동료들도 동참하며 나중에는 가장 적극적으로 일했던 학생들이라는 이야기도 들을 수 있었습니다.
강조하고 싶은 모습/역량	• 뭐든 해보려고 하는 적극적인 지원자 • 솔선수범하고 동료들을 포용하는 리더십

답변 다시 만들어보기		
(정리한 답변에서 KEYWORD만 추출해 미니북에 정리한 후, 키워드 중심으로 암기해보세요!)		
답변 1		
답변을 통해 강조하고 싶은 역량	답변에 걸린 시간	초
답변 2		
답변을 통해 강조하고 싶은 역량	답변에 걸린 시간	초
나올 수 있는 꼬리/다른 질문	• 스트레스를 해소하는 본인만의 노하우는? • 인간관계를 잘 유지하기 위해 어떤 노력을 하는지?	

상황/Q8		상사가 일을 알려주지 않는다면 어떻게 할 것인지?		
	혼자 답변해보기		답변에 걸린 시간	초

✏️

이 질문은 주로 언제, 누구에게?	▶ 상사가 업무를 알려주지 않으면 조용히 있을 것 같은 지원자 ▶ 수동적, MZ 이미지의 지원자	▼ 강의 보러 가기 ▼

	면접 답변 POINT
공통 POINT	• 이런 상사가 없어야겠지만, 기업에서는 상사가 업무를 알려주지 않아도, 싹싹하게 먼저 다가가서 일을 배우려는 사람을 좋아한다. • 인턴, 아르바이트 등 실제 일을 하면서, 상사가 일을 늦게 알려주거나 못 알려줬을 때, 내가 먼저 일을 물어보고 배우려고 했던 경험 찾아보기! • 상사에게 가서 직접 물어보기도 OK! 그 외에도 내가 일을 배우기 위해 노력하는 자세도 '의지'만 드러난다면 OK! 예 회사의 지난 서류, 매뉴얼들을 찾아보며 공부한다든가, 다른 부서나 담당자에게 물어본다든가 → 상사에게 물어보기 전에 자발적으로 움직이려는 노력도 좋다.

은행/공기업 POINT	〈내가 먼저 다가가는 싹싹한 사람이어야 한다!〉 • 상사가 일을 알려주지 않는 이유는 무엇일까? : 인턴, 신입이라 믿음이 가지 않아서/어차피 떠날 사람이라/못 할 것이라고 생각해서/어려운 업무라/인턴, 신입에게는 마음을 주지 않아서 등 • 상사에게 다가가는 방법 : 내가 배운 내용을 정리해서 갖고 가서 질의하며 업무를 배운다./선배 옆에서 업무를 지켜보며 자연스레 습득한다./업무 피드백을 요청하면서 배운다. 등 • 업무를 배우려는 의지 : 퇴근 후 자발적으로 공부한다./다른 선배들이 만든 서류, 업무 일지 등을 학습한다./서류, 데이터, 창고 등을 정리하며 업무를 배운다. • 조직적 : 매일 일찍 출근해 상사에게 신뢰를 준다./상사와 가까워지며 업무를 묻는다. 등 → 상사에게 신뢰 주기에 초점!
답변 템플릿	
두괄식	네, 저는 만약 상사가 업무를 알려주시지 않는다면, 저는 (~게/N단계로) 할 것 같습니다.
답변(경험)	상사가 업무를 알려주시지 않는 이유는 크게 (추측 이유)일 것이라고 생각합니다. 이에 (내가 하는 행동, 상사에게 물어보기 + 업무 배우기 or 조직 적응하기)하여 최대한 빠르게 업무와 조직에 적응하도록 하겠습니다.
답변 예시	네, 저는 만약 상사가 업무를 알려주시지 않는다면, 일단 제가 먼저 움직일 것 같습니다. 상사가 업무를 알려주지 않는 이유는 저에게 신뢰가 부족하기 때문이라고 생각합니다. 그렇기 때문에, 매일 퇴근 후 혼자 공부해서 다음 날 상사에게 질의를 하거나 피드백을 요청하며 공부하는 자세를 보여드리고, 선배님 옆에서 업무를 보고 배우면서 자발적으로 업무를 습득해 최대한 빠르게 상사의 신뢰를 얻어 업무에 적응하겠습니다.
강조하고 싶은 모습/역량	• 회피하거나 포기하지 않고 업무를 배우려는 자세 • 퇴근 후에도 업무를 배우려는 강한 의지

	답변 다시 만들어보기		
	(정리한 답변에서 KEYWORD만 추출해 미니북에 정리한 후, 키워드 중심으로 암기해보세요!)		
답변 1			
답변을 통해 강조하고 싶은 역량		답변에 걸린 시간	초
답변 2			
답변을 통해 강조하고 싶은 역량		답변에 걸린 시간	초
나올 수 있는 꼬리/다른 질문	• 실제 이렇게 해서 상사의 신뢰를 얻은 적이 있는지? • 상사가 알려주지 않은 업무를 해낸 경험이 있는지?		

상황/Q9	만약 워라밸이 지켜지지 않는다면?		
혼자 답변해보기		답변에 걸린 시간	초

✏️

이 질문은 주로 언제, 누구에게?	▶ 모든 지원자 ▶ 워라밸이 되게 중요해 보이는 지원자 ▶ MZ 지원자	▼ 강의 보러 가기 ▼

면접 답변 POINT

공통 POINT

- '워라밸에 대해 어떻게 생각하는지?'에 대한 질문을 지나, '워라밸이 지켜지지 않는다면 어떻게 할 것인가?'하는 구체적인 질문이 나오기 시작했다(이 질문의 답을 바꿔서 '워라밸에 대해 어떻게 생각하는지?'의 질문에 답으로 써도 좋다).
- '워라밸이 지켜지지 않아도 괜찮습니다!'가 아닌 '워라밸이 지켜지지 않는 것이 본인에게 왜 괜찮은지'가 어필이 되어야 한다.
- 만약 '워라밸에 대한 견해'가 아니라 '안 지켜져도 괜찮나?'라는 질문이 나온다면, 그 기업은 지켜지지 않을 가능성이 높기 때문에 '일이 싫다.'류의 답변은 피하는 것이 좋다.

은행/공기업 POINT	〈난 애초에 이 일이 좋아요!〉 • 워라밸에 대한 나의 생각부터 정리할 필요가 있다. • 일이 좋다. : 기업에서 좋아할 것 같지만, 무조건적인 '일이 좋다.'의 답변은 신뢰가 가지 않는다. 왜 이 일이 좋은지, 왜 라이프보다 워크에 더 비중을 두는지 이유가 납득되어야 한다. • 라이프가 중요하다. : 오히려 '라이프가 중요하다.'라는 답변이 납득될 수 있다. 다만, '라이프가 더 중요하기 때문에 일에 몰두해야 한다.'처럼 답변이 '일'로 연결되는 것이 좋다! • 만약에 지켜지지 않는다면 : 일에 대한 사명감으로 최대한 일을 처리 or 최대한 효율적으로 속도를 높이고자 함 or 만약에 그 이상의 무리한 업무라면 상사에게 보고함!
답변 템플릿	
두괄식	네, 저는 만약 워라밸이 지켜지지 않는다면 ~게 하겠습니다.
답변(경험)	저는 (워라밸에 대한 생각)을 갖고 있기 때문에, 워라밸이 지켜지지 않는다고 할지라도 ~게 하겠습니다.
답변 예시	네, 저는 만약 워라밸이 지켜지지 않는다면, 최대한 효율적으로 업무를 처리해보려고 할 것 같습니다. 애초에 금융 전문가가 되고 싶어서 은행의 길을 선택했고, 저는 일을 통해 효능감을 찾는 편이라 워라밸이 맞춰지지 않아도 크게 불만 없이 일할 수 있습니다. 하지만 만약 밸런스가 너무 맞지 않아 신체적으로나 사적으로 힘든 상황까지 온다면, 최대한 효율적으로 처리하고, 그럼에도 어렵다면 상사께 논의하여 업무 양을 조절해 업무에 더 집중할 힘을 만들 것 같습니다.
강조하고 싶은 모습/역량	• 본래 일을 좋아하는 지원자 • 회피하지 않고 논의를 할 줄 아는 지원자

답변 다시 만들어보기 (정리한 답변에서 KEYWORD만 추출해 미니북에 정리한 후, 키워드 중심으로 암기해보세요!)				
답변 1	✏️				
답변을 통해 강조하고 싶은 역량	✏️		답변에 걸린 시간	초
답변 2	✏️				
답변을 통해 강조하고 싶은 역량	✏️		답변에 걸린 시간	초
나올 수 있는 꼬리/다른 질문	• 워라밸에 대한 본인의 생각은? • 만약 워크와 라이프가 충돌하는 일이 생긴다면?			

상황/Q10	조직 내 무임승차하는 동료가 있다면 어떻게 대처할지?		
혼자 답변해보기		답변에 걸린 시간	초

이 질문은 주로 언제, 누구에게?	▶ 모든 신입 지원자 ▶ 갈등을 회피하려는 지원자 ▶ 혹은 갈등을 만들 것 같은 지원자	▼ 강의 보러 가기 ▼

면접 답변 POINT

공통 POINT	• 대학교 팀플에 프리라이더가 있는 것처럼, 조직에서도 무임승차를 하려는 사람들이 있다. • 이로 인해 조직 내에 갈등이 생기거나 분란이 생기는 경우도 있어, 갈등이나 분란을 만드는 게 아니라 '현명하게 대처할 수 있는 사람'을 원하기 때문에 이 질문을 하게 된다. • 학교에서 팀플할 때에는 '이름을 날렸다. 무시했다.'를 쓸 수 있지만, 조직은 '함께 가는 곳'이기 때문에 최대한 '참여를 끌어낸 경험'을 답해주는 것이 좋다.

은행/공기업 POINT	**〈은행이든 공기업이든 '함께 갈 사람'이 필요하다!〉** • 은행에서도 '실적을 위해 함께 갈 사람'이, 공기업에서도 '공익, 국민, 업무를 위해 함께 갈 사람'이 필요하다. • 은행 : 영업 실적에 무임승차하려는 사람이 있을 수 있다. 이 때, 본인의 판매 노하우를 나눠준다든가, 메신저 등을 통해 판매를 지원하는 등의 방식이 있다./혹은 고객을 부르지 않고 자기 업무만 하는 사람이 있을 수 있다. 이 때, 최대한 고객을 쳐내되, 문제가 있는지 물어보고 같이 해결해주려고 노력한다. • 공기업 : 내가 만든 성과, 업무 등에 무임승차하려는 동료, 상사가 있을 수 있다. 이 때, 단순히 '안 된다.'라고 하기 보다는, 업무를 알려주고 노하우를 공유하고, 같이 할 수 있는 방안을 찾아 제안한다./따로 대화를 나누며 문제를 같이 해결할 수도 있다.
답변 템플릿	
두괄식	네, 저는 만약 무임승차하는 동료가 있다면 ~게 대처하겠습니다.
답변(경험)	(은행/공기업)에서 무임승차하는 이유는 (이유)일 것이라고 생각되기 때문에, (나의 방식)하여 조직의 (성과, 매출 등)에 기여하겠습니다.
답변 예시	네, 저는 무임승차하는 동료가 있다면, 밀착하여 나눠줄 것 같습니다. 실제 타 공단에서 인턴 해보며, 대부분 무임승차하는 동료들은 업무가 버겁거나 잘 모르는 동료들이었습니다. 이에 업무가 버거우면 옆에서 '이만큼은 내가 할게, 넌 이만큼만 해.'라며 무게를 덜어주고, 제가 갖고 있는 노하우를 알려주면서 동료가 일에 참여할 수 있도록 끌어낼 것 같습니다.
강조하고 싶은 모습/역량	• 공기업 인턴 근무 경력 있고, 무임승차 동료 대처해본 적 있다. • 친화력 있는 성격으로 현명하게 대처하는 사람

	답변 다시 만들어보기
	(정리한 답변에서 KEYWORD만 추출해 미니북에 정리한 후, 키워드 중심으로 암기해보세요!)

답변 1	
답변을 통해 강조하고 싶은 역량		답변에 걸린 시간	초
답변 2	
답변을 통해 강조하고 싶은 역량		답변에 걸린 시간	초
나올 수 있는 꼬리/다른 질문	• 무임승차하는 동료를 대처했던 경험은? • 그렇게 했는데도 계속해서 무임승차한다면 어떻게 할 것인지?

상황/Q11	만약 극복하지 못할 난관에 부딪힌다면 어떻게 할 것인가?		
혼자 답변해보기		답변에 걸린 시간	초

✏️

이 질문은 주로 언제, 누구에게?	▶ 모든 지원자 ▶ 회피형 지원자 ▶ MZ형 지원자	▼ 강의 보러 가기 ▼

	면접 답변 POINT
공통 POINT	• 대학교에서도 그렇고, 살면서도 그렇듯, 회사에서도 극복하기 어려운 난관에 봉착할 수 있다. • 이 난관 앞에서 포기하거나 회피하는 사람이 아닌, '정면돌파해서 작은 것이라도 건지려고 할 사람'이 필요하다. • 요즘 기업은 '회피하는 사람'이 아닌 '이겨내는 사람'을 원한다. • 각 기업 유형에 따라 '어떤 위기가 있을 수 있는지.'를 먼저 정리한다면, 그 위기를 이겨낼 방안이 보인다.

은행 POINT	**〈영업 실적의 위기, 매출이나 고객 수 하락의 위기!〉** • 은행에서의 가장 큰 위기, 난관은 '매출, 고객, 영업 실적'이 낮아지는 일이다. • 이 경우에 어떻게 극복할지를 생각해보자면, 답변은 매우 간단하다. • 손님을 구하러 나가기 : 밖으로 나가서 영업하기, 온라인 영업으로 고객 확보하기, 지역 돌아다니면서 고객 확보하기 등 • 해결책 찾기 : 경제/금융 흐름 읽으면서 매일 보고서 작성하기, 고객에게 주기적으로 연락해서 현황을 알리며 가입 유도하기 등 • 은행은 '적극성'이 중요하다. 적극적으로 움직이는 자세 보여주기!
공기업 POINT	**〈자원의 부족이 가장 큰 위기다!〉** • 사실 공기업에서의 가장 큰 위기는 '자원'의 부족이다. 예산이 부족하거나, 인력이 부족하거나, 부품 등이 부족하거나…. • 이 경우 '포기'하지 않고 '대안'을 찾는 지원자가 필요하다. • 대안 구하기 : 다른 지자체 및 기관의 상황을 파악해서 자원 끌어오기/타 외국 및 기관 사례를 참고해서 벤치마킹하기/기존에 있는 자원을 활용해서 새로운 방안 만들기 등 • 너무 강하게 상부에 컴플레인 하거나, 회피하는 것 외에 '조직을 위해 헌신하는 답변'은 대부분 가능하다.
답변 템플릿	
두괄식	네, 저는 만약 극복하지 못할 난관에 부딪힌다면 (~게/N단계로) 대처하겠습니다.
답변(경험)	(은행/공기업)에서는 대부분 ~한 (위기/어려움)이 있을 수 있다고 생각합니다. 이에 (나의 노력, 회피하지 않는 모습)하여 (성과 달성, 조직 성장 등)에 기여하겠습니다.
답변 예시	네, 저는 만약 극복하지 못할 난관에 봉착한다면, 크게 세 단계로 대처할 것 같습니다. OO공단에서는 대부분 지원할 사업이나 자원이 부족한 경우에 위기가 발생할 수 있다고 생각합니다. 이에 첫째로는 다른 기관의 자원을 확인해 안내하거나 끌어올 수 있는 부분을 확인하고, 둘째로는 타 기관의 사례나 이전 사례를 참고해 대응책을 마련하겠습니다. 마지막으로는 원래 목표의 성과는 얻지 못하더라도 최대한 현재 있는 자원을 보존할 수 있는 방법을 모색하겠습니다.

강조하고 싶은 모습/역량	• 공기업에 대한 이해가 있는 지원자 • 타 기관과 소통하는 적극적 자세			
답변 다시 만들어보기 (정리한 답변에서 KEYWORD만 추출해 미니북에 정리한 후, 키워드 중심으로 암기해보세요!)				
답변 1	✏️			
답변을 통해 강조하고 싶은 역량	✏️		답변에 걸린 시간	초
답변 2	✏️			
답변을 통해 강조하고 싶은 역량	✏️		답변에 걸린 시간	초
나올 수 있는 꼬리/다른 질문	• 만약 그렇게 해도 극복하지 못한다면? • 실제로 극복하기 어려운 난관을 극복했던 경험은?			

상황/Q12	고객의 이익과 회사의 이익이 상충한다면?		
	혼자 답변해보기	답변에 걸린 시간	초

✎

이 질문은 주로 언제, 누구에게?	▶ 모든 지원자 ▶ 일반적인 가치관 파악 질문	▼ 강의 보러 가기 ▼

면접 답변 POINT

공통 POINT
- 고객, 회사에 대한 개인의 가치관과 대처 역량을 보기 위한 질문
- 질문의 폭이 넓어질 수 있기 때문에, 기준을 세워 답변 정리하기(예 원칙에 어긋나는지 확인하기, 장단기적인 관점에서 확인하기)
- 그에 대한 결론으로, '하나의 답' 선택해두기
- 내가 지원하는 기업, 직무 안에서 '고객은 누구고, 회사는 어떤 곳인지' 가치관 정리해보기
- 뚜렷한 목표를 정한 후, 후에 양측의 이익을 모두 고려하는 답변하기(예 고객의 신뢰는 곧 회사의 성장이기 때문에/회사의 성장은 고객의 이익으로 돌아가기 때문에)

은행 POINT

〈'상품'으로 대입해서 생각해 보기〉

- '은행에는 이익이 되지만, 고객에게는 이익이 되지 않는 상품을 판매할 것인가?'로 생각해서 답변해보기
- 은행 이익을 위한 스팟성 상품 vs 진짜 고객에게 필요한 상품
- 고객의 신뢰, 자산의 중요성을 인지하고, 이는 기업의 성장으로 이어진다는 점을 기억하기
- 고객의 이익을 우선시 한다면, 은행의 이익도 같이 할 수 있는 방법 언급하기

공기업 POINT	〈'공기업'에 대한 가치관 정리해서 답하기〉 • '공기업이 이익을 내야 하는 이유는?'에 대해 생각해 보기 • 공기업은 애초부터 국민의 편의를 위한 곳, 대부분 고객 요청에 맞춰 업무가 조정되어 있음 • 이러한 상황이 발생할 수 있는 경우를 생각해 보기(예 고객이 원하는 서비스가 있으나, 이를 시행할 시 기업에 손해가 발생하는 상황) • 공기업의 특징 '누구나, 공평하게, 소외 없이' → 답변에 가치관 녹이기 • 하나를 택할 시, 다른 하나가 보완될 수 있도록 하기(예 사회를 위해 회사의 이익을 택하되, 고객 이익을 보완할 수 있는 방법 모색하기)
답변 템플릿	
두괄식	네, 저는 고객과 회사의 이익이 상충할 경우, ~게 하겠습니다.
답변(경험)	(지원한 기업, 고객)은 ~해야 하기 때문에, 고객 or 기업을 택해, (가치관)을 지킨 후, (보완책)을 시행해 ~게 보완하겠습니다./만약 (기준 하나에 부합한 경우) ~게 하며 (직무, 행원으로서 가치)를 지키겠습니다.
답변 예시	네, 저는 고객과 회사의 이익이 상충한다면, '피해를 보는 사람'이 있는지부터 확인하겠습니다. 공기업은 모두가 서비스를 동등하게 이용할 수 있어야 한다고 생각하기 때문에, 고객 요청으로 인해 피해를 보는 사람이 없다면 이를 수용하되, 만약 회사에 손해가 발생해 피해를 보는 사람이 발생한다면 다른 보완책을 마련하겠습니다.
강조하고 싶은 모습/역량	• 공기업에 대한 확고한 가치관 • 고객 지향적 자세
답변 다시 만들어보기 (정리한 답변에서 KEYWORD만 추출해 미니북에 정리한 후, 키워드 중심으로 암기해보세요!)	
답변 1	

답변을 통해 강조하고 싶은 역량	✎		답변에 걸린 시간	초
답변 2	✎			
답변을 통해 강조하고 싶은 역량	✎		답변에 걸린 시간	초
나올 수 있는 꼬리/다른 질문	• (고객을 택했을 경우) 만약 이로 인해 회사에 손해가 발생한다면? • (회사를 택했을 경우) 이로 인해 고객의 불만이 제기된다면?			

CHAPTER 06 '고객'에 대한 질문

I. '고객' 질문에 대한 답변 만들기

고객을 응대해야 하는 행원이나, 민원인을 응대해야 하는 공기업 직무의 경우 '고객'에 대한 질문이 나오게 된다. 세상에는 생각보다 다양한 유형의 고객이 있고, 생각하지도 못한 요청이 즐비하기 때문에, 이러한 상황에서도 충분히 버텨낼 수 있는 사람을 찾고자 하는 것이다. 사람을 응대해보지 않았던 사람이 갑자기 사람을 응대하게 되면, 업무 외에도 사람에 대한 스트레스도 쌓여 업무 수행 효율이 저하될 것이다. 또, 애초부터 사람을 좋아하지 않는다면, 매일 출근하는 그 자체가 스트레스일 것이다. 이에, '얼마나 사람을 만나봤고, 겪어봤고, 거부감이 없는지'를 파악하기 위한 질문들을 하게 된다. 이제 아래 내용을 채워 나가며, 본인의 '고객 응대 경험'을 정리해보자.

예시

구분	경험 1	경험 2
고객 응대 경험	카페 아르바이트	공기업 인턴
당시 내가 잘한 일	• 고객 불편함 듣고 메뉴판 개선 • 고객들이 주로 시키는 메뉴 듣고, 세트 메뉴 개발 및 제안	• 대기 시간 효율화를 위해, 업무 별 필요한 서류 정리해서 부착(인근 발급 가능 장소까지 안내)
가장 기억에 남는 고객	• 디카페인만 주문하시던 고객님, 알고 보니 임신하셔서, 그 후로 커피와 비슷하지만 몸에 좋은 다른 메뉴 추천, 감사 표시(세세함) • 기업 고객 단체 주문, 당시 새로 시작한 메뉴 있어, 좋은 홍보 기회가 될 수 있다고 생각해, 설득해 신메뉴로 변경 주문 (설득력)	• 어르신 고객이 업무를 신청하러 오셨으나, 컴퓨터로 처리해야 하는 업무를 잘하지 못하심, 업무로 바빴지만 편한 곳으로 모신 후 하나하나 도와드리고, 혼자서도 하실 수 있는 방법 적어드림

| 진상 고객 응대 경험 | • 계속 온도가 맞지 않는다며 다시 만들어달라고 요청하던 주기적 고객, 이유를 묻고 적정한 온도 파악, 제작 시 고객님께 여쭤보며 적정 온도 맞춰드림, 고객의 사과 | • 조건이 되지 않는데, 계속해서 사업 신청을 해달라는 고객. 불가능한 이유에 대해 설명드리고, 대신 받으실 수 있는 다른 방안 안내 |

연습해보기

구분	경험 1	경험 2
고객 응대 경험		
당시 내가 잘한 일		
가장 기억에 남는 고객		
진상 고객 응대 경험		

Ⅱ 답변 정리하기

고객/Q1	진상 고객을 응대했던 경험은?		
혼자 답변해보기		답변에 걸린 시간	초

✏️

이 질문은 주로 언제, 누구에게?	▶ 고객, 민원인 응대 직무 ▶ 마음이 여려 보이는 지원자	▼ 강의 보러 가기 ▼ [QR코드]

면접 답변 POINT	
공통 POINT	• '소통, 공감, 경청' 등의 답변도 좋지만, 다소 진부해서 공격 질문이 들어올 수 있음(예 구체적으로 어떻게 소통한 것이냐? 경청만으로 문제가 해결이 되느냐? 등) • 내가 만났던 악성, 진상 고객을 어떻게 '대처'했었는지 생각해 보기 • 상사는 그 악성, 진성 고객/민원인을 어떻게 대처했었는지 생각해 보기 • 항상 '고객, 민원인'을 우선으로 하는 자세가 포함되어 있어야 함
은행 POINT	〈영업, 판매 경험, 상담 경험 등에서 찾기〉 • 물건을 팔았던 경험, 학원 등에서 상담해서 프로그램을 판매했던 경험, 원생을 모집했던 경험, 오피스에서 비대면으로 고객을 응대했던 경험 등 • '전화위복'의 사례가 있어도 좋음(예 처음에 진상이었지만, 추후 추가 구매까지 함) • 고객의 이야기를 듣고 행동하기 • 상품을 판매하는 과정이나 판매하고 나서 발생한 민원을 대처했던 경험

공기업 POINT	**〈적극적이며 공손한 자세 언급하기〉** • 본인이 주로 응대하게 될 민원인의 연령대와 특징 등을 파악해, 비슷한 민원인을 응대했던 경험 찾기(예 고연령대, 무언가 신청하러 옴) • 주로 민원인이 요청하는 상황을 이뤄줄 수 없을 때 '진상 고객'의 요청이 발생함 → 이런 경우 어떻게 대처할지 • 적극적인 태도, 추가적인 조사, 신뢰를 주는 자세, 대안 제시 등을 언급
답변 템플릿	
두괄식	네, 저는 (경험) 당시 ~을 요구하는 고객/민원인을 응대했던 경험이 있습니다.
답변(경험)	당시 ~한 상황이었으나, (무리한 요구, 요청)을 하셨습니다. 이에, (고객님의 이야기를 듣고) (나의 대처)하여 문제를 해결하였습니다.
답변 예시	네, 저는 공기업 인턴 당시, 조건이 맞지 않는데도 사업 신청을 요구하셨던 고객님을 응대했던 경험이 있습니다. 당시, 해당 고객님은 정부 정책 사업 신청자 조건이 되지 않으셨으나, 지속해서 이를 요청하셨습니다. 이에, 고객님이 요청하시는 이유, 희망하시는 서비스 등을 듣고 난 후, 신청이 불가한 사유에 대해 다시 설명드린 후, 대신 비슷하게 혜택 받으실 수 있는 사업을 유관 부서에 연락해 알아본 후 안내 드려, 고객님의 감사 인사를 받을 수 있었습니다.
강조하고 싶은 모습/역량	• 진상 고객을 차분히 응대하는 자세 • 공기업의 경우 실무와 비슷한 경험에서 고객을 응대했던 경험 • 유관 및 타 부서와의 적극적인 협업, 소통 자세
답변 다시 만들어보기 (정리한 답변에서 KEYWORD만 추출해 미니북에 정리한 후, 키워드 중심으로 암기해보세요!)	
답변 1	

답변을 통해 강조하고 싶은 역량	✎		답변에 걸린 시간	초
답변 2	✎			
답변을 통해 강조하고 싶은 역량	✎		답변에 걸린 시간	초
나올 수 있는 꼬리/다른 질문	• 만약 입행/입사해서도 비슷한 고객이 있다면? • 그렇게 했는데도 고객이 계속해서 무리한 요청을 한다면?			

고객/Q2	고객에게 불편을 드렸던 경험은?		
	혼자 답변해보기	답변에 걸린 시간	초

✏️

이 질문은 주로 언제, 누구에게?	▶ 고객 만족 경험을 앞에서 많이 말한 지원자 ▶ 고객하고 싸울 것 같은 이미지의 지원자	▼ 강의 보러 가기 ▼ [QR코드]

	면접 답변 POINT
공통 POINT	• 다들 고객에게 '만족을 주었던 경험'만 이야기하기 때문에, 반대로 '불편을 주었던 경험'도 물어본다. • 정말 고객과 싸우거나, 화를 내서 불편을 주었던 경험은 금지!(혹시 고객 응대가 미숙한 이미지거나 고객 응대 경험이 없다면, 더욱 '고객과 싸우거나 갈등이 있었던 경험'의 답변은 피해야 한다) • 인턴/신입이라 업무가 느려 불편을 드렸던 경험이나, 너무 어르신 고객이라 불편을 드렸던 경험, 원칙을 지키기 위해 고객에게 불편을 드렸던 경험 등 → 불가피하게, 어쩔 수 없이 불편을 주었던 경험 탐색하기! • 이걸 어떻게 수습했는지도 중요! 수습 방법까지 같이 언급하기!

은행 POINT	〈불편 해결 방법과 더불어 '추가 서비스, 상품' 영업하기!〉 • 은행처럼 영업을 하던 조직 or 객장에서 고객이 기다려야 했던 조직에서 '고객이 불편해 했던 경험' 먼저 생각하기! • 고객에게 불편을 드릴 수밖에 없었던 이유를 생각하고 어떻게 수습했는지 언급! • 불편을 드렸던 경험 : 전산, 판매가 미숙해 업무가 느렸거나/당시 자원, 사은품 등이 충분하지 않아 약속한대로 제공을 하지 못 했을 때나/정책, 원칙이 바뀌어 고객의 요청을 들어줄 수 없다든가 등 • 해결한 방법 : 불편을 드린 이유 설명하고 사과하기/대안 제시하기/다음에 이 문제를 해결할 수 있는 서비스나 상품 안내하기(은행으로 따지면 어플 기능, 상품 등)
공기업 POINT	〈객장 대기, 제출 서류로 불편을 드렸던 경험〉 • 공기업의 경우 보통 객장 대기가 길어지거나, 제출 서류가 온전치 않아 재발급을 요청하거나, 정책이나 원칙 등이 변경되어 불편을 드리는 등의 사례들이 있다. • 아니라면 신입/인턴이기 때문에 업무가 느려, 미숙해서 더디게 안내한 경험 • 불편을 드렸던 경험 : 특정 사업이 시행되어 고객이 많이 몰렸으나 인턴이라 업무가 미숙할 때/거동이 불편한 어르신께 서류를 다시 안내할 때/정책이 바뀌어 고객의 요청을 들어줄 수 없을 때 등 • 해결 방법 : 객장에 미리 안내판을 부착해 고객의 혼란을 최소화/직접 지자체에 전화해서 해결 방법을 찾거나 필수 서류 및 가는 방법을 적어드림/대안을 제시해서 고객의 요청을 최대한 들어주려고 함
답변 템플릿	
두괄식	네, 저는 (경험) 당시, 고객에게 ~한 불편을 드린 경험이 있습니다.
답변(경험)	당시 ~한 (목표, 업무)가 있는 상황에서, (불편을 드릴 수밖에 없는 상황)이었습니다. 이에 (불편을 해소하기 위한 노력, 최대한 만족을 드리려는 노력)을 하여 (문제를 해결, 성과를 달성할 수 있었습니다.

답변 예시	네, 저는 타 공단 인턴으로 근무하며, 어르신 고객에게 불편을 드린 경험이 있습니다. 당시 어르신이 서류를 미비하게 챙겨 오셨는데, 신입이라 안내가 늦어 시간 내 어르신의 서류 재발급이 늦어지는 상황이었습니다. 이에 정중히 사과드리고, 대신 지자체에 연락하여 서류를 받을 수 있는 방법을 알아보고, 대체할 수 있는 서류가 있는지 찾아 상사께 보고하며, 어르신의 사업 신청을 문제없이 마무리할 수 있었습니다.
강조하고 싶은 모습/역량	• 실수한 상황에서도 차분히 대처하는 능력 • 문제를 회피하지 않고 해결하려는 적극성

답변 다시 만들어보기
(정리한 답변에서 KEYWORD만 추출해 미니북에 정리한 후, 키워드 중심으로 암기해보세요!)

답변 1			
답변을 통해 강조하고 싶은 역량		답변에 걸린 시간	초
답변 2			
답변을 통해 강조하고 싶은 역량		답변에 걸린 시간	초
나올 수 있는 꼬리/다른 질문	• 당시 동료/고객의 반응은? • 같은 실수를 하지 않기 위해 어떻게 노력했는지?		

고객/Q3	고객/민원인 응대 시 나의 장·단점은?
혼자 답변해보기	답변에 걸린 시간　　초

✏️

이 질문은 주로 언제, 누구에게?	▶ 고객, 민원인 응대 직무 ▶ 고객 응대 업무를 해보았던 지원자	▼ 강의 보러 가기 ▼ [QR코드]

면접 답변 POINT

공통 POINT
- 면접관이 궁금한 답변은 '장점'보다 '단점'
- 실제 고객 응대 시, 어떤 점이 편했고, 어떤 점이 어색하고 아쉬웠는지 생각해 보기
- 장점으로 쓸 수 있는 내용들의 '반대'를 단점으로 정리해보기(예 눈높이에 맞춘 설명 → 고객이 어느 정도 이해했는지 파악하는 데 시간이 걸림)
- 많은 장점과 단점을 나열해보고, 나와 가장 가까운 장·단점 찾기

은행 POINT

〈영업 환경에서 세일즈의 장·단점〉
- 무언가 판매해야 하는 상황에서 내 세일즈의 장·단점
- 영업직으로 근무하는 사람의 장·단점 생각해 보기(예 뛰어난 영업력, 뭐가 필요한지 알고 안내 → 일단 팔기 때문에 추후 재고를 파악해서 배송이 늦어짐/꼼꼼하게 재고 및 상품에 대해 이해함, 뭐든 이해시켜줌 → 다 설명하려니 세일즈에 시간이 걸림)
- 단점은 '리스크가 적은 단점'으로
- 극복하기 위해 했던 나의 노력도 필요함

공기업 POINT	〈고객 상담, 민원인 상담에서의 내 장·단점〉 • 무언가 판매하기보다는 '설명하고, 발급해야 하는 상담 과정'에서의 경험 • 실제 입사해서 발생할 수 있는 민원인 응대 유형 생각해 보기(예 필요한 부분만 정리해서 상담, 짧은 상담 시간이지만 민원인 만족도 높음 → 추후 민원인 문의 전화/꼼꼼히 정리해서 하나하나 설명해드림 → 상담 시간이 길어짐) • 단점은 '리스크가 적은 단점'으로 • 극복하기 위해 했던 나의 노력도 필요함 • 대부분 어르신 민원인이기에, 어르신 민원인에 대한 어려움은 지양
답변 템플릿	
두괄식	네, 고객(민원인) 응대 시 저의 가장 큰 장점은 (장점)입니다.
답변(경험)	항상 (장점으로 ~게) 해서, ~한 (고객 반응, 성과) 등을 거둘 수 있었습니다. 반면, (이로 인해, 단점)으로 어려울 때도 있습니다. 이를 ~게 해서 극복하고자 노력했습니다.
답변 예시	네, 고객 응대 시 저의 가장 큰 장점은 '고객이 궁금해할 부분을 정확히 설명'한다는 점입니다. 항상 고객과의 대화를 통해 궁금해하실 내용을 꼽아 설명해드리며, 높은 매출을 낼 수 있었습니다. 반면, 이로 인해 고객님이 추가로 궁금하신 부분은 다시 전화 주신다는 점이 있습니다. 이를 극복하고자, 물건 판매 시 추가로 궁금해하실 수 있는 내용을 정리해 제공해드리며 극복하였습니다.
강조하고 싶은 모습/역량	• 뛰어난 판매 역량 • 꼼꼼하게 정리하는 자세
답변 다시 만들어보기	
(정리한 답변에서 KEYWORD만 추출해 미니북에 정리한 후, 키워드 중심으로 암기해보세요!)	
답변 1	✎

답변을 통해 강조하고 싶은 역량	✎		답변에 걸린 시간		초
답변 2	✎				
답변을 통해 강조하고 싶은 역량	✎		답변에 걸린 시간		초
나올 수 있는 꼬리/다른 질문	• 그 장점으로 성과를 냈던 경험은? • 단점으로 인해 고객 불만족을 불렀던 경험은?				

고객/Q4	본인만의 고객 응대 노하우를 하나의 키워드로 표현한다면?		
혼자 답변해보기		답변에 걸린 시간	초

✏️

이 질문은 주로 언제, 누구에게?	▶ 고객 답변에 '소통, 경청' 등의 답변만 한 지원자 ▶ 고객 응대 경험이 적어 보이는 지원자	▼ 강의 보러 가기 ▼ [QR코드]

면접 답변 POINT

공통 POINT	• 다들 고객 응대를 잘 한다고 한다! 하지만 막상 고객 응대가 맞지 않는 사람도 많다. • '고객 응대 노하우'라고 부를만한 수준이어야, 고객 응대가 수월하다. • 다만, '소통, 공감, 배려, 경청, 존중' 등의 단어는 아무런 경쟁력이 없다! '쉽게 풀어 설명한다, 알아듣기 쉬운 단어를 사용한다.'도 아무런 힘이 없다. • 다른 직원과 다른 나만의 노하우가 뭔지 생각하고, 그걸 '문장'이나 '키워드'로 바꾸기!
은행 POINT	〈고객에게 '잘 영업'하는 나의 특별 노하우는?〉 • 은행의 '고객 응대 노하우'는 '영업 노하우'와 같은 질문이라고 생각하면 된다. • 단순히 잘 들어주고, 쉽게 설명한다고 해서 고객은 돈을 쓰지 않는다. '고객의 지갑을 열게 하는 나만의 방법'이 답변으로 와야 한다. • 나의 영업 방법부터 생각하기 : 고객이 얻을 수 있는 혜택을 표로 시각화해서 보여준다. → '혜택의 시각화'/안 좋은 점을 1로, 좋은 점을 9로 설명해서 신뢰를 얻는다. → '양면을 보여줘서 신뢰 얻기'/자주 궁금해하는 질문부터 답해준다. → '묻기 전에 궁금증 해결' 등

공기업 POINT	〈어려운 개념을 쉽게, 어르신도 이해할 수 있게!〉 • 공기업은 어려운 용어를 이해할 수 있게 설명하거나, 수많은 고령 고객들을 응대하는 경우가 많다. • 그렇다고 단순히 '쉽게 설명한다. 소통하고 경청한다.'라고 한다면 답변의 경쟁력이 없다. 어르신들, 또 민원인들의 이해를 돕는 나만의 노하우가 있어야 한다. • 다른 직원들과 달랐던 나만의 응대 방법부터 생각하기 : 포스트잇에 중요 키워드만 적어서 설명하기 → '포스트잇 기법'/내용을 요약, 정리해주며 계속 이해시키기 → '요약과 정리'/중간중간 퀴즈 내서 이해도 확인하기 → '퀴즈와 확인' 등
답변 템플릿	
두괄식	네, 저만의 고객 응대 노하우는 (노하우)라고 생각합니다.
답변(경험)	• 특히 (은행, 공기업)은 ~한 (고객, 영업, 설명)이 많기 때문에, ~한 (노하우)가 필수적이라고 생각합니다. • 실제 (은행, 공기업과 비슷한 조직)에서 (노하우)를 발휘해 (성과)를 냈었기에, (노하우)가 가장 중요하다고 생각합니다.
답변 예시	네, 저만의 고객 응대 노하우는 혜택을 시각화하는 것이라고 생각합니다. 실제로 건강 상품 영업을 할 때에도 신체와 검사 수치를 비교해 고객님이 얻을 수 있는 혜택을 설명할 때 매출이 더 올랐던 것처럼, 은행에서도 상품의 혜택을 직접 표로 보여드리며 응대할 때 고객의 만족을 더욱 얻을 수 있을 것이라 생각합니다.
강조하고 싶은 모습/역량	• 영업에 적극적인 자세 • 상품과 고객에 대해 공부하려는 자세

	답변 다시 만들어보기
	(정리한 답변에서 KEYWORD만 추출해 미니북에 정리한 후, 키워드 중심으로 암기해보세요!)

답변 1	✏️		
답변을 통해 강조하고 싶은 역량	✏️	답변에 걸린 시간	초
답변 2	✏️		
답변을 통해 강조하고 싶은 역량	✏️	답변에 걸린 시간	초
나올 수 있는 꼬리/다른 질문	• 그 노하우가 통하지 않았던 경험은? • 그 노하우로 가장 크게 성과를 냈던 경험은?		

고객/Q5	고객 만족을 실천했던 경험은?		
	혼자 답변해보기	답변에 걸린 시간	초

✏️

이 질문은 주로 언제, 누구에게?	▶ 고객, 민원인 응대 직무 ▶ '능동'보다 '수동'에 가까운 지원자	▼ 강의 보러 가기 ▼

면접 답변 POINT

공통 POINT
- 고객, 민원인 응대에 얼마나 적극적인지 파악하기 위한 질문
- 입행/입사 후 지원자가 고객을 어떻게 응대할지 확인할 수 있음
- 고객 만족 실천 : 단순히 수동적으로 '일'만 한 게 아니라, 고객을 위해 '노력'했던 경험
- 고객을 위해 했던 모든 일 중, 가장 직무와 비슷하거나 자랑할만한 경험 언급하기
- '가장 창의적이었던 경험'의 답변이 '고객'과 관련되었다면, 답변으로 사용 가능
- 고객의 불편을 해소하기 위해 무언가 '액션'을 취했던 경험

은행/공기업 POINT

〈빠른 업무 처리 or Something special〉
- 행원, 민원인 응대 직무 : 고객 요청을 빠르고 정확하게 처리해야 함, 고객 대기 시간 단축 및 빠르고 정확한 처리를 위한 창의적 전략, 불만을 줄였던 경험 등을 고민해보기
- '고객 만족'을 실천했던 특별한 경험도 가능 : 매일 진척 상황 전달, 지속적 고객 관리, 이벤트 확인 및 챙기기 등
- '내가 이만큼 고객을 챙기는 사람이야'의 자세 보여주기

	답변 템플릿
두괄식	네, 저는 (경험) 당시, ~게 고객 만족을 실천한 경험이 있습니다.
답변(경험)	당시 ~한 (상황, 이슈가 있던 상황) 이었습니다. 이에, (고객 불만 해소 등)을 위해 ~게 (내가 한 일)한 결과, ~한 (성과)를 거두며 고객 만족을 실천할 수 있었습니다.
답변 예시	네, 저는 과외 아르바이트 당시, 세밀한 고객 관리로 고객 만족을 실천한 경험이 있습니다. 당시, 부모님께서 직장에 계셔 담당 학생의 진척 상황을 굉장히 궁금해하셨습니다. 이에, 매일 수업 끝난 후 아이의 자세, 진척 상황, 현황 등을 보고서로 정리해 문자로 제공해드린 결과, 학부모님의 신뢰를 얻어 다른 학생도 소개받을 수 있었습니다.
강조하고 싶은 모습/역량	• 흔한 과외 아르바이트에서도 고객 만족에 책임을 다함 • 꼼꼼하게 상황을 정리하는 자세

답변 다시 만들어보기
(정리한 답변에서 KEYWORD만 추출해 미니북에 정리한 후, 키워드 중심으로 암기해보세요!)

답변 1			
답변을 통해 강조하고 싶은 역량		답변에 걸린 시간	초
답변 2			

답변을 통해 강조하고 싶은 역량	✏️		답변에 걸린 시간	초
나올 수 있는 꼬리/다른 질문	• 그 경험을 현장에서 어떻게 활용할 것인지? • 고객의 반응은 어떠했는지?			

고객/Q6	진상 고객 응대 노하우는?		
	혼자 답변해보기	답변에 걸린 시간	초

✏️

이 질문은 주로 언제, 누구에게?	▶ 진상 고객 응대 경험이 없어 보이는 지원자 ▶ 영업/고객 응대 경험 자체가 적어 보이는 지원자	▼ 강의 보러 가기 ▼

면접 답변 POINT

공통 POINT	• '진상 고객 응대 경험은?'의 질문은 이미 많이 나가고 있기 때문에, 단순히 '하나의 사례/경험'을 묻는 질문을 넘어, '노하우가 뭐냐?'라는 질문을 하게 된다. • 여기서 '상사에게 해결해달라고 한다.'의 답변은 '내가 해결한 것'이 아니기 때문에 그 어떤 힘도 없다. • 마찬가지로 '소통, 공감, 배려, 경청, 존중' 역시 아무런 힘이 없기 때문에 사용하지 않는 것이 좋다. • 진상 고객 응대할 때, 나만의 '진상 달래는 법'은 뭔지를 생각해서 문장/키워드화 하는 것이 중요하다.

은행 POINT	⟨영업 과정에서 진상을 응대했던 경험 생각해보기!⟩ • 은행은 결국 '금융 영업'을 하는 곳이다. '금융 영업이 아니더라도, 다른 영업을 하면서 진상을 응대했던 경험 찾아보기! • 은행에 오는 진상의 유형 : 돈을 덜 받았다/상품이 설명한 내용과 다르다/대기 시간이 너무 길다/이자를 더 달라 등 • 이와 비슷한 진상 고객 응대 상황에서 '나의 차별화된 대처 방안'은? • 단순히 상사에게 보고하고 부탁했다고 한다면, '나의 경쟁력'이 드러나지 않는다. • 응대 노하우 : 단호함과 대안 제시/진정 후 다른 상품 제안/고객의 문제점 짚어 나가며 대안 제시/A or B 선택안 제시 등
공기업 POINT	⟨공단 인턴을 하며, '민원 응대'를 하며 진상을 대한 경험!⟩ • 공기업은 대부분 '더 혜택을 받고 싶어 하는 악성 민원'이거나, '기간이 지나 사업을 신청하려는 악성 민원', '대기 시간이 길어 불만을 표하는 악성 민원' 등이 존재한다! • 혹은 '예전에는 됐었는데', '옆집 누구는 혜택을 받았다는데'와 같이 비교를 통한 악성 민원이 주를 이룬다. • 이 때 '상사에게 보고하기'보다는 '내가 남들과 다르게 어떻게 했는지'를 생각할 것 • 해결 방법 : 구체적 근거와 함께 단호하게 대처하고 대안 제시하기/다른 기관의 대안을 제시하며 문제 해결하기/같이 다른 방안 찾아보기 등
답변 템플릿	
두괄식	네, 저만의 진상 고객 응대 노하우는 (노하우) 입니다.
답변(경험)	(은행, 공기업)의 (진상, 악성) 고객은 대부분 (특성)하기 때문에, (나만의 노하우를 사용하는 방법)하는 편입니다.
답변 예시	네, 저만의 진상 고객 응대 노하우는 '단호와 따뜻함'이라고 생각합니다. 특히 공기업의 경우 불가능하거나 원칙에 어긋나는 것들을 요구하는 민원인이 많기 때문에, 단호하게 불가능한 이유를 명시하되, 다른 기관의 대안 등을 제시하며 같이 해결하려는 적극적 모습도 같이 보여주는 편입니다.
강조하고 싶은 모습/역량	• 진상 고객을 많이 응대해본 듯한 모습 • 다른 기관의 사례도 찾아보는 적극적인 자세

	답변 다시 만들어보기		
	(정리한 답변에서 KEYWORD만 추출해 미니북에 정리한 후, 키워드 중심으로 암기해보세요!)		
답변 1	✎		
답변을 통해 강조하고 싶은 역량	✎	답변에 걸린 시간	초
답변 2	✎		
답변을 통해 강조하고 싶은 역량	✎	답변에 걸린 시간	초
나올 수 있는 꼬리/다른 질문	• 그렇게 응대했는데도 통하지 않았던 경험은? • 그 노하우로 진상 고객을 응대했던 경험은?		

고객/Q7	악성 고객을 보면 어떤 생각이 드는지?		
혼자 답변해보기		답변에 걸린 시간	초

이 질문은 주로 언제, 누구에게?	▶ 고객 응대를 어려워할 것 같은 지원자 ▶ 멘탈이 여려 보이는 지원자	▼ 강의 보러 가기 ▼

면접 답변 POINT

공통 POINT
- 다들 진상 고객, 악성 민원인을 '잘 응대했던 경험'만 언급하니까, 솔직한 면접을 끌어내기 위해 이와 같은 질문을 한다.
- 최근 '솔직히, 대화하듯이 하는 면접'이 트렌드로 가면서, '솔직한 심정'을 파악하려는 질문들이 증가하고 있다.
- 이 답변에 개개인의 성향이 드러나기 때문에 솔직히 어떻게 생각하는지 말해도 되지만, '지금은 진상 고객을 보아도 잘 응대할 수 있다'의 답변이 포함되어야 한다.

은행/공기업 POINT	〈솔직한 심정과 '지금은 괜찮다'가 필요!〉 • 이 질문에 대한 답변은 크게 두 가지로 갈린다. • 스트레스를 크게 받지 않는다. or 스트레스 받지만 이제는 이해 한다. • 스트레스를 크게 받지 않는다. : 원래 스트레스를 크게 받지 않는 성격이다./고객 입장에서는 화가 났기 때문에 그럴 수 있다고 생각한다./저 분도 얼마나 답답할까 생각한다./스트레스가 문제를 해결하지 않기 때문에 빨리 문제를 해결하려고 한다. • 스트레스 받지만 이제는 이해한다. : 처음 만났을 때는 답답하다. or 속상하다. or 걱정된다의 심정 → 이제는 익숙해져서 능숙히 대처, 그만한 이유가 있으려니 생각한다.

답변 템플릿

두괄식	네, 저는 진상 고객 분들을 보면 주로 (생각)하는 것 같습니다.
답변(경험)	(그렇게 생각하는 이유)이기 때문입니다. (+ 지금은 잘 응대한다는 뉘앙스 포함)
답변 예시	네, 저는 진상 고객 분들을 보면, 사실 처음에는 답답한 것 같습니다. 특히 처음 악성 민원인 분들을 뵈었을 때에는 '어떡하나' 답답한 마음이었지만, 점차 많은 분들을 만나 뵈며, '저분도 사정이 있겠지.'라고 생각하게 되어 그 시간에 최대한 빨리 방법을 찾아드리려고 하는 편입니다.
강조하고 싶은 모습/역량	• 진상 고객을 많이 응대해본 고객 응대 전문가 • 의연히 대처할 수 있는 사람

답변 다시 만들어보기
(정리한 답변에서 KEYWORD만 추출해 미니북에 정리한 후, 키워드 중심으로 암기해보세요!)

답변 1	✎		
답변을 통해 강조하고 싶은 역량	✎	답변에 걸린 시간	초

답변 2	✏️		
답변을 통해 강조하고 싶은 역량	✏️	답변에 걸린 시간	초
나올 수 있는 꼬리/다른 질문	• 가장 속상했던 진상 고객 응대 경험은? • 그렇게 이해했음에도 속상했던 경험은?		

CHAPTER 07 '기업'에 대한 질문

I '기업' 질문에 대한 답변 만들기

'기업' 카테고리를 맨 마지막으로 배치한 데에는 여러 이유가 있다. 먼저, '경험 면접'이라고 불리는 면접에서는 기업에 대한 정보를 묻지 않기도 하고, '기업'에 대한 많은 조사를 해야 하는 질문이기에 '경험'부터 정리하기를 바랐기 때문이기도 하다. 기업에 대한 질문은, 비단 한 번 정리한다고 되지 않는다. 지원하는 기업, 면접 가는 기업이 바뀔 때마다 답변은 달라져야 한다. 먼저, 아래 표에 맞춰, 면접 전 기업 분석하는 방법에 대해 알아보자.

예시

기업명	OO 공기업	직무	행정 직무
이루고 싶은 목표	OO 사업 전문가		
관련된 회사의 강점	✓ OO 사업 플랫폼 최초 구축 ✓ 관련 센터 신설 및 전문가 영입 ✓ OO 사업 관련 다량의 데이터 확보		
이 기업에 지원한 이유			
솔직히	✓ 예산 관련 경력이 많고, 예산 관련 일을 하고 싶어서 ✓ 안정적으로 일하고 싶어서 ✓ 우리집 주변에 본사가 있어서		
표면적	✓ OO 사업을 중점 시행함, 추후 기업 규모가 커질 것 같음 ✓ A 인턴 하면서, OO 사업의 잠재력을 확인했기 때문에 ✓ 신사업 지속 확장세, 예산이 중요한 역할을 할 것 같아서		

연습해보기

기업명	✎	직 무	✎
이루고 싶은 목표	✎		
관련된 회사의 강점			
이 기업에 지원한 이유			
솔직히	✎		
표면적	✎		

Ⅱ 답변 정리하기

기업/Q1	꼭, 이 회사여야 하는 이유는?		
혼자 답변해보기		답변에 걸린 시간	초

✎
_____
_____
_____
_____
_____

이 질문은 주로 언제, 누구에게?	▶ 모든 지원자 ▶ 회사, 산업과 관련된 경험이 없는 지원자(묻지 마 지원자인지 확인) ▶ 회사, 산업과 관련된 경험이 많은 지원자(비슷한 기업들 중 왜 여기)	▼ 강의 보러 가기 ▼

면접 답변 POINT		
공통 POINT	• 평생 일할 사람인지, 퇴사 안 할 사람인지, 우리 회사가 지원자의 직업 선택 기준에 맞는지 등을 확인하기 위해 • 지원자의 '간절함'을 묻는 질문 • 내가 이 직무, 회사를 택한 이유를 솔직하게/표면적으로 모두 정리해보기 • 지원동기를 제대로 준비했다면, 비슷하게 답변해 주어도 좋음 • 평생 일할 수 있다는 '근거, 경험'을 마련해야 함 • '역량/전문성 어떻게 활용할지'에 대한 질문 답변 활용 가능(예 통계 역량 → 데이터를 가장 잘 활용할 수 있는 기업)		

은행 POINT	⟨은행의 특화된 부분 or 업무 성향에서 찾기⟩ • 특화 부분 : 나 이 분야 정말 너무 배우고 싶어 　예 내가 비슷한 일을 했었고, 이 분야에서 전문가가 되고 싶어. 체계적으로 배워서 성장하고 싶은데, 너희 은행은 ~하니까, 내가 배우고 싶은 건 너희 은행에서 밖에 배울 수 없거든 • 업무 성향 : 일을 평생 해야 한다면, ~한 곳에서 일하고 싶어 • 경험들을 하면서, 나는 ~한 성향의 일을 할 때, 내가 일하는 것 같다고 느껴지더라. 그래서 은행 중에서도 ~한 성향/특징이 있는 은행에서 일하면, 내가 평생 즐겁게 일할 수 있을 것 같아서 지원했어
공기업 POINT	⟨관련 경험/이 산업 분야에서 공익 실천⟩ • 경험 부분 : 내가 이 분야 정말 너무 배우고 싶어. 　예 내가 비슷한 일을 했었고, 이 분야에서 전문가가 되고 싶어. 체계적으로 배워서 성장하면서도, 일로서 공익을 실천하면 나도 일로서 보람을 느낄 것 같아. 그래서 너희 회사를 택했어. • 산업 분야 : 내 전공, 내 경험이 가장 가치 있게 발휘 될 기업 　예 내 전공, 내 경험이 ~한데, ~하면서 나는 이러한 부분을 좀 가치있게 활용할 수 있는 기업에서 일하고 싶었어. 그런데 너희 기업은 ~하니까, 이 전공, 이 경험을 공익으로 실천할 수 있을 것 같아. 또, 우리 사회에서 이 산업은 ~게 중요하잖아. 여기에 내가 ~한 (역량)을 더한다면, 나도 평생~
답변 템플릿	
두괄식	네, (이유)이기 때문에, 반드시 이 (기업, 은행)이어야 합니다.
답변(경험)	~한 경험을 하며, ~한 (열망/바람)이 생겼고, (기업/은행)이 ~한 측면에서 부합하기 때문에, 이러한 곳이라면 평생 ~할 수 있다고 생각하기 때문입니다.
답변 예시	네, 평생 일을 해야 한다면, 계속해서 도전할 수 있는 곳에서 일하고 싶어, 반드시 이 은행의 일원이 되고 싶습니다. 타 은행 인턴 경험을 하며, 금융인으로서 계속해서 목표를 설정하고, 성장해나가는 일이 중요하다는 것을 알게 되었습니다. 현재 C 은행은 실적만큼 보상이 따르고, A 제도를 통해 행원을 성장시키고 있어, 이러한 곳이라면 평생 금융인으로 성장할수 있다고 생각하기 때문입니다.

강조하고 싶은 모습/역량	• 목표를 정하고 나아가는 자세 • 실적 압박에 스트레스 받기보다는 즐길 준비가 되어있다.		
답변 다시 만들어보기 (정리한 답변에서 KEYWORD만 추출해 미니북에 정리한 후, 키워드 중심으로 암기해보세요!)			
답변 1	✎		
답변을 통해 강조하고 싶은 역량	✎	답변에 걸린 시간	초
답변 2	✎		
답변을 통해 강조하고 싶은 역량	✎	답변에 걸린 시간	초
나올 수 있는 꼬리/다른 질문	• 만약 본인이 말한 업무와 다른 업무를 맡게 되어도 괜찮은지? • 우리 기업의 이미지가 어떠한지? • 다른 기업도 지원했는지?		

기업/Q2	내가 채용되어야 하는 이유는?		
혼자 답변해보기		답변에 걸린 시간	초

✎

이 질문은 주로 언제, 누구에게?	▶ 모든 지원자 ▶ 일반적인 '강점 파악' 질문	▼ 강의 보러 가기 ▼

면접 답변 POINT	
공통 POINT	• 채용해야 하는 이유 = 나만의 차별화 된 강점을 묻는 질문 • 다른 지원자와 차별화 된 강점은 무엇인지, 그 강점을 살려서 성과를 낸 경험이 있는지를 살펴보기 • 내 차별화 된 장점으로, 회사의 어떤 면에 기여할 수 있을지 생각해 보기 • 면접관이 봤을 때, '아 이 사람을 뽑으면 이런 부분에서 우리가 도움을 받을 수 있겠다.'라는 생각이 들 수 있도록 예 차별화 된 강점 → 을 활용해 내가 성과를 냈던 경험 → 이처럼 회사에 이바지하겠다.

은행 POINT	〈목표 달성, 고객 유치, 특정 분야 기여, 지역 관련〉 • 어떻게든 주어진 목표는 달성하는 '목표 달성 관련 강점' • 차별화된 고객 응대 서비스로 고객을 지속 유치할 수 있는 '고객 유치 강점' • 남들과 다른 경험, 자격증으로 특정 분야에 기여할 수 있는 '전문성'(예 디지털 역량/부동산 분야/기술 분야/글로벌 분야 등) • 지역 고객 유치, 마케팅 등에 이바지할 수 있는 '지역 관련 강점' • 모든 차별화된 강점은 '은행의 차별화된 포인트'와 연결되어야 함 　예 기술 분야 → 이 은행은 기술 금융 강점을 가족 있음 → 기술에 대한 이해로 기업 금융 성장에 이바지 가능
공기업 POINT	〈산업 경험, 업무 처리 방식, 직무 전문성, 직무 수행 업무〉 • 비슷한 산업에서 성과를 냈었던, 참여했었던 '산업 관련 경험' • 업무를 깔끔하게 처리할 수 있는 '업무 전문성'(예 공문서 처리, 보고서 작성 등) • 비슷한 직무 경험, 관련 자격증, 전문성을 발휘한 '직무 전문성'(예 협력 업체 관리 경험, 특정 분야 기술 보유 등) • 직무 수행 업무 중 기업 발전에 기여할 수 있는 '직무 수행 업무 강점'(예 SNS 홍보, 영상 제작, 예산 관리 등) • 모든 차별화된 강점은 '이 기업 발전'에 기여할 수 있는 것이어야 함 　예 공문서 체계적 처리 경험 → 이 회사는 ~하기 때문에, 내 경험으로 ~게 회사에 기여 / 바이럴 마케팅 관련 경험 → 회사, 산업 SNS 채널 활성화 등
답변 템플릿	
두괄식	네, 다른 분들도 훌륭하시지만, 저는 ~한 강점을 갖고 있기 때문에 채용되어야 한다고 생각합니다.
답변(경험)	실제 (경험) 당시에도 (강점)을 활용해 (성장, 성과)에 기여한 경험이 있습니다. 이처럼, 입사 후에도 (강점)을 ~게 활용해 ~한 성장에 이바지할 수 있기 때문입니다.

답변 예시	네, 다른 분들도 훌륭하시지만, 저는 상품 홍보 및 온라인 채널 활성화를 이뤄낼 수 있기 때문입니다. 실제 타 은행 대외활동에서, 카드 상품을 홍보하는 영상을 제작해 만 뷰 이상의 성과를 거둔 경험이 있습니다. 이처럼, 입행 후에도 각종 상품과 지점의 홍보를 통해 은행의 실적 증대에 이바지할 수 있기 때문입니다.
강조하고 싶은 모습/역량	• 온라인 마케팅 역량 • 입행해서 온라인에서 상품을 홍보할 수 있음

답변 다시 만들어보기
(정리한 답변에서 KEYWORD만 추출해 미니북에 정리한 후, 키워드 중심으로 암기해보세요!)

답변 1			
답변을 통해 강조하고 싶은 역량		답변에 걸린 시간	초
답변 2			
답변을 통해 강조하고 싶은 역량		답변에 걸린 시간	초
나올 수 있는 꼬리/다른 질문	• 그 강점을 구체적으로 어떻게 발휘할지? • 다른 기업도 지원했는지?		

기업/Q3	우리 회사에 대해 아는 대로 말해보세요.		
	혼자 답변해보기	답변에 걸린 시간	초

✏️

이 질문은 주로 언제, 누구에게?	▶ 모든 지원자 ▶ 기업에 대한 인지가 미흡해 보이는 경우	▼ 강의 보러 가기 ▼ [QR코드]

면접 답변 POINT	
공통 POINT	• 회사에 대해 어느 정도 알아봤는지, 어느 정도 알고 있는지 확인하는 질문 • 그렇다고 아는 내용을 모두 말하면 답변이 길어짐 • 오히려 회사에 대해서는 면접관이 더욱 잘 알고 있음 • 아는 대로 말해보세요 = 우리 회사에서 가장 관심 있는 부분은? • 내 강점 or 지원 동기 or 입사/입행 후 로드맵과 연결 짓기
은행 POINT	〈지원 직무, 외환, 부동산, 자산관리, 글로벌 등〉 • 기본적인 은행 정보 조사는 해두기 • '내가 지원한 분야, 내가 가장 하고 싶은 일, 내 경험과 관련 있는 일'과 관련해 답하기 • 이 분야에서 ~한 일을 하고 있다. ~한 분야에서 강점이다 등

공기업 POINT	〈지원동기, ~ 분야의 전문가와 연결하기〉 • 기본적인 기업 정보 조사는 해두기 • 내가 지원한 동기 → 이 기업의 '특정' 분야 때문에 → 이 기업이 '특정' 분야에서 최근 ~을 진행하고 있음 or 특화되어 있음 • 내 경험 → 내가 성장하고 싶은 분야 → 이 기업에서 이 분야 최근 진행 중 or 특화됨
답변 템플릿	
두괄식	네, 저는 (기업)의 (기본적인 정보) 등에 대해서도 알아보았지만, 그중 가장 관심 있게 알아본 분야는 (특정 분야)입니다.
답변(경험)	아무래도 (경험, 자격증 등)을 통해 (특정 분야)에 관심이 있었는데, (기업)을 찾아보며, (기업이 갖고 있는 장점)을 알게 되었습니다.
답변 예시	네, 저는 OO 기업의 신사업 A, 현재 진행 중인 사업 등에 대해서도 알아보았지만, 그중 가장 관심 있게 알아본 분야는 B 분야입니다. 아무래도, 예산 관련 인턴 등을 하며, 예산이 가장 효율적으로 활용되는 B 분야에 관심 있었는데, OO 기업을 찾아보며, B 기업의 경우 플랫폼 구축, 센터 신설 등을 통해 B 분야에 많은 예산을 효율적으로 활용하고 있음을 알게 되었습니다.
강조하고 싶은 모습/역량	• 내가 관심 있는 분야 강조 • 기업에 대한 기본적 조사
답변 다시 만들어보기	
(정리한 답변에서 KEYWORD만 추출해 미니북에 정리한 후, 키워드 중심으로 암기해보세요!)	
답변 1	
답변을 통해 강조하고 싶은 역량	답변에 걸린 시간 ___ 초

답변 2	✎
답변을 통해 강조하고 싶은 역량	✎ 답변에 걸린 시간 초
나올 수 있는 꼬리/다른 질문	• 그 외에 (다른) 분야에 대해 알고 있는지? • 그 분야에 대해 아는 다른 부분은 없는지? • 그 분야에서 본인의 역량을 어떻게 발휘할지?

기업/Q4	지방 근무 가능하신가요?		
혼자 답변해보기		답변에 걸린 시간	초

🖉

이 질문은 주로 언제, 누구에게?	▶ 지방 근무를 해야 하는 경우 ▶ 멘탈이 약해 보이거나 친화력이 부족해 보이는 지원자	▼ 강의 보러 가기 ▼

면접 답변 POINT

공통 POINT	• 어차피 정답은 'YES', 왜 YES 인지가 중요한 질문 • 지방, 타지 발령에도 '괜찮다'는 의지를 근거와 함께 보여주기 • 내 경험에 기반해서 '왜 괜찮은지' 답하기 • 주거 등의 문제가 아니라, '터전을 떠나 연고가 없는 곳에서 살 수 있는지'를 묻는 질문
은행/공기업 POINT	〈지방 근무가 '왜 괜찮은지' 생각해 보기〉 • 타지 발령 시 : 어디서든 사람과 금방 친해진다, 이곳에 살았던 경험이 있다, 친척 일부가 현재 이곳에 거주한다, 거주지에서 이곳까지 시간이 얼마 걸리지 않는다(서울 가는 것 보다 가깝다). 등 • 지방 근무는 원하는 바이다 : 지방에서 더 많은 고객을 만나거나 일을 배울 수 있다. 필요하다고 생각한다. • 계속 자취했었다 : 학교 때문에 자취했다면, 학교 친구들이 있어서 덜 외로웠을 것. 친구가 없는 곳에서 직장 생활이 더욱 어려움. '계속 자취 했었기에 문제없다.'에서 나아가, '금방 친해진다. 본가와 가깝다.' 등 구체적 이유 덧붙이기 • 구체적인 이유를 '내 성향, 경험'에서 찾기

답변 템플릿		
두괄식	네, 저는 ~하기 때문에, 지방 발령도 문제없습니다.	
답변(경험)	~한 이유로, 지방에서 근무를 해도 ~게 일할 수 있습니다.	
답변 예시	네, 저는 전국 8도에 친구가 있기 때문에, 지방 발령도 문제없습니다. 학부 시절 여러 대외활동을 통해 전국 8도에 많은 친구를 사귈 수 있었습니다. 이에, 어느 지방에 발령이 나더라도 오히려 지방 근무를 통해 업무 지식을 넓히고, 그간 멀어 만나지 못했던 친구들과 만나며 잘 근무할 수 있습니다.	
강조하고 싶은 모습/역량	• 외향적, 적극적인 성격, 넓은 인맥 • 지방 근무에 대한 긍정적 생각	
답변 다시 만들어보기 (정리한 답변에서 KEYWORD만 추출해 미니북에 정리한 후, 키워드 중심으로 암기해보세요!)		
답변 1		
답변을 통해 강조하고 싶은 역량		답변에 걸린 시간 ___ 초
답변 2		
답변을 통해 강조하고 싶은 역량		답변에 걸린 시간 ___ 초

나올 수 있는 꼬리/다른 질문	• 가족이나 친구가 많지 않은데 괜찮은지? • 집에 잘 가지 못하는 거리의 지방으로 발령이 난다면?

기업/Q5	우리 기업만을 위해 준비한 것은?		
	혼자 답변해보기	답변에 걸린 시간	초

✏️

이 질문은 주로 언제, 누구에게?	▶ 모든 지원자 ▶ 경험/경력이 기업/직무와 연관이 적어 보이는 지원자	▼ 강의 보러 가기 ▼

면접 답변 POINT	
공통 POINT	• '직무'를 위해 준비한 것이 아닌 '우리 은행, 기업'을 위해 준비한 것을 묻는 문항 • 먼저 조사해야 할 부분 : 기업의 차별화된 장점, 강점, 내 입사 후 포부(어떤 전문가) • 차별화된 강점에 융화하기 위해, 도움이 되기 위해 어떤 역량/전문성이 필요한지 생각해보기 • 정말 '우리 기업을 우선순위로 준비했구나.'라는 생각을 줄 수 있게 하기 • '단계별'로 설정해서 답변할 수 있으면 BEST
은행 POINT	〈'은행 + 직무 + 1위', '은행 + 직무 + 강점' 등으로 검색해보기〉 • 기술 금융, 어플, 관계형 금융 등 각 은행에서 추구하는 우수한 분야 탐색하기 • 해당 내용에 맞춰서, 그 분야에 보탬이 되기 위해 내가 한 노력 말하기 예) 스타트업 관련 금융 서비스 진행 은행 → 스타트업 관련 프로젝트 진행 → 자발적인 참여로 스타트업에 대한 이해를 높임 • 은행 중에 이 은행을 가장 가고 싶었고, ~게 (대외 활동, 공모전 등)에도 참여했다.

공기업 POINT	〈공익, 동일 산업 경험, 중점 사업 검색〉 • 동일 산업 경험 내에서 '지원한 기업의 중점적인 사업, 추구하는 사업'에 기여할 수 있는 업무에 자발적으로 참여한 경험 • 공기업이 업무를 통해 ~한 공익을 실천하고 있는데, 여기에 함께하고자 다른 기업 인턴/근무 시에도 ~한 업무를 통해 공익을 실천했던 경험 • 기업에서 중점적으로 진행하는 사업에 이바지하고자 ~한 전문성 함양했던 경험

답변 템플릿

두괄식	네, 저는 (은행/기업)에 입행/입사하기 위해 ~한 준비를 했습니다.
답변(경험)	물론, (직무를 위해 준비한 내용, 인턴/역량 등)도 했지만, (조직에서 추구하는 사업, 방향)에 (도움, 보탬)이 되고자 ~한 (경험/전문성)에도 자발적으로 (참여/학습)하며 (은행/기업)에 입행/입사하고자 준비하였습니다.
답변 예시	네, 저는 A 기업에 입사하고자, 직접 현장에서 창업 기업에 대한 이해를 쌓았습니다. 물론, 회계 교육 이수, OO 자격증도 취득했지만, A 기업의 경우 창업 컨설팅 센터를 구축하는 등 창업 기업에 대한 지원 사업을 진행하고 있음을 알게 되어, 직접 교내 창업지원센터에서 근무하며 청년 창업에 대해 이해하였습니다.
강조하고 싶은 모습/역량	관련 분야를 배우고자 현장 경험을 쌓았던 적극성

답변 다시 만들어보기
(정리한 답변에서 KEYWORD만 추출해 미니북에 정리한 후, 키워드 중심으로 암기해보세요!)

답변 1			
답변을 통해 강조하고 싶은 역량		답변에 걸린 시간	초

답변 2	
답변을 통해 강조하고 싶은 역량	답변에 걸린 시간 　　　　초
나올 수 있는 꼬리/다른 질문	• (역량 분야를 답했다면) 전문성 분야에서 준비한 부분은 없는지? • 그 부분은 다른 기업에서도 활용될 수 있는 역량이 아닌지?

기업/Q6	회사를 선택하는 기준은?		
	혼자 답변해보기	답변에 걸린 시간	초

✎

이 질문은 주로 언제, 누구에게?	▶ 모든 지원자 ▶ 일반적인 기업 관련 질문	▼ 강의 보러 가기 ▼

면접 답변 POINT

공통 POINT
- '회사의 성격, 회사가 우려하는 점'을 가장 잘 파악해야 하는 질문
- 어떤 성향의 사람을 선호하고, 어떤 분위기로 회사가 운영되고 있는지 이해하기
- 회사가 신입에게 가장 우려하고 있는 점 해소하며 답해주기(빠른 퇴사 등)
- '기준'이 세워진 '근거'는 항상 필요함
- 기준에 맞춰 들어왔으니, '여기가 평생직장이다.'를 드러내기
- '나는 이러한 기준이 있고, 너희 회사는 이러한 점에서 기준에 부합해서 지원했다.' 언급하기

은행 POINT

〈각 은행에서 어떤 사람을 선호하는지 생각하고 답변 만들기〉

예 도전적인 사람을 선호하는 은행 : '전문성 향상할 수 있는 곳, 내가 성장할 수 있는 곳' 등

- 별다른 특징이 없는 은행이라면, '은행의 강점'을 찾아서 생각하기
  예 행원의 목표를 뚜렷하게 정하고 난 후, 저는 ~한 (강점)이 있는 은행에서의 근무를 희망하였습니다.
- '이미 행원이라는 직무 자체에는 확신이 있지만, 은행 중에서도 너희 은행을 신중히 선택해서 들어왔으니 그만두지 않겠다.'를 언급하기

공기업 POINT	〈기업 쪼개기, 지방 근무 여부 생각하기〉 • 같은 산업 안에도 여러 공기업이 있음, 지원한 기업이 다른 공기업 대비 갖는 '차이점' 생각해 보기 → 그 '차이' 때문에 비슷한 공기업 가지 않고 이 기업에 지원함 　예 A 업무를 진행한다. → (직무)로서 ~한 업무를 할 수 있는 기업을 희망했습니다. • '공기업에 대한 확신은 있지만, 이왕 평생 하는 일이라면 평생 즐겁게, 가치 있게 일하고 싶다고 생각했고, ~한 기준이 중요하다고 생각했다. → 그 기업이 이곳이다.'의 흐름도 가능 • 산업 관련 일을 해보았다면, '경험을 통해 (이 기업에서 하고 있는) A 업무의 중요성을 깨달아~'라고 활용 가능 • 지방에서 근무한다면 : 오히려 지방에서 근무하고 싶어, 독립하고 싶어 등을 가볍게 넘어줘도 좋음
답변 템플릿	
두괄식	네, 저는 ~한 기준으로 회사를 선택하는 편입니다.
답변(경험)	(이미 직무에 대한 확신은 있어), 평생 일하려면 ~한 회사에서 일해야 한다고 생각했습니다. 이에 ~한 회사에서 근무를 희망하였습니다.
답변 예시	네, 저는 여러 사람을 만나며 배울 수 있는 회사를 선택하고자 하였습니다. 창업 관련 분야에서 일하고자 하는 확신을 바탕으로, 평생 일하기 위해서는 많은 사람을 만나고 그 과정을 통해 배울 수 있는 곳이 필요하다고 생각하여, 창업자를 만나 컨설팅까지 진행하는 A 회사에서의 근무를 희망하였습니다.
강조하고 싶은 모습/역량	• 관련 분야를 했던 경험 • 현장 경험 속에서 배운 확신

답변 다시 만들어보기 (정리한 답변에서 KEYWORD만 추출해 미니북에 정리한 후, 키워드 중심으로 암기해보세요!)			
답변 1	✎			
답변을 통해 강조하고 싶은 역량	✎	답변에 걸린 시간	초
답변 2	✎			
답변을 통해 강조하고 싶은 역량	✎	답변에 걸린 시간	초
나올 수 있는 꼬리/다른 질문	• 만약 우리 회사가 그 기준에서 벗어난다면 어떻게 할 것인지? • 그 기준이면 다른 기업도 해당되지 않는지?		

기업/Q7	입사/입행 후 가장 하고 싶은 업무와 그 이유는?		
혼자 답변해보기		답변에 걸린 시간	초

✏️

이 질문은 주로 언제, 누구에게?	▶ 모든 지원자 ▶ 일반적인 기업 관련 질문	▼ 강의 보러 가기 ▼

면접 답변 POINT	
공통 POINT	• 우리가 이상형을 만나면 미래를 그려보듯이, '어떤 업무를 하고싶다.'라고 미래를 그리는 건, '이 기업을 진지하게 생각해 보았다.'는 뜻이다. • '벅차올라야 한다.'라는 표현을 사용하는데…. '나 너희 회사 가면 이 업무 진짜 해보고 싶어!'라는 내용이 답변이 되어야 한다. • 단, 이 답변은 '내 경력/경험'이 근거가 되어야 한다. '내가 이런 일을 하면서, 이게 중요하다고 느껴서, 이 업무를 꼭 해보고 싶어!'의 흐름임을 잊지 말 것!
은행/공기업 POINT	〈내 경험에서 '전문가, 부서'를 찾자!〉 • 이 답변은 무조건 '내 경력/경험'에 기반해야 한다. • 은행 : 'WM/기업금융'을 정하되, 어떤 고객을 위한 WM/기업금융이 되고 싶은지를 정해야 한다. 내 예전 경력을 정리하고(예 스타트업 지원 업무, 기술 금융 등) 그에 기반하여 업무 (스타트업 전문 금융인, 기술 평가 전문가 등)를 설정해야 한다. • 공기업 : 조직도를 살펴보고 '부서'를 정하는 게 좋다. 혹은 각 공공기관이 추진 중인 사업을 찾아서 '내 경험이 이 부서, 이 사업에 적합해'라는 흐름으로 답변을 풀어주면 OK!

	답변 템플릿
두괄식	네, 저는 (업무/부서/사업/전문가)를/에서 가장 일 해보고 싶습니다.
답변(경험)	(경력/경험 나열)을 하면서 (하고 싶은 업무의 이유, 중요성)을 느꼈기 때문에, 입사/입행 후 (업무/부서/사업/전문가)를/에서 꼭 일 해보고 싶습니다.
답변 예시	네, 저는 문화 산업 분야 금융 업무를 꼭 해보고 싶습니다. 각종 콘텐츠 및 문화 산업, 저작권 공공기관에서 근무하며, 추후 가장 발전할 지식 산업 분야에도 명확한 대출 기준 및 금융 지원이 있어야 한다고 느꼈습니다. 이에 각종 영화 산업을 지원하고 콘텐츠 개발 사업에 지원하는 OO은행에서 문화 산업 분야 대출 기준 정립과 금융 체계 정립에 기여해보고 싶습니다.
강조하고 싶은 모습/역량	• 구체적인 목표와 열망 • 은행에 대해 조사함, 지원동기가 뚜렷해짐

답변 다시 만들어보기
(정리한 답변에서 KEYWORD만 추출해 미니북에 정리한 후, 키워드 중심으로 암기해보세요!)

답변 1	

답변을 통해 강조하고 싶은 역량		답변에 걸린 시간	초

답변 2	

답변을 통해 강조하고 싶은 역량	✏️		답변에 걸린 시간	초
나올 수 있는 꼬리/다른 질문	• 만약 그 업무를 하지 못 하게 된다면 어떻게 할 것인지? • 그 업무를 할 때 가장 걱정되는 점이 있다면?			

기업/Q8	입행/입사했는데, 회사가 적성에 맞지 않는다면?		
혼자 답변해보기		답변에 걸린 시간	초

이 질문은 주로 언제, 누구에게?	▶ 모든 지원자 ▶ 기업, 직무를 오래 준비한 것 같지 않은 지원자 ▶ 직무에 필요한 역량 중 특정 부분이 미흡할 것 같은 지원자	▼ 강의 보러 가기 ▼

면접 답변 POINT

공통 POINT	• 당연히 '그럼에도 퇴사하지 않고 일하겠다.'의 답이 나와야 하지만, '이유, 근거'가 더 중요함 • 실제 사례도 있으면 좋지만, 직무와는 관련 없던 경험으로 언급하기 • 취업이 급해, 일단 들어와서 일하다가 맞지 않아 퇴사하는 경우도 많기 때문에 나오는 질문 • 직무에 대한 확신이 가장 좋고, 극한 상황에서도 버틸 수 있다는 의지도 중요함 = 퇴사하지 않고 적응하겠다는 의지 보여주기
은행 POINT	〈성향이 맞지 않으면 힘든 곳, '성향적 측면' 강조〉 • 보통 은준생은 은행을 길게 준비했기 때문에, 이 경우 '직무에 대한 확신'을 보여주는 것이 가장 좋음 • 직무에 대한 확신 + 성향적으로 너희 은행과 맞다라는 점 강조 • 내 성향으로 어떻게든 버티겠다는 강한 의지 보여주기

공기업 POINT	〈'공기업 성향'에 대한 확신, '기업'에 대한 확신〉 • 경험을 통해 '공기업 근무 체계, 방식'에 대한 확신을 갖고 지원했음을 드러내기 • 공기업은 직무 순환도 가능 → 모든 과정은 업무를 배우는 과정이라고 생각하기 때문에 문제 없음 • 내가 지원한 이유는 '기업, 산업'에 대한 확신 때문 • 맞지 않더라도, 배우는 과정이라고 생각하고 두루 배우겠다는 의지 보여주기
답변 템플릿	
두괄식	네, 저는 입행/입사 후 업무가 맞지 않더라도 ~게 하겠습니다.
답변(경험)	(~한 경험이 있는 것처럼, ~한 성향이기 때문에) ~한 확신이 있습니다. 이에, 입사 후, 맞지 않더라도 ~게 하겠습니다.
답변 예시	네, 저는 입사 후 업무가 적성에 맞지 않더라도, 배우는 과정이라고 생각하며 업무에 임하겠습니다. 실제 처음 학원에서 근무하면서도, 상담 등의 업무가 저에게 맞지 않다고 생각했었으나, 나중에 경영 지원을 하며 이 모든 업무가 피가 되고 살이 된다는 점을 배울 수 있었습니다. 이에 맞지 않더라도 배운다는 생각으로 더욱 적극적으로 임하며 업무에 빠르게 적응하겠습니다.
강조하고 싶은 모습/역량	• 힘든 상황에서도 긍정적 사고로 노력했던 경험 • 어느 상황에서도 배우겠다는 의지
답변 다시 만들어보기	
(정리한 답변에서 KEYWORD만 추출해 미니북에 정리한 후, 키워드 중심으로 암기해보세요!)	
답변 1	
답변을 통해 강조하고 싶은 역량	답변에 걸린 시간 ___ 초

답변 2	
답변을 통해 강조하고 싶은 역량	답변에 걸린 시간　　　　초
나올 수 있는 꼬리/다른 질문	• 원하던 직무를 했는데, 적성에 맞지 않는다면? • 어떤 경우에 퇴사를 생각할 것 같은지?

기업/Q9	직무에서 가장 중요한 것은?		
혼자 답변해보기		답변에 걸린 시간	초

✎

이 질문은 주로 언제, 누구에게?	▶ 모든 지원자 ▶ 일반적인 기업 가치관 파악 질문	▼ 강의 보러 가기 ▼

면접 답변 POINT

공통 POINT
- 본인의 직무 이해도를 파악할 수 있는 질문
- '소통, 배려'와 같은 단순한 답변은 지양하는 편이 좋음
- 실제 경험을 통해 '내가 잘 할 수 있는 분야'로 생각한 내용을 답할 것
- '왜' 중요하다고 생각하는지 답변도 중요
- '전문성'을 답변으로 할 예정이라면, 현장 경험과 높은 수준의 지식을 갖고 있을 때만 답하기(그렇지 않을 경우 공격이 들어올 수 있음)
- 직무, 기업에서 중요시하는 가치로 답해도 좋다.

은행 POINT

〈행원에게 필요한 역량부터 나열해보기〉
- 고객 응대, 업무 처리, 전문성, 협업 영업력 등
- 이 중 '내가 가장 갖고 있는 역량'을 중점으로 답하기
- 역량이 중요한 이유는 '고객'을 향해 있어야 함
- 영업, 판매, 응대 아르바이트 당시 내가 중요시 여긴 것 생각하기
- '형용사 + 단어'형 답변도 좋음(예 고객 응대 역량 → 고객과 장기적인 관계를 구축하는 것)

공기업 POINT	〈직무기술서 내 '직무 수행 태도' 살펴보기〉 • 실제 비슷한 직무를 수행하며 느꼈던 '중요 요소' 찾아보기 • 중요한 이유는 '국민 신뢰'를 향해 있어야 함 • 직무기술서 내 '직무 수행 태도'에서 '내가 갖추고 있는 태도, 근거가 되는 경험이 있는 태도'를 찾아서 답하기 • 특수 직무의 경우 '전문성'도 좋은 답변 사례가 될 수 있음, 다만 답할 수 있는 '경험, 이력, 자격' 등의 근거가 있어야 함
답변 템플릿	
두괄식	네, 저는 (직무)에서 가장 중요한 것은 (중요)라고 생각합니다.
답변(경험)	(직무)는 ~하기 때문에, 항상 ~한 (자세, 역량 발휘 등)을 통해 (목표 달성, 가치 실현 등)을 이뤄내야 한다고 생각하기 때문입니다.
답변 예시	네, 저는 행원에게 가장 중요한 것은 '관찰력과 통찰력'이라고 생각합니다. 행원은 고객이 요구하는 바를 듣고, 작은 이야기를 관찰해 미래를 설계해야 하기 때문에, 관찰력과 통찰력을 통해 고객 맞춤형 서비스를 제공해야 한다고 생각하기 때문입니다.
강조하고 싶은 모습/역량	고객 응대의 중요성 인지
답변 다시 만들어보기 (정리한 답변에서 KEYWORD만 추출해 미니북에 정리한 후, 키워드 중심으로 암기해보세요!)	
답변 1	
답변을 통해 강조하고 싶은 역량	답변에 걸린 시간　　　초

답변 2	✎		
답변을 통해 강조하고 싶은 역량	✎	답변에 걸린 시간	초
나올 수 있는 꼬리/다른 질문	직무와 비슷한 업무에서 역량을 발휘해 성과를 낸 경험은?		

기업/Q10	인턴한 기업이 아닌, 왜 이 곳에 지원했는지?		
	혼자 답변해보기	답변에 걸린 시간	초

✏️

이 질문은 주로 언제, 누구에게?	▶ 인턴, 계약직 등의 경력이 있는 지원자 ▶ 인턴, 계약직 등으로 근무한 곳이 동일 산업 군이거나 경쟁 상대인 경우	▼ 강의 보러 가기 ▼

면접 답변 POINT	
공통 POINT	• 인턴한 곳이 아닌 이곳을 지원한 이유 = 차이점 + 지원 동기 • '인턴한 곳도 ~한 면에서 좋았지만'의 부분이 들어가야 함 • 내가 더 배우고, 성장하기 위해 적합한 곳이 '이 기업' • 이 기업의 차별화된 장점이 '나의 성향, 방향'과 연결되는 곳(예 나는 A 분야로 성장하고 싶음, 이 기업이 A 분야 강세 기업 등) • '그럼에도 불구하고 왜 여기?'가 본질적인 질문
은행 POINT	〈각 은행의 장점, 강점 정리해보기(직무 구분된 은행 : 직무 강점 찾기)〉 • 각 은행의 분위기, 선호 성향, 강점 등이 모두 상이함 • 은행의 차별화, 은행의 강점 = 나의 성향, 강점, 성장 방향과 일치 • 단순히 '외환 강세, 농민을 위한 곳, 중소기업을 위한 곳'으로 정리하지 말고, '경험을 통해 ~의 중요성을 알게 되어, ~한 곳에서 성장하고 싶었다.'의 흐름 잡기 • 성향적 측면으로 연결 지어 답해도 좋음(예 안정적인 은행보다 도전적인 은행에서~)

공기업 POINT	〈각 공기업은 각자 다른 일을 하고 있다.〉 • 미세한 차이어도, 각 공기업은 각자 다른 일을 하고 있음 • 그 미세한 차이 = 내가 하고 싶은 일 • '내가 하고 싶은 일'에는 반드시 근거가 있어야 함 = 근거는 '경험'으로 • 조금 더 세부적인, 전문적인, 미세한 차이의 업무를 수행하고 싶어 지원함
답변 템플릿	
두괄식	네, 저는 ~한 (방향, 전문가, 직무)로 성장하고 싶어 (은행/기업)에 지원하게 되었습니다.
답변(경험)	물론 (인턴으로 근무했던 곳)도 ~한 면에서 굉장히 많이 배울 수 있었지만, 실제 ~한 일을 해보며, ~한 (특정 분야, 미세 차이)의 중요성을 깨닫게 되었고, 이를 수행할 수 있는 (기업/은행)에 지원하게 되었습니다.
답변 예시	네, 저는 기술 금융 전문가로 성장하고 싶어 A 은행에 지원하게 되었습니다. 물론 인턴으로 근무했던 B 은행 역시 금융 현장에 대해 배울 수 있어 가치 있었지만, 실제 금융 현장에서 고객을 만나며, 미래 기술 금융의 중요성을 깨닫게 되어, 이를 전문적으로 수행할 수 있는 A 은행에 지원하게 되었습니다.
강조하고 싶은 모습/역량	• 실제 금융 현장 경험 있음 • 경험을 통해 배우고 싶은 분야를 구체화 함
답변 다시 만들어보기 (정리한 답변에서 KEYWORD만 추출해 미니북에 정리한 후, 키워드 중심으로 암기해보세요!)	
답변 1	

답변을 통해 강조하고 싶은 역량		답변에 걸린 시간	초

답변 2	✏️

답변을 통해 강조하고 싶은 역량	✏️	답변에 걸린 시간	초
나올 수 있는 꼬리/다른 질문	• 인턴한 기업에서 뭘 배웠는지? 어떤 일을 했는지? 어떤 역할이었는지? • 인턴한 기업과 우리 기업의 차이를 말해보아라. • 인턴한 기업과 우리 기업의 공통점이 있다면?		

기업/Q11	사기업이 아닌, 굳이 은행/공기업인 이유는?		
	혼자 답변해보기	답변에 걸린 시간	초

✎
_____
_____
_____
_____
_____
_____

이 질문은 주로 언제, 누구에게?	▶ 은행, 공기업 관련 경험만 있는 지원자 ▶ 은행, 공기업 관련 경험이 전무한 지원자	▼ 강의 보러 가기 ▼

면접 답변 POINT	
공통 POINT	• 일반 '취준생'이 아닌 '은준생, 공준생'인지 확인하기 위한 질문 • 완전히 '조직과 직무'를 이해했기 때문에, 퇴사하지 않을 생각으로, 평생 일할 생각으로 지원했음을 어필해야 하는 문항 • 은행, 공기업에 맞는 성향인지 확인하기 위한 질문 • 실제 경험을 통해 '업무 방식, 조직 체계'에 대한 확신과 만족을 얻었음을 드러내기 • 이 직무, 은행, 공기업에 대한 확신이 있음을 드러내기
은행 POINT	〈고객 응대 + 사무 업무 + 지속 공부 = 많은 역량 요구〉 • 업무적으로는 '고객 응대, 사무 업무, 지속적인 자격증 취득 및 공부, 경제 흐름에 대한 지속적 이해'가 필요한 직무 • 성향적으로는 '실적 압박, 스트레스, 목표 달성, 지점 내 협업'이 필요함 • 이 중 나에게 가장 적합한 부분들을 택해, '은행을 택한 이유' 말하기 • 혹은, '경제/금융에 대한 관심' + '업무/성향적 측면'으로 조합하기 • 전문성에 대한 관심 + 업무/성향적 역량/자세 or 업무적 역량 + 성향적 역량

공기업 POINT	**〈공기업만의 업무 처리 방식, 조직 체계, 공공 가치〉** • 체계적 업무 처리, 확고한 조직 체계, 사기업 대비 낮은 보수 • 이러한 공기업과 나의 업무 성향이 일치함을 드러내기 • '공공 가치 창출'이라는 공기업만의 특수성, 공공 가치 창출에 대한 자부심, 사명감을 느낌 → 실천하고 싶음(근거가 되는 경험) • 사기업, 공기업 등의 근무, 인턴 경험이 있다면 예시로 사용하기 • 명확한 직무 구분이 되어 있는 기업이라면, '직무에 대한 확신 + 공공을 위해 실천하고 싶은 마음(경험과 함께)' • 사기업보다 낮을 수 있는 보수, 그럼에도 버틸 수 있는 '성향적 일치'와 '공공 가치 창출'에 대한 인지
답변 템플릿	
두괄식	네, 저는 (은행/공기업)이 A한 측면과 B한 측면에서 저에게 적합하다고 생각해 지원하였습니다
답변(경험)	(경험)을 통해, ~한 (업무 과정, 체계 등)이 저의 ~한 성향과 일치하다고 생각하였습니다. 이에, 이러한 측면을 (평생 공부해야 하는, 공공 가치를 창출해야 하는 등)한 (직무)에서 가장 발휘하고 싶어 지원하였습니다.
답변 예시	네, 저는 공기업이 체계적이고 공익을 위한다는 점에서 저에게 가장 적합하다고 생각하였습니다. 실제 타 공기업 인턴을 통해 체계적이고 조직적인 업무 체계가 저의 계획적 성향과 일치한다고 생각하였습니다. 이에, 이러한 측면을 보다 넓은 범위의 사회를 위해 사용한다면, 평생 가치 있게 일할 것 같아 지원하게 되었습니다.
강조하고 싶은 모습/역량	• 공기업이 선호하는 계획적 성향 • 루틴한 업무에도 질리지 않고 오래 일할 수 있음

	답변 다시 만들어보기		
	(정리한 답변에서 KEYWORD만 추출해 미니북에 정리한 후, 키워드 중심으로 암기해보세요!)		
답변 1	✎		
답변을 통해 강조하고 싶은 역량	✎	답변에 걸린 시간	초
답변 2	✎		
답변을 통해 강조하고 싶은 역량	✎	답변에 걸린 시간	초
나올 수 있는 꼬리/다른 질문	(은행/공기업의 어려움)한 어려움이 있는데 괜찮은지?		

PART 2 하루 한 질문 · 407

기업/Q12	다른 분야 준비했던 것 같은데, 왜 여기?		
혼자 답변해보기		답변에 걸린 시간	초

✏️

이 질문은 주로 언제, 누구에게?	▶ 은준생, 공준생이 아니었던 것 같은 지원자 ▶ 기업/직무 관련 경험이 적은 지원자	▼ 강의 보러 가기 ▼

	면접 답변 POINT
공통 POINT	• 최근 취업난으로 인해, '일반 사기업, 특정 기업, 공기업, 은행' 등을 전문적으로 준비하다가, 갑자기 방향을 틀어 '합격한 곳'의 면접을 보러 가는 경우가 많음 • 대부분 이력, 경력, 자기소개서 등에 이러한 부분이 드러나기 때문에, 이에 대한 질문을 준비해야 함 • 산업 → 직무/직무 → 산업으로 폭을 좁혀 나가는 것도 하나의 방법(예 금융권 → 행원/전기직 → 철도) • 혹은, 이전에 준비했던 분야 → 직무가 되기 위해 준비했던 과정으로 소화하기 • 이전에 준비했던 분야와 지원한 기업의 공통점 찾기 • 이전에 준비했던 분야의 '좋은 점, 배웠던 점' 등을 발굴해서 언급해 주기

은행 POINT	〈이전 경험과의 공통점 + 직접 도움 주고 싶어서, 대면 응대하고 싶어서 등〉 • 이전 경험, 경력의 특징 발굴하고 '입행 후 목표'와 연결하기 예 자영업자 관련 경험 → 자영업자를 위한 WM, 기업 금융) → 직접적으로, 대면으로 도움을 드리는 사람이 되고 싶어서 • 전혀 공통점을 찾을 수 없는 경우에는, '금융과 경제에 대한 관심' 풀어내기 예 교육 관련 경험이 많다면, 교육에 관심 있다. 하지만 금융 경제에 대한 관심이 지속해서 있었고, 금융권에 관심이 있었다(근거 필요), 그중에서도 사람을 만나고 알려주는 행원에 관심을 갖게 되어~) • 직접적으로 도움을 주고 싶어서/금융권에 대한 관심으로/A 금융 분야에 관심이 있어서 이쪽 준비했었지만, B한 경험을 통해 직접적으로 대상에게 도움을 주는 행원이 되고 싶어~
공기업 POINT	〈직무 중심으로 공기업 산업 파고들기〉 • 사무 : 홍보, 마케팅 등 특정 직무 과정이 있다면 → ~한 분야에 관심 있다. → 이 직무에 대한 관심을 직업으로서 평생 실천할 수 있는 곳을 찾았다. → 이 기업이다. • 기타 직무 : 다른 분야에도 관심이 있었다. → ~한 (경험)을 통해 (지원 직무, 기업)에 대한 중요성 인지 → 평생 해야 하는 일이라면~ • 공기업이 갖고 있는 '공익적 특수성 활용하기', '역량을 평생 발휘할 수 있는 곳을 찾아 지원했다.'의 흐름 기억하기
답변 템플릿	
두괄식	네, 저는 ~한 (전문가)로서 성장하고자 ~에 지원하였습니다.
답변(경험)	물론, (이전 경험, 경력들)을 하며, ~한 점을 배울 수 있어 굉장히 가치 있었습니다. 하지만, ~한 (경험)을 통해 ~의 중요성을 깨닫게 되며, 이를 실천하고자 (직무, 기업)에 지원하게 되었습니다.
답변 예시	네, 저는 교통 분야의 건축 전문가로서 성장하고자 OO 기업에 지원하였습니다. 물론, 건축 사무소에서 건축가로 일하는 경험도 굉장히 가치 있었습니다. 하지만, 도로, 철도 등의 유지 보수 사업의 일원으로 참여하며, 사람의 생명과 직결되고 이동을 만드는 교통 분야에 관심을 갖게 되어 ~에 지원하게 되었습니다.
강조하고 싶은 모습/역량	직무를 활용한 다른 경험 있음

답변 다시 만들어보기 (정리한 답변에서 KEYWORD만 추출해 미니북에 정리한 후, 키워드 중심으로 암기해보세요!)			
답변 1			
답변을 통해 강조하고 싶은 역량		답변에 걸린 시간	초
답변 2			
답변을 통해 강조하고 싶은 역량		답변에 걸린 시간	초
나올 수 있는 꼬리/다른 질문	• 다른 기업 어디 지원했는지? • 만약에 더 좋은 조건으로, 이전 경력을 살릴 수 있는 기업에서 스카우트가 들어온다면 넘어갈 것인지?		

기업/Q13	우리 기업에 대해서 가장 인상 깊게 본 기사는?		
혼자 답변해보기		답변에 걸린 시간	초

이 질문은 주로 언제, 누구에게?	▶ 모든 지원자 ▶ 일반적인 직무 파악 질문

▼ 강의 보러 가기 ▼

면접 답변 POINT

공통 POINT
- 면접, 취업을 준비하다 보면, 그 기업의 '기사, 사업' 등을 조사하게 된다.
- 여기에서 지원자가 어떤 답을 하느냐에 따라 '지원자의 기업 준비 수준, 지원자의 관심사' 등을 두루 파악할 수 있다.
- 대부분 '새로 시작하는 사업, 추진 중인 업무, 높은 실적 달성, 수상, 새기술 도입, 동종업계와 차별화된 부분' 등에 대해 언급을 하게 되는데, 종종 '장점과 개선점'도 꼬리 질문으로 묻기 때문에 같이 대비해야 한다.

은행/공기업 POINT

〈하고 싶은 일, 내 경험에 기반하여 찾기!〉
- 이 질문에 이어지는 꼬리질문에 답하기 위해서는, 어느 정도 '내가 하고 싶은 일'이나 '내 경험'과 관련된 내용을 찾아야 한다.
- 은행 : 타 은행과 다르게 시작하는 사업, 1위로 앞서 나가는 것, 최초로 시행하는 것 등을 찾고 → 내 경험과 가장 비슷한 것 찾기
- 공기업 : '가장 관심 있는 사업'을 찾으면 되는데, '내 경험'과 연결이 되어 있어야 진정성을 보여줄 수 있다.
- 기사/사업에 대한 설명과 내가 관심 있는 이유를 같이 설명해줘야 한다.

답변 템플릿		
두괄식	네, 저는 (기사/사업)에 가장 관심이 있습니다.	
답변(경험)	(기사/사업)은 (설명)한 것으로 (내가 관심 있는 이유 : 내 경험, 경력에 기반)이기 때문에 가장 관심을 갖고 있습니다.	
답변 예시	네, 저는 우리 공단에서 진행하는 디지털 정신상담 사업에 가장 관심을 갖고 있습니다. 디지털 정신 상담은 AI와 빅데이터를 활용해 내담자의 정신 상태 파악 및 안정을 도우며 상담의 문턱을 낮추는 데 목표를 갖고 있습니다. 그간 정신 건강 관련 센터 및 병동에서 근무하며, 상담의 문턱을 낮추는 게 얼마나 중요한지 깨달으며, 상담의 대중화를 위해 매뉴얼도 만들었었기에 이 사업을 가장 관심 있게 보고 있습니다.	
강조하고 싶은 모습/역량	• 관련 매뉴얼도 만들 정도로 공단 사업에 진심인 사람 • 사업의 중요성 인지, 관련 경험 보유자	
답변 다시 만들어보기 (정리한 답변에서 KEYWORD만 추출해 미니북에 정리한 후, 키워드 중심으로 암기해보세요!)		
답변 1		
답변을 통해 강조하고 싶은 역량		답변에 걸린 시간　　　초
답변 2		

답변을 통해 강조하고 싶은 역량	✏️	답변에 걸린 시간	초
나올 수 있는 꼬리/다른 질문	• 이 사업/기사의 개선점은 무엇인지? • 본인의 역량을 어떻게 기여할 수 있을지? • 이 사업/기사의 장점은 무엇인지?		

좋은 책을 만드는 길, 독자님과 함께 하겠습니다.

면접관이 5초만 들어도 합격시키고 싶은 면접 답변 100문 100답 [공기업·은행편]

개정1판1쇄	2025년 08월 05일 (인쇄 2025년 07월 17일)
초 판 발 행	2021년 03월 05일 (인쇄 2021년 02월 26일)
발 행 인	박영일
책 임 편 집	이해욱
저 자	서미연(면쌤)
편 집 진 행	김준일·이경민
표지디자인	김지수
편집디자인	임아람·하한우
발 행 처	(주)시대고시기획
출 판 등 록	제10-1521호
주 소	서울시 마포구 큰우물로 75 [도화동 538 성지 B/D] 9F
전 화	1600-3600
팩 스	02-701-8823
홈 페 이 지	www.sdedu.co.kr
I S B N	979-11-383-9689-9 (13320)
정 가	22,000원

※ 이 책은 저작권법의 보호를 받는 저작물이므로 동영상 제작 및 무단전재와 배포를 금합니다.
※ 잘못된 책은 구입하신 서점에서 바꾸어 드립니다.

면접장에 들고 가는
나만의 답변 미니북

- [x] PART 1　랜덤 연습 QR코드

- [x] PART 2　카테고리 별 랜덤 QR코드
  - Chapter 1　자신
  - Chapter 2　가장
  - Chapter 3　조직
  - Chapter 4　원칙
  - Chapter 5　상황
  - Chapter 6　고객
  - Chapter 7　기업

- [x] PART 3　암기용 키워드 정리

PART 01 랜덤 연습 QR코드

100개의 질문이 랜덤으로 섞여있습니다. 면접 들어가기 전, 랜덤으로 QR코드를 인식해서 '실전처럼' 연습해 주세요!

랜덤 연습의 장점
- 어떤 질문이 나올지 알 수 없는 실전 면접처럼 연습할 수 있어요.
- 랜덤으로 연습하다 보니, 어떤 카테고리 경험이 덜 정리되었는지 파악할 수 있어요.

랜덤 연습 활용 방법
- 랜덤으로 QR 코드를 인식합니다.
- 질문에 따라 답변해봅니다.
- 40초 내에 답변이 정리되지 않거나, 바로 생각나지 않는다면 〈PART 03 정리 암기 노트〉로 넘어가 답변을 다시 살펴봅니다.
- 특히 답변이 나오지 않는 카테고리의 경우, 〈PART 02 카테고리별 랜덤 QR코드〉로 넘어가 모든 카테고리 질문을 연습해봅니다.

PART 02 카테고리 별 랜덤 QR코드

카테고리별로 QR코드가 제시되어 있습니다. 기업의 특성에 따라 특정 카테고리만 연습하고 싶은 경우, QR코드를 인식해서 카테고리별 답변을 정리해 주세요(예를 들어, '고객 응대' 직무의 경우, '고객 카테고리' 찾아서 연습해보기)

카테고리별 연습의 장점
- 내가 원하거나 부족한 카테고리의 질문만 랜덤으로 연습해 볼 수 있어요.
- 하나의 카테고리만 쭉 연습하니, 어떤 질문에도 돌려 쓸 수 있는 나만의 만능 소재를 카테고리별로 정리할 수 있어요.

카테고리별 연습 활용 방법
- 부족하거나 다시 연습하고 싶은 카테고리를 선택합니다.
- 랜덤으로 QR 코드를 인식해, 질문에 따라 답변해봅니다.
- 40초 내에 답변이 정리되지 않거나, 바로 생각나지 않는다면 〈PART 03 정리 암기 노트〉로 넘어가 답변을 다시 살펴봅니다.
- 카테고리별 연습이 완료된 후, 랜덤으로 연습해보고 싶다면 〈PART 01 랜덤 연습 QR코드〉로 넘어가 실전처럼 연습해봅니다.

Chapter 1 자신

Chapter 2 가장

Chapter 3 조직

Chapter 4 원칙

Chapter 5 상황

Chapter 6 고객

Chapter 7 기업

PART 03 암기용 키워드 정리

자신/Q1	스스로 피드백을 요청해 역량을 개발한 경험은?	40초 연습하러 가기 
두괄식		
네, 저는 (근무/업무) 당시, 자발적으로 피드백을 요청해 (역량/전문성)을 개발한 경험이 있습니다.		
답변(경험)		
당시 ~한 업무를 하면서, (역량, 전문성이 부족하다고 생각한 이유)하다고 생각하여, (누구)에게 ~한 피드백을 요청하고, (공부한 방법)하여 (역량)을 개발했습니다.		
암기용 키워드 정리하기		

자신/Q2	주변에서 뭐라고 불리는지?	40초 연습하러 가기 
두괄식		

- 네, 저는 주로 (별명/불리는 말)로 불리고 있습니다.
- 네, 저는 별명은 따로 없지만, 주로 ~라고 불리고 있습니다.

답변(경험)

(외적/행동적인 부분이 있다면) 아무래도, (외적인 모습이 ~와 닮아서, ~해서, 항상 ~게 행동하기도) 하고, 항상 (별명에 담긴 의미처럼 행동)하기 때문에, (별명, 불리는 말)로 불리고 있습니다.

암기용 키워드 정리하기

자신/Q3	자신만의 스트레스 해소법은?	40초 연습하러 가기 
두괄식		

네, 저는 주로 ~한 방식으로 스트레스를 해소하는 편입니다.

답변(경험)

- (방식)을 하다보면 ~하기 때문에, 스트레스가 해소되는 기분이 들어, 주로 이 (방식)으로 스트레스를 해소하고 있습니다.
- 처음에는 (체력 기르기 등 다른 장점)으로 인해 시작했지만, 현재는 (방식)을 하면서 ~하기 때문에, 주로 이 (방식)으로 스트레스를 해소하고 있습니다.

암기용 키워드 정리하기

자신/Q4	가장 칭찬 받았던 습관은 무엇인지?	40초 연습하러 가기 
두괄식		

네, 저는 (습관)에 대해 칭찬을 받아왔습니다./받아왔던 것 같습니다.

답변(경험)

항상 (습관을 가졌던 이유, 습관을 한 이유)를 위해 ~한 (습관)을 실천해왔는데, (상사)께서 (칭찬받은 내용)이라며 칭찬해주셨습니다.

암기용 키워드 정리하기

자신/Q5	가장 고치고 싶은 습관은?	40초 연습하러 가기 
두괄식		

네, 저는 (습관)을 고치기가 가장 어려웠던 것 같습니다.

답변(경험)

(습관을 갖게 된 이유)로 ~한 습관을 갖고 있었는데, (새 조직, 습관을 고쳐야 했던 조직, 입사/입행 후 하게 될 일과 비슷한 일을 했던 조직)에서는 (습관을 고쳐야 하는 이유) 였기에 (방법)으로 (습관)을 고쳤습니다.

암기용 키워드 정리하기

자신/Q6	업무 외적으로 자기개발을 하고 있는 것이 있다면?	40초 연습하러 가기
	두괄식	
네, 저는 업무 외적으로 (역량, 전문성)을 개발하고 있습니다.		
	답변(경험)	
(역량을 배우게 된 이유) 하여, 배워보고 싶다고 생각해, (방법)을 통해 (역량, 전문성)을 배워 나가고 있습니다.		
	암기용 키워드 정리하기	

자신/Q7	일을 하며 전문성을 개발하기 위해 노력했던 경험은?	40초 연습하러 가기
	두괄식	
네, 저는 (경험) 당시 (~한 전문성)을 기르기 위해 노력했던 경험이 있습니다.		
	답변(경험)	
당시 (내가 전문성을 길러야 한다고 생각한 이유, 부족하다고 생각한 이유, 더 잘하고 싶었던 이유) 하다고 생각하여, (노력한 방법)으로 노력한 결과, (성과, 발전)을 이뤄낼 수 있었습니다.		
	암기용 키워드 정리하기	

자신/Q8	내가 가장 자신 있는 업무와 자신 없는 업무는?	40초 연습하러 가기

두괄식

네, 가장 자신 있는 업무는 (업무)고, 가장 자신 없는 업무는 (업무)입니다.

답변(경험)

(자신 있는 업무 경험)을 해왔기에 (자신 있는 업무)는 자신이 있으나, (자신 없는 업무)는 (자신 없는 이유)하기 때문에 (노력할 방법)하며 성장해 가겠습니다.

암기용 키워드 정리하기

자신/Q9	성격의 장점과 단점은?	40초 연습하러 가기

두괄식

네, 제 성격의 장점은 (장점)입니다.

답변(경험)

항상 ~한 (장점)으로 ~게 하고 있습니다. 반면, 종종 (단점)하다는 단점이 있어, 이를 ~게 극복하고자 하였습니다.

암기용 키워드 정리하기

자신/Q10	어려움을 극복하는 나만의 방법은?	40초 연습하러 가기 

두괄식

- 네, 저는 ~한 방법으로 어려운 상황을 이겨내고 있습니다.
- 네, 저는 어려운 상황에서 주로 ~하고 있습니다.

답변(경험)

- (방식)대로 하면 ~게 극복이 되기 때문에, ~한 (마음, 의지, 자세)를 갖고 ~게 노력하는 편입니다.
- 저에게 주로 어려운 상황은 ~한 상황이기 때문에, 이 경우 ~게 하며 ~게 이겨내려고 노력하는 편입니다.

암기용 키워드 정리하기

자신/Q11	꼼꼼하게 무언가를 처리해서 성과를 낸 경험은?	40초 연습하러 가기 

두괄식

- 네, 저는 (경험) 당시 꼼꼼하게 업무를 처리해 (성과)를 낸 경험이 있습니다.
- 네, 저는 (경험) 당시 or 대체적으로 업무를 꼼꼼히 처리해 (별명, 역할)이 된 경험이 있습니다.

답변(경험)

- 당시 조직이 ~한 (상황) 이었습니다. 이에, (꼼꼼하게) 업무를 처리한 결과, ~한 (성과)를 거둘 수 있었으며, 조직에서도 ~한 (평가, 역할)을 받을 수 있었습니다.
- 항상 업무를 처리할 때, ~게 (꼼꼼히) 업무를 처리하기 때문에, 조직에서 (역할, 평가, 별명)을 받곤 했습니다.

암기용 키워드 정리하기

자신/Q12	직장 내 '성공'의 의미는 무엇이라고 생각하는지?	40초 연습하러 가기

두괄식
네, 저는 직장 내에서 성공한다는 건 (의미)라고 생각합니다.

답변(경험)
(실제 은행/공공기관 인턴을 하면서 본 선배가 ~했기 때문에 or 은행/공공기관이란 ~한 곳이기 때문에), (의미)한 사람이 되어야 ~할 수 있기 때문입니다.

암기용 키워드 정리하기

자신/Q13	'본인이 생각하는 나'와 '다른 사람이 생각하는 나'의 차이는?	40초 연습하러 가기

두괄식
네, 저는 주로 다른 사람들이 (타인 이미지)라고 생각하는 경우가 많지만, 실제로는 (내가 생각하는 이미지)에 가깝다고 생각합니다.

답변(경험)
(타인이 그렇게 보는 이유 - 경험 근거, 기반)여서 (타인 이미지)라고 생각하지만, 실제로는 (경험에 기반하여 '실제의 나'가 내가 생각하는 이미지에 가까운 이유)이기 때문에 (내가 생각하는 이미지)에 가깝다고 생각합니다.

암기용 키워드 정리하기

자신/Q14	주로 어떤 상황에서 스트레스 받는 편인지?	40초 연습하러 가기 
두괄식		
네, 저는 주로 (상황)에서 스트레스를 받는 편입니다.		
답변(경험)		
(스트레스 받는 이유)이기 때문에 스트레스를 받기 때문에, ~게 (이겨내는 방법)으로 이겨내려고 하는 편입니다.		
암기용 키워드 정리하기		

자신/Q15	성격의 장점과 그를 활용한 경험은?	40초 연습하러 가기 
두괄식		
네, 저는 (경험) 당시 (장점)을 살려 (성과)를 낸 경험이 있습니다.		
답변(경험)		
(경험) 당시 (어려운 상황, 목표가 있던 상황) 이었습니다. 이에 제 성격의 장점인 ~한 (장점)을 살려서 ~게 한 결과, (성과)를 거둘 수 있었습니다.		
암기용 키워드 정리하기		

자신/Q16	과중한 업무를 처리한 경험은?	40초 연습하러 가기
두괄식		

네, 저는 (경험) 당시, (~한 과중한 업무를 처리한 경험이 있습니다.

답변(경험)

당시 (과중한 업무 상황, 업무가 많을 수밖에 없었던 이유)라서 (몰려 있는 업무들이 있는 상황)이었습니다. 이에 (내가 처리한 방법 - 적극성 드러내기)으로 처리한 결과, (성과)를 낼 수 있었습니다.

암기용 키워드 정리하기

자신/Q17	성격의 단점과 그를 극복했다는 근거는?	40초 연습하러 가기
두괄식		

네, 저는 (단점)을 극복해, 실제 (경험) 당시 (성과)를 낸 경험이 있습니다.

답변(경험)

본래 ~한 (단점)을 갖고 있었으나, 이를 (극복한 방법)으로 극복해, 실제 (경험) 당시 (극복한 단점으로 도움을 준) 결과 (성과)를 낼 수 있었습니다.

암기용 키워드 정리하기

자신/Q18	본인의 강점과 약점은?	40초 연습하러 가기
	두괄식	

네, 저는 ~한 (강점)을 갖고 있습니다.

답변(경험)

~한 (강점인 근거)를 통해 (강점)을 쌓아왔기 때문입니다. 반면 (약점)이 부족하다고 판단하여, (보완하기 위한 노력)하여 (현재 수준)을 하며 이를 극복해 왔습니다.

암기용 키워드 정리하기

자신/Q19	주도적으로 변화에 대처한 경험은?	40초 연습하러 가기
	두괄식	

네, 저는 (경험) 당시 ~한 변화에 대처한 경험이 있습니다.

답변(경험)

당시 (변화가 생긴 이유)하여 ~한 변화가 발생해 모두가 (혼란, 어려움)이었습니다. 이에 (나의 노력, 대처하기 위한 적극성)한 결과 (성과)를 이뤄낼 수 있었습니다.

암기용 키워드 정리하기

가장/Q1	살면서 가장 도전적이었던 경험은?	40초 연습하러 가기
두괄식		

- 네, 살면서 가장 도전적이었던 경험은 (경험) 때입니다.
- 네, 저는 (경험) 당시 도전적으로 (업무)에 임하여, (성과)를 낸 경험이 있습니다.

답변(경험)

당시, ~한 (상황)이었습니다. 이에, (노력한 과정, 열정 과정)하게 도전하여, (목표 달성, 성과 달성)을 이뤄낼 수 있었습니다

암기용 키워드 정리하기

가장/Q2	살면서 가장 창의적이었던 경험은?	40초 연습하러 가기
두괄식		

- 네, 살면서 가장 창의적이었던 경험은 (경험) 때입니다.
- 네, 저는 (경험) 당시 창의적으로 (업무)에 임하여 (성과)를 낸 경험이 있습니다.

답변(경험)

당시, ~한 (상황/목표)이었습니다. 이에, ~게 (창의력을 발휘)한 결과, (목표 달성, 성과 달성)을 이뤄낼 수 있었습니다.

암기용 키워드 정리하기

가장/Q3	살면서 가장 실패했던 경험은?	40초 연습하러 가기

두괄식

- 네, 제가 가장 실패했던 경험은 (경험) 때입니다.
- 네, 저는 (경험) 당시, (목표 달성)에 실패했던 경험이 있습니다.

답변(경험)

당시, (경험을 한 이유 or 실패라고 생각하는 이유)를 위해/여서, (경험)에 참여하여, ~이라는 (목표)를 설정하였습니다. 하지만, (실패한 이유)로 인해 (미흡한 목표 달성, 목표 달성 실패)하게 되었습니다(이후, 아쉬운 점을 ~게 보완하였습니다).

암기용 키워드 정리하기

가장/Q4	살면서 가장 힘들었던 경험은?	40초 연습하러 가기

두괄식

- 네, 제가 가장 힘들었던 경험은 (경험) 때입니다.
- 네, 저는 (경험) 당시, (목표 달성)에 실패하며 ~에 대한 (어려움)을 겪은 경험이 있습니다.

답변(경험)

당시, (경험을 한 이유)를 위해, (경험)에 참여하여, ~이라는 (목표)를 설정하였습니다. 하지만, (실패한 이유)로 인해 (미흡한 목표 달성, 목표 달성 실패)하게 되어, 이로 인해 ~한 (확신 동요, 혼란 등)을 겪게 되며 힘들었습니다.

암기용 키워드 정리하기

가장/Q5	본인의 삶에서 추구하는 가장 중요한 가치는?	40초 연습하러 가기
	두괄식	

네, 제가 가장 추구하는 가치는 (가치)입니다.

답변(경험)

(~한 삶의 목표를 갖고 있기 때문에/~을 가장 중요하게 생각하기 때문에/~한 이유이기 때문에), (가치)를 가장 추구하며 ~게 (살고자/하고자) 노력하고 있습니다.

암기용 키워드 정리하기

가장/Q6	인생에서 가장 행복했던 경험은?	40초 연습하러 가기
	두괄식	

- 네, 저는 ~한 때에 가장 행복했습니다.
- 네, 제가 가장 행복했던 때는 ~때입니다.

답변(경험)

- ~한 (상황)에서 (행복했던 일)을 통해 (행복한 이유)였기 때문에, 가장 행복한 기억으로 남아 있습니다.
- ~한 (상황)에서 (내 자세, 가치관)으로 ~게 한 결과, (행복했던 일)이 있었기 때문에, ~한 (행복한 이유)로 가장 행복했습니다.

암기용 키워드 정리하기

가장/Q7	인생에서 가장 열심히 했던 경험은?	40초 연습하러 가기 

두괄식

- 네, 저는 ~한 일을 가장 열심히 했던 것 같습니다.
- 네, 저는 (경험) 당시 ~게 (열심히) 하여 ~한 (성과)를 낸 경험이 있습니다.

답변(경험)

~한 (목표를 갖고, 상황에서) (열심히 한 이유)라는 생각 아래, ~게 열심히 한 결과, ~한 (성과)를 거둘 수 있었습니다.

암기용 키워드 정리하기

조직/Q1	조직에서 갈등을 해결했던 경험은?	40초 연습하러 가기 

두괄식

- 네, 저는 (경험) 당시, 갈등을 해결했던 경험이 있습니다.
- 네, 저는 (경험) 당시, (방식)으로 갈등을 해결해 (성과)를 낸 경험이 있습니다.

답변(경험)

당시 (원인)으로 인해 (갈등)이 발생한 상황이었습니다. 이를 해결하기 위해, (갈등을 해결하기 위해 노력)한 결과, (갈등을 해결하고 (성과)를 달성할 수 있었습니다.

암기용 키워드 정리하기

조직/Q2	조직에서 주도적으로 성과를 냈던 경험은?	40초 연습하러 가기 

두괄식

- 네, 저는 (경험) 당시, 주도적으로 성과를 낸 경험이 있습니다.
- 네, 저는 (경험) 당시, 주도적으로 ~게 하여 ~한 성과를 낸 경험이 있습니다.

답변(경험)

당시 ~한 (상황)으로, ~게 한다면 (조직에 더 나은 성과)가 있을 것으로 생각되었습니다. 이에, (주도적으로 노력)한 결과, (조직의 발전, 성과)를 이뤄낼 수 있었습니다.

암기용 키워드 정리하기

조직/Q3	본인만의 갈등 해결 방법은?	40초 연습하러 가기 

두괄식

네, 저는 조직에서 주로 ~게 갈등을 해결하는 편입니다.

답변(경험)

- 대부분 조직 갈등은 (원인) 때문이라고 생각하기 때문에, 이를 해결하기 위해 (방법)하는 편입니다.
- 실제 (경험) 당시에도, ~게 갈등을 해결하여 (성과)를 달성한 경험이 있습니다. 이처럼 저는 주로 ~게 갈등을 해결하는 편입니다.

암기용 키워드 정리하기

조직/Q4	남을 설득해본 경험은?	40초 연습하러 가기
	두괄식	

- 네, 저는 (경험) 당시 타인을 설득한 경험이 있습니다.
- 네, 저는 (경험) 당시 (대상/타인)을 설득하여 (목표 달성, 성과, 설득)을 이뤄낸 경험이 있습니다.

답변(경험)

당시 ~한 상황이었으나, 대상이 ~한 (의견을 주장하여, 고민하고 있어) 설득이 필요한 상황이었습니다. 이에, (나만의 노하우, 설득 과정)을 통해 ~게 (대상)을 설득하였고, 그 결과 (성과, 설득)을 이뤄낼 수 있었습니다.

암기용 키워드 정리하기

조직/Q5	조직 활동에서 가장 어려웠던 점은?	40초 연습하러 가기
	두괄식	

- 네, 저는 조직 활동을 하며, 주로 ~한 점이 가장 힘들었습니다.
- 네, 저는 주로 조직에서 ~할 때 가장 힘들었던 것 같습니다.

답변(경험)

(힘들었던 부분)으로 인해 ~한 (문제점, 스스로의 문제점)이 있었습니다. 이에, 항상 조직에서 일할 때에는 (극복하고자 한 일, 내가 한 일)을 겪으며 이를 극복하고자 하였습니다.

암기용 키워드 정리하기

조직/Q6	조직에서 주로 어떤 역할 맡는지?	40초 연습하러 가기 

두괄식

- 네, 저는 주로 조직에서 ~한 역할을 맡고 있습니다.
- 네, 저는 주로 조직에서 ~한 역할로서 조직의 ~을 돕고 있습니다.

답변(경험)

(팀의 목표, 성장/원활한 업무 수행 등)을 위해 항상 ~게 업무를 수행해왔습니다. 실제, 여러 (경험, 활동)에서도 항상 ~한 역할을 맡으며, ~한 (조직 발전)에 도움을 주었습니다.

암기용 키워드 정리하기

조직/Q7	본인은 리더와 팔로워 중 어디에 가까운지?	40초 연습하러 가기 

두괄식

네, 저는 주로 ~한 (리더/팔로워)의 역할을 맡고 있습니다.

답변(경험)

조직의 (발전/업무 효율 활성화/협업 등)을 위해 주로 ~한 역할을 하며, (리더/팔로워)로서 조직이 ~게 될 수 있도록 이바지하고 있습니다.

암기용 키워드 정리하기

조직/Q8	동료와 잘 지내기 위해 도와줬던 경험은?	40초 연습하러 가기

두괄식

네, 저는 (경험) 당시, ~한 (동료)를 도와줬던 경험이 있습니다.

답변(경험)

당시 (인턴, 신입 등)으로서 (동료)와 (잘 지내고 싶다고 생각한 이유)하였습니다. 동료가 (어려워하는 것, 꺼려하는 것)이 있어 (내가 도움을 준 과정)하여 도움을 준 결과 (함께의 성과)를 내고 (동료의 반응)을 얻을 수 있었습니다.

암기용 키워드 정리하기

조직/Q9	조직 활동에서 가장 중요한 것은?	40초 연습하러 가기

두괄식

- 네, 저는 조직 활동에서 가장 중요한 건 (중요)라고 생각합니다.
- 네, 저는 (중요)가 ~한 조직 형성에 가장 중요하다고 생각합니다.

답변(경험)

(조직, 은행, 공기업)은 ~해야 하기 때문에, 항상 ~한 (중요 자세)를 갖출 때, ~한 (성과를 도출할 수/ 리스크를 예방할 수) 있기 때문입니다.

암기용 키워드 정리하기

조직/Q10	가장 같이 일하고 싶지 않은 유형은?	40초 연습하러 가기

두괄식

네, 저는 주로 ~한 사람과 함께 일할 때, 가장 어려웠던 것 같습니다.

답변(경험)

조직은 (내가 생각하는 조직에 대한 가치)해야 한다고 생각하기 때문에, 항상 ~한 (자세)를 갖춰야 한다고 생각합니다. 하지만, (같이 일하기 싫은 사람의 유형)과 함께 일을 하게 된다면, ~한 (리스크)가 발생할 수 있기 때문에, 같이 일하기 가장 어려운 것 같습니다.

암기용 키워드 정리하기

조직/Q11	가장 같이 일하기 힘들었던 동료와 성과를 냈던 경험은?	40초 연습하러 가기

두괄식

네, 저는 (경험) 당시, ~한 (동료)와 (성과)를 낸 경험이 있습니다.

답변(경험)

당시 (목표)가 있는 상황에서, 한 동료가 (같이 일하기 힘들었던 이유)하며 (생긴 문제 - 사기 저하, 업무 실적 저하) 등의 문제가 발생했습니다. 이에 (나의 노력, 적극성, 설득)하여 (성과를 이뤄낼 수 있었습니다.

암기용 키워드 정리하기

조직/Q12	본인만의 업무 적응 노하우는?	40초 연습하러 가기

두괄식

네, 저는 주로 세 단계로 업무에 적응하고자 노력했습니다.

답변(경험)

우선 첫째, ~게 하여 ~을 배우고, 둘째, ~하여 ~을 배웠습니다. 마지막으로 ~게 하여 ~을 배우며 업무에 적응해 갔습니다.

암기용 키워드 정리하기

조직/Q13	회사에서 사람이 힘들 때, 어떻게 대처하는지?	40초 연습하러 가기

두괄식

네, 저는 그 경우 (답변의 포인트)하게 대처하는 편입니다.

사람이 힘들게 하는 경우 (중요한 점)이 중요하기 때문에, 우선 (대처 방법)하고 (또 다른 대처 방법)하여 문제를 해결하겠습니다.

암기용 키워드 정리하기

조직/Q14	이상적인 상사는 어떤 유형일까?	40초 연습하러 가기
두괄식		

- 네, 저는 ~한 유형의 상사가 가장 이상적이라고 생각합니다.
- 네, 저는 ~한 유형의 상사와 함께 일할 때, 가장 (성과를 냈던 것/조직에 적극적으로 참여했던 것) 같습니다.

답변(경험)

(이유/조직에 대한 가치관 언급)이기 때문에, ~한 상사와 일할 때, 가장 (시너지, 성과)를 낼 수 있기 때문입니다.

암기용 키워드 정리하기

조직/Q15	한정된 자원 속에서 문제를 해결한 경험은?	40초 연습하러 가기
두괄식		

네, 저는 (경험) 당시, ~한 (자원)이 부족한 상황에서 (성과)를 낸 경험이 있습니다.

답변(경험)

당시 (목표)가 있는 과정에서 (자원)이 부족한 상황이었습니다. 이에 (자원의 부족을 해결하기 위한 나의 노력)한 결과 (성과를 거둘 수 있었습니다.

암기용 키워드 정리하기

조직/Q16	MZ세대로서 조직을 위해 발휘할 수 있는 것은?	40초 연습하러 가기
두괄식		

네, 저는 (역량)으로 조직에 보탬이 될 수 있습니다.

답변(경험)

실제 (다른 경험)에서도 (역량)을 발휘해 (~한 도움)을 주었던 것처럼, 입사/입행 후 ~한 분야에서 보탬이 될 수 있습니다.

암기용 키워드 정리하기

조직/Q17	직장 생활에서 가장 중요한 덕목은?	40초 연습하러 가기
두괄식		

네, 저는 (직장/은행/공단 등) 생활에서 가장 중요한 덕목은 (덕목)이라고 생각합니다.

답변(경험)

실제 (비슷한 기업)에서 근무해보며/지원한 (은행/기업)은 ~하기 때문에, (덕목)이 없는 회사 생활은 ~한 문제가 생긴다는 점을 알게 되었습니다. 이에 (지원한 기업, 기업의 지향점 등)을 위해서는, ~한 (덕목)을 추구해야 한다고 생각합니다.

암기용 키워드 정리하기

조직/Q18	조직 활동에 적응하는 나만의 노하우는?	40초 연습하러 가기
	두괄식	

네, 저는 ~한 방식으로 조직에 적응하고자 노력하는 편입니다.

답변(경험)

조직 생활에서는 ~이 중요하다고 생각하기 때문에/(노하우)대로 한다면 ~한 효과가 있기 때문에, 항상 (노하우)처럼 생활하며 조직에 적응하고자 노력하고 있습니다.

암기용 키워드 정리하기

조직/Q19	조직에서 끈기를 발휘한 경험이 있는지?	40초 연습하러 가기
	두괄식	

네, 저는 (경험) 당시 ~한 (끈기)를 발휘해 (성과)를 낸 경험이 있습니다.

답변(경험)

당시 (목표)가 있는 상황에서 (끈기를 발휘해야 할 어려움이 있는 상황)이었습니다. 이에 (나의 끈기 발휘)한 결과 (성과)를 끌어낼 수 있었습니다.

암기용 키워드 정리하기

조직/Q20	신입 사원이 갖춰야 할 덕목은?	40초 연습하러 가기
	두괄식	

네, 신입 사원(행원)으로서 갖춰야 할 덕목은 (덕목)이라고 생각합니다.

답변(경험)

신입 사원(행원)은 ~하기 때문에, ~을 위해 항상 (덕목)에 따라 ~게 (조직/업무)에 적응해야 한다고 생각하기 때문입니다.

암기용 키워드 정리하기

조직/Q21	리더십을 발휘해본 경험은?	40초 연습하러 가기
	두괄식	

네, 저는 (경험) 당시, ~한 리더십을 발휘하여 (조직 성과)를 낸 경험이 있습니다./~에 도움을 준 경험이 있습니다.

답변(경험)

당시 (조직/다른 팀원)이 ~한 상황이었기에, ~게 (리더십을 발휘)하여 ~게 도움을 주며 ~한 (성과)를 끌어낼 수 있었습니다.

암기용 키워드 정리하기

조직/Q22	선배에게 어떤 신입사원으로 보이고 싶은지?	40초 연습하러 가기
두괄식		

네, 저는 선배님들께 ~한 신입사원으로 보이고 싶습니다.

답변(경험)

특히 (은행/공기업/공단)은 (특성)하기 때문에, ~한 (신입)으로서 ~게 도움이 되고 싶습니다.

암기용 키워드 정리하기

조직/Q23	조직에서 본인만의 강점으로 문제를 해결한 경험은?	40초 연습하러 가기
두괄식		

네, 저는 (경험) 당시, (강점)을 발휘해 (문제)를 해결한 경험이 있습니다.

답변(경험)

당시 (목표)가 있는 상황에서 (남들은 해결하지 못하는 ~한 문제)가 발생했습니다. 이에 (~게 쌓은, ~한 강점)을 기반으로 (나의 노력)한 결과 (성과)를 달성할 수 있었습니다.

암기용 키워드 정리하기

조직/Q24	협업 시 나의 강점과 약점?	40초 연습하러 가기
두괄식		

네, 협업 시 저의 가장 큰 강점은 (강점)이라고 생각합니다.

답변(경험)

실제 ~한 (조직)에서도 (강점)을 발휘해, ~게 기여했었기 때문입니다. 반면 (약점)한다는 약점이 있지만, 대신 ~게 하여 조직에 도움을 주고자 하였습니다.

암기용 키워드 정리하기

조직/Q25	세대 차이를 극복하는 나만의 방법은?	40초 연습하러 가기
두괄식		

네, 저는 세대 차이를 극복하기 위해 ~게 했습니다.

답변(경험)

보통 상사분들이 세대 차이를 느끼시는 이유는 ~때문이라고 생각하여, ~게 하며 (조직 적응, 상사에게 다가가) 세대 차이를 극복하려고/조직에 어울리고자 노력하였습니다.

암기용 키워드 정리하기

조직/Q26	조직을 위해 헌신한 경험과 주변 반응은?	40초 연습하러 가기

두괄식

네, (경험) 당시 ~을 위해 ~게 헌신한 경험이 있습니다.

답변(경험)

당시 ~한 (헌신이 필요한, 다들 꺼리거나 굳이 하지 않는) 상황이었지만, ~을 위해 (업무 처리, 실적 증대) 등이 필요하다고 생각하였습니다. 이에, ~게 (헌신)한 결과, 동료들은 ~한 반응을 보였고, ~게 대처한 결과 (성과, 해결)을 이뤄낼 수 있었습니다.

암기용 키워드 정리하기

조직/Q27	가장 같이 일하고 싶은 동료의 유형은?	40초 연습하러 가기

두괄식

네, 저는 ~한 동료와의 협업을 가장 선호하는 편입니다.

답변(경험)

- (은행, 공기업, 직무 등)에서 ~한 (역량, 역할, 요소) 등이 가장 중요하기 때문에,
- 실제 ~한 경험을 통해, ~한 (사람, 동료, 협업)의 중요성을 알게 되어, ~한 동료와 가장 함께 일하고 싶습니다.

암기용 키워드 정리하기

조직/Q28	상사에게 받았던 부정적 피드백은?	40초 연습하러 가기
	두괄식	

네, 저는 상사에게 ~한 피드백을 받았었습니다.

답변(경험)

대체적으로 (내 업무 자세)가 ~했기 때문에, 상사로부터 (초반에, ~할 때) ~라는 피드백을 받았었습니다. 하지만 이후 ~게 하며 이를 해결하려고 노력했습니다.

암기용 키워드 정리하기

조직/Q29	조직 내 대인 관계에서 가장 중요한 것은?	40초 연습하러 가기
	두괄식	

네, 저는 조직 내 대인 관계에서 ~이 가장 중요하다고 생각합니다.

답변(경험)

조직 내 대인 관계는 조직의 (성장, 화합 등 가치)를 위해 가장 중요하기 때문에, ~한 자세로 ~해야, 함께 (목표, 조직을 위해) 나아갈 수 있기 때문입니다.

암기용 키워드 정리하기

조직/Q30	대인 관계에서 가장 어려운 점은?	40초 연습하러 가기

두괄식

네, 저는 대인 관계에서 ~이 가장 어려운 것 같습니다.

답변(경험)

대인 관계에서 (중요한 점)이 가장 중요하다고 생각하기 때문에, ~한 상황이 어렵지만, 이를 ~게 극복하고자 노력하고 있습니다.

암기용 키워드 정리하기

조직/Q31	소외된 동료와 협력한 경험은?	40초 연습하러 가기

두괄식

네, 저는 (경험) 당시 (~한 이유로) 소외되었던 동료와 함께 (성과)를 낸 경험이 있습니다.

답변(경험)

당시 ~한 (조직의 목표/업무)가 있는 상황에서, 한 동료가 (~한 이유로) 소외됐습니다. 이에 (포용한 모습, 동료와 협업한 모습)한 결과 (성과)를 달성할 수 있었습니다.

암기용 키워드 정리하기

조직/Q32	남에게 피해를 끼쳤던 경험은?	40초 연습하러 가기 
	두괄식	
네, 저는 (경험) 당시, ~한 (상황)에서 (대상)에게 피해를 끼쳤던 경험이 있습니다.		
	답변(경험)	
당시 (불가피한 상황)이었습니다. 이로 인해 (다른 동료, 대상)에게 (피해)를 끼치게 되어, (극복을 위한 노력)을 하여 ~게 노력하였습니다.		
	암기용 키워드 정리하기	

조직/Q33	회사에서 좋은 대인 관계를 유지하기 위한 본인만의 노하우는?	40초 연습하러 가기 
	두괄식	
네, 저는 (노하우)가 제 가장 큰 노하우인 것 같습니다.		
	답변(경험)	
(내가 그 노하우를 갖게 된 이유)하기 때문에, (노하우를 실천)하며 ~게 가까워지는 (대인관계를 이어 나가는) 편입니다.		
	암기용 키워드 정리하기	

조직/Q34	조직 적응에 실패한 경험은?	40초 연습하러 가기
	두괄식	

네, 저는 (조직) 당시에, 적응하기 어려웠던 경험이 있습니다.

답변(경험)

당시 조직이 (분위기)였기 때문에, ~한 제 성향과 달라 적응이 어려웠습니다. 이에 (적응하기 위한 노력)을 해서 (성과, 업무 기반 세우기) 등을 했지만, ~한 적응은 어려웠던 것 같습니다.

암기용 키워드 정리하기

원칙/Q1	규칙을 어기지 않고 지켰던 경험은?	40초 연습하러 가기
	두괄식	

네, 저는 (경험) 당시 ~한 규칙을 준수한 경험이 있습니다.

답변(경험)

당시, 대부분 (규칙 위반)을 하고 있었습니다(규칙을 어길 시 이익이 있을 수 있지만). ~한 이유로 규칙을 지켜야 한다고 생각하여, ~게 규칙을 준수해 (성과)를 이뤄냈습니다.

암기용 키워드 정리하기

원칙/Q2	공정을 실천했던 경험은?	40초 연습하러 가기
	두괄식	

네, 저는 (경험) 당시, (상대)에 대해 공정을 실천한 경험이 있습니다.

답변(경험)

당시 (~한 공정한 배분)이 이뤄져야 하는데, (대상, 상대)가 (불공정을 요구)하였습니다. 하지만 이는 (공정해야 하는 이유)이기 때문에 (나의 설득 노하우, 방법)하여 공정하게 업무를 마무리해 (성과)를 달성할 수 있었습니다.

암기용 키워드 정리하기

원칙/Q3	원칙을 어겼던 경험은?	40초 연습하러 가기
	두괄식	

- 네, 저는 (경험) 당시, ~한 원칙을 지키지 못 했던 경험이 있습니다.
- 네, 저는 (경험) 당시, (대상)을 위해 융통성을 발휘한 경험이 있습니다.

답변(경험)

당시 (~한 원칙)이 있는 상황에서, (원칙을 지키지 못할 상황)이 발생했습니다. 하지만 (원칙을 지켜야 하는 이유)이기 때문에 (원칙을 지킨 방법)하여 (성과)를 달성할 수 있었습니다.

암기용 키워드 정리하기

원칙/Q4	타인의 실수를 바로 잡고 원칙대로 처리한 경험은?	40초 연습하러 가기
	두괄식	

네, 저는 (경험) 당시 (타인)의 실수를 바로잡고 원칙대로 처리해 (성과)를 낸 경험이 있습니다.

답변(경험)

당시 (타인)이 ~한 이유로 실수를 해, (원칙에 어긋난, 문제가 발생한) 상황이었습니다. 이에 (내가 해결한 방법, 2~3단계로) 처리한 결과 (성과)를 낼 수 있었습니다.

암기용 키워드 정리하기

원칙/Q5	청렴을 실천했던 경험은?	40초 연습하러 가기
	두괄식	

네, 저는 (경험) 당시 청렴을 지킨 경험이 있습니다.

답변(경험)

당시 (누군가가 청렴을 어길 것을 요구)한 상황이었습니다. 하지만 (청렴이 중요한 이유)하기 때문에, (청렴을 지킨 방법, 자세)하여 청렴을 지키고 (성과)를 거둘 수 있었습니다.

암기용 키워드 정리하기

원칙/Q6	갈등 속에서 내 의견을 관철시킨 경험은?	40초 연습하러 가기
	두괄식	

네, 저는 (경험) 당시 ~한 (갈등) 속에서 의견을 관철시킨 경험이 있습니다.

답변(경험)

당시 (목표, 문제)에 대해서 (타인)이 (원칙을 어기자는 의견)을 제시하였으나, 이는 자칫 (원칙을 어길 경우 생길 수 있는 문제)가 발생할 수 있었습니다. 이에 (원칙을 지키기 위해 노력, 의견 관철을 위한 노력)을 한 결과 원칙을 지키고 (성과)를 낼 수 있었습니다.

암기용 키워드 정리하기

원칙/Q7	관습적인 문화를 해결한 경험은?	40초 연습하러 가기
	두괄식	

네, 저는 (경험) 당시 ~한 (관습)을 해결한 경험이 있습니다.

답변(경험)

당시 (관습이 생긴 이유)로 (~한 관습)이 (조직)에 존재하였습니다. 하지만 (관습이 위험한 이유)하다고 판단하여, (해결하기 위해 한 노력)한 결과 (관습 타파)하고 (성과)도 이뤄낼 수 있었습니다.

암기용 키워드 정리하기

원칙/Q8	원칙과 상사의 의견이 어긋난다면?	40초 연습하러 가기

두괄식

네, 저는 원칙과 상사의 의견이 어긋난다면, ~게 하겠습니다.

답변(경험)

(두괄식처럼 행동하는 이유 예 상사와 대화를 먼저 해보는 이유)이지만, 반대의 경우 (예 원칙을 따르는 이유) 이기 때문에, (대처 방법)하여 ~게 처리하겠습니다.

암기용 키워드 정리하기

상황/Q1	상사와 일하면서 상사의 방식대로 일하라고 압박 받은 경험은?	40초 연습하러 가기

두괄식

네, 저는 (경험) 당시 상사의 (~한 방식)을 압박 받은 경험이 있습니다.

답변(경험)

당시 ~한 (목표/업무)가 있는 상황에서, 상사가 (~한 이유)로 (상사의 방식)을 (강요, 권하다, 압박)하셨습니다. 이는 (상사의 지시에 대한 나의 생각)하다고 생각하여, (나의 방식, 해결 방법)한 결과 (성과)를 이뤄낼 수 있었습니다.

암기용 키워드 정리하기

상황/Q2	상사와 갈등을 해결해본 경험이 있는지?	40초 연습하러 가기

두괄식

네, 저는 (경험) 당시 상사와 갈등을 해결한 경험이 있습니다.

답변(경험)

당시 ~한 (목표/업무)가 있는 상황에서, 상사는 (의견)을 제시했으나, 이는 자칫 (문제)가 될 수 있다고 판단하였습니다. (하지만 ~는 옳다고 생각하여) 이에, (방법)으로 갈등을 해결해 (성과)를 이뤄낼 수 있었습니다.

암기용 키워드 정리하기

상황/Q3	가치관이 맞지 않는 사람과 일한다면 어떻게 대처할지?	40초 연습하러 가기

두괄식

네, 저는 가치관이 맞지 않는 사람과 일한다면 (~게/N단계로) 대처하겠습니다.

답변(경험)

대체적으로 (내가 맞지 않다고 생각하는 유형)과 일할 경우 가치관의 차이가 있을 수 있는데, 이 경우 (나의 대처 방법)하여 업무를 달성해 나가겠습니다.

암기용 키워드 정리하기

상황/Q4	실수를 인정하고 대처한 경험은?	40초 연습하러 가기
	두괄식	

네, 저는 (경험) 당시, ~한 실수를 한 후 대처한 경험이 있습니다.

답변(경험)

당시 ~한 (목표/업무)가 있는 상황에서 (실수한 이유) 때문에 ~한 실수를 한 경험이 있습니다. 이에 바로 (실수 수습, 대처)한 후, (이후 재발 방지, 추가 실적 등)하여 대처할 수 있었습니다.

암기용 키워드 정리하기

상황/Q5	상사가 부당한 지시를 내린다면?	40초 연습하러 가기
	두괄식	

네, 저는 상사가 부당한 지시를 내린다면, (기준)으로 먼저 (살펴보겠/판단하겠)습니다.

답변(경험)

(은행, 공기업)은 ~한 곳이기 때문에, 가장 먼저 (기준)에 따라 살펴본 후, A 한 경우에는 ~게 하고, B 한 경우에는 ~게 하겠습니다.

암기용 키워드 정리하기

상황/Q6	입사 후, 조직 문화가 맞지 않으면 어떻게 대처할지?	40초 연습하러 가기
두괄식		

네, 저는 만약 조직 문화가 맞지 않는다면 (~게/N단계로) 대처하겠습니다.

답변(경험)

이미 (지원하는 곳과 비슷한 경험/경력)을 통해 (은행/공기업)의 조직 문화가 제게 맞다고 판단하였지만, 만약 맞지 않더라도 (내가 할 방법)을 통해 조직 문화에 적응해 가겠습니다.

암기용 키워드 정리하기

상황/Q7	회사생활을 하며 인간 관계에 스트레스 받은 경험은?	40초 연습하러 가기
두괄식		

네, 저는 (경험) 당시 ~한 인간 관계에 스트레스를 받은 경험이 있습니다.

답변(경험)

당시 (대상, 상대)가 너무 (스트레스 받는 이유)하여 ~한 이유로 스트레스 받았지만, (나의 대처 방법, 그렇게 대처한 이유)하여 (잘 해결될) 수 있었습니다.

암기용 키워드 정리하기

상황/Q8	상사가 일을 알려주지 않는다면 어떻게 할 것인지?	40초 연습하러 가기
	두괄식	

네, 저는 만약 상사가 업무를 알려주시지 않는다면, 저는 (~게/N단계로) 할 것 같습니다.

답변(경험)

상사가 업무를 알려주시지 않는 이유는 크게 (추측 이유)일 것이라고 생각합니다. 이에 (내가 하는 행동, 상사에게 물어보기 + 업무 배우기 or 조직 적응하기) 하여 최대한 빠르게 업무와 조직에 적응하도록 하겠습니다.

암기용 키워드 정리하기

상황/Q9	만약 워라밸이 지켜지지 않는다면?	40초 연습하러 가기
	두괄식	

네, 저는 만약 워라밸이 지켜지지 않는다면 ~게 하겠습니다.

답변(경험)

저는 (워라밸에 대한 생각)을 갖고 있기 때문에, 워라밸이 지켜지지 않는다고 할지라도 ~게 하겠습니다.

암기용 키워드 정리하기

상황/Q10	무임승차하는 동료가 있다면 어떻게 대처할지?	40초 연습하러 가기

두괄식

네, 저는 만약 무임승차하는 동료가 있다면 ~게 대처하겠습니다.

답변(경험)

(은행/공기업)에서 무임승차하는 이유는 (이유)일 것이라고 생각되기 때문에, (나의 방식)하여 조직의 (성과, 매출 등)에 기여하겠습니다.

암기용 키워드 정리하기

상황/Q11	만약 극복하지 못할 난관에 부딪힌다면 어떻게 할 것인가?	40초 연습하러 가기

두괄식

네, 저는 만약 극복하지 못할 난관에 부딪힌다면 (~게/N단계로) 대처하겠습니다.

답변(경험)

(은행/공기업)에서는 대부분 ~한 (위기/어려움)이 있을 수 있다고 생각합니다. 이에 (나의 노력, 회피하지 않는 모습)하여 (성과 달성, 조직 성장 등)에 기여하겠습니다.

암기용 키워드 정리하기

상황/Q12	고객의 이익과 회사의 이익이 상충한다면?	40초 연습하러 가기
	두괄식	
네, 저는 고객과 회사의 이익이 상충할 경우, ~게 하겠습니다.		
	답변(경험)	
• (지원한 기업, 고객)은 ~해야 하기 때문에, 고객 or 기업을 택해, (가치관)을 지킨 후, (보완책)을 시행해 ~게 보완하겠습니다. • 만약 (기준 하나에 부합한 경우) ~게 하며 (직무, 행원으로서 가치)를 지키겠습니다.		
	암기용 키워드 정리하기	

고객/Q1	진상 고객을 응대했던 경험은?	40초 연습하러 가기
	두괄식	
네, 저는 (경험) 당시 ~을 요구하는 고객/민원인을 응대했던 경험이 있습니다.		
	답변(경험)	
당시 ~한 상황이었으나, (무리한 요구, 요청)을 하셨습니다. 이에, (고객님의 이야기를 듣고), (나의 대처)하여 문제를 해결하였습니다.		
	암기용 키워드 정리하기	

고객/Q2	고객에게 불편을 드렸던 경험은?	40초 연습하러 가기 
	두괄식	

네, 저는 (경험) 당시, 고객에게 ~한 불편을 드린 경험이 있습니다.

답변(경험)

당시 ~한 (목표, 업무)가 있는 상황에서, (불편을 드릴 수밖에 없는 상황)이었습니다. 이에 (불편을 해소하기 위한 노력, 최대한 만족을 드리려는 노력)을 하여 (문제를 해결, 성과를 달성)할 수 있었습니다.

암기용 키워드 정리하기

고객/Q3	고객/민원인 응대 시 나의 장 · 단점은?	40초 연습하러 가기 
	두괄식	

네, 고객(민원인) 응대 시 저의 가장 큰 장점은 (장점)입니다.

답변(경험)

항상 (장점으로 ~게) 해서, ~한 (고객 반응, 성과) 등을 거둘 수 있었습니다. 반면, (이로 인해, 단점)으로 어려울 때도 있습니다. 이를 ~게 해서 극복하고자 노력했습니다.

암기용 키워드 정리하기

고객/Q4	본인만의 고객 응대 노하우를 하나의 키워드로 표현한다면?	40초 연습하러 가기
	두괄식	

네, 저만의 고객 응대 노하우는 (노하우)라고 생각합니다.

답변(경험)

- 특히 (은행, 공기업)은 ~한 (고객, 영업, 설명)이 많기 때문에, ~한 (노하우)가 필수적이라고 생각합니다.
- 실제 (은행, 공기업과 비슷한 조직)에서 (노하우)를 발휘해 (성과)를 냈었기에, (노하우)가 가장 중요하다고 생각합니다.

암기용 키워드 정리하기

고객/Q5	고객 만족을 실천했던 경험은?	40초 연습하러 가기
	두괄식	

네, 저는 (경험) 당시, ~게 고객 만족을 실천한 경험이 있습니다.

답변(경험)

당시 ~한 (상황, 이슈가 있던 상황) 이었습니다. 이에, (고객 불만 해소 등)을 위해 ~게 (내가 한 일)한 결과, ~한 (성과)를 거두며 고객 만족을 실천할 수 있었습니다.

암기용 키워드 정리하기

고객/Q6	진상 고객 응대 노하우는?	40초 연습하러 가기 
두괄식		

네, 저만의 진상 고객 응대 노하우는 (노하우) 입니다.

답변(경험)

(은행, 공기업)의 (진상, 악성) 고객은 대부분 (특성)하기 때문에, (나만의 노하우를 사용하는 방법)하는 편입니다.

암기용 키워드 정리하기

고객/Q7	악성 고객을 보면 어떤 생각이 드는지?	40초 연습하러 가기 
두괄식		

네, 저는 진상 고객 분들을 보면 주로 (생각)하는 것 같습니다.

답변(경험)

(그렇게 생각하는 이유)이기 때문입니다(+ 지금은 잘 응대한다는 뉘앙스 포함).

암기용 키워드 정리하기

기업/Q1	꼭, 이 회사여야 하는 이유는?	40초 연습하러 가기
두괄식		
네, (이유)이기 때문에, 반드시 이 (기업, 은행)이어야 합니다.		
답변(경험)		
~한 경험을 하며, ~한 (열망/바람)이 생겼고, (기업/은행)이 ~한 측면에서 부합하기 때문에, 이러한 곳이라면 평생 ~할 수 있다고 생각하기 때문입니다.		
암기용 키워드 정리하기		

기업/Q2	내가 채용되어야 하는 이유는?	40초 연습하러 가기
두괄식		
네, 다른 분들도 훌륭하시지만, 저는 ~한 강점을 갖고 있기 때문에 채용되어야 한다고 생각합니다.		
답변(경험)		
실제 (경험) 당시에도 (강점)을 활용해 (성장, 성과)에 기여한 경험이 있습니다. 이처럼, 입사 후에도 (강점)을 ~게 활용해 ~한 성장에 이바지할 수 있기 때문입니다.		
암기용 키워드 정리하기		

기업/Q3	우리 회사에 대해 아는 대로 말해보세요.	40초 연습하러 가기
두괄식		

네, 저는 (기업)의 (기본적인 정보) 등에 대해서도 알아봤지만, 그중 가장 관심 있게 알아본 분야는 (특정 분야)입니다.

답변(경험)

아무래도 (경험, 자격증 등)을 통해 (특정 분야)에 관심이 있었는데, (기업)을 찾아보며, (기업이 갖고 있는 장점)을 알게 되었습니다.

암기용 키워드 정리하기

기업/Q4	지방 근무 가능하신가요?	40초 연습하러 가기
두괄식		

네, 저는 ~하기 때문에, 지방 발령도 문제없습니다.

답변(경험)

~한 이유로, 지방에서 근무를 해도 ~게 일할 수 있습니다.

암기용 키워드 정리하기

기업/Q5	우리 기업만을 위해 준비한 것은?	40초 연습하러 가기
	두괄식	

네, 저는 (은행/기업)에 입행/입사하기 위해 ~한 준비를 했습니다.

답변(경험)

물론, (직무를 위해 준비한 내용, 인턴/역량 등)도 했지만, (조직에서 추구하는 사업, 방향)에 (도움, 보탬)이 되고자 ~한 (경험/전문성)에도 자발적으로 (참여/학습)하며 (은행/기업)에 입행/입사하고자 준비하였습니다.

암기용 키워드 정리하기

기업/Q6	회사를 선택하는 기준은?	40초 연습하러 가기
	두괄식	

네, 저는 ~한 기준으로 회사를 선택하는 편입니다.

답변(경험)

(이미 직무에 대한 확신은 있에), 평생 일하려면 ~한 회사에서 일해야 한다고 생각했습니다. 이에 ~한 회사에서 근무를 희망하였습니다.

암기용 키워드 정리하기

기업/Q7	입사/입행 후 가장 하고 싶은 업무와 그 이유는?	40초 연습하러 가기 
두괄식		
네, 저는 (업무/부서/사업/전문가)를/에서 가장 일 해보고 싶습니다.		
답변(경험)		
(경력/경험 나열)을 하면서 (하고 싶은 업무의 이유, 중요성)을 느꼈기 때문에, 입사/입행 후 (업무/부서/사업/전문가)를/에서 꼭 일 해보고 싶습니다.		
암기용 키워드 정리하기		

기업/Q8	입행/입사 했는데, 회사가 적성에 맞지 않는다면?	40초 연습하러 가기 
두괄식		
네, 저는 입행/입사 후 업무가 맞지 않더라도 ~게 하겠습니다.		
답변(경험)		
(~한 경험이 있는 것처럼, ~한 성향이기 때문에) ~한 확신이 있습니다. 이에, 입사 후 맞지 않더라도 ~게 하겠습니다.		
암기용 키워드 정리하기		

기업/Q9	직무에서 가장 중요한 것은?	40초 연습하러 가기

두괄식

네, 저는 (직무)에서 가장 중요한 것은 (중요)라고 생각합니다.

답변(경험)

(직무)는 ~하기 때문에, 항상 ~한 (자세, 역량 발휘 등)을 통해 (목표 달성, 가치 실현 등)을 이뤄내야 한다고 생각하기 때문입니다.

암기용 키워드 정리하기

기업/Q10	인턴한 기업이 아닌, 왜 이 곳에 지원했는지?	40초 연습하러 가기

두괄식

네, 저는 ~한 (방향, 전문가, 직무)로 성장하고 싶어 (은행/기업)에 지원하게 되었습니다.

답변(경험)

물론 (인턴으로 근무했던 곳)도 ~한 면에서 굉장히 많이 배울 수 있었지만, 실제 ~한 일을 해보며, ~한 (특정 분야, 미세 차이)의 중요성을 깨닫게 되었고, 이를 수행할 수 있는 (기업/은행)에 지원하게 되었습니다.

암기용 키워드 정리하기

기업/Q11	사기업이 아닌, 굳이 은행/공기업인 이유는?	40초 연습하러 가기 
두괄식		

네, 저는 (은행/공기업)이 A한 측면과 B한 측면에서 저에게 적합하다고 생각해 지원하였습니다.

답변(경험)

(경험)을 통해, ~한 (업무 과정, 체계 등)이 저의 ~한 성향과 일치하다고 생각하였습니다. 이에, 이러한 측면을 (평생 공부해야 하는, 공공 가치를 창출해야 하는 등)한 (직무)에서 가장 발휘하고 싶어 지원하였습니다.

암기용 키워드 정리하기

기업/Q12	다른 분야 준비했던 것 같은데, 왜 여기?	40초 연습하러 가기 
두괄식		

네, 저는 ~한 (전문가)로서 성장하고자 ~에 지원하였습니다.

답변(경험)

물론, (이전 경험, 경력들)을 하며, ~한 점을 배울 수 있어 굉장히 가치 있었습니다. 하지만, ~한 (경험)을 통해 ~의 중요성을 깨닫게 되며, 이를 실천하고자 (직무, 기업)에 지원하게 되었습니다.

암기용 키워드 정리하기

기업/Q13	우리 기업에 대해서 가장 인상 깊게 본 기사는?	40초 연습하러 가기
	두괄식	

네, 저는 (기사/사업)에 가장 관심이 있습니다.

답변(경험)

(기사/사업)은 (설명)한 것으로 (내가 관심 있는 이유 : 내 경험, 경력에 기반)이기 때문에 가장 관심을 갖고 있습니다.

암기용 키워드 정리하기